"十二五"高职高专精品规划教材

税收基础与实务

主　编　丁　洁
副主编　魏贤运　吴永贺　张学东
　　　　陈义荣　王秀霞　倪春荣

北京航空航天大学出版社

内 容 简 介

本书以我国最新税收法律、法规为依据,主要体现税收实务的理论和技能,注重基础性、实用性和操作性。

本书按照企业涉税的工作过程,以项目为导向、任务为驱动来组织教学内容。全书包括 9 个学习项目,以企业具体的涉税过程为主线,从认知税种、应纳税额的计算、涉税业务的会计处理和申报缴纳四个方面,对 17 个税种进行了全面的阐述。

本书既可作为高职高专财经类专业的教学用书,也可作为相关工作人员的参考用书。

图书在版编目(CIP)数据

税收基础与实务 / 丁洁主编. -- 北京 :北京航空
航天大学出版社,2012.12
　　ISBN 978 - 7 - 5124 - 0985 - 9

　　Ⅰ. ①税… Ⅱ. ①丁… Ⅲ. ①企业管理－税收管理－
中国 Ⅳ. ①F812.423

　　中国版本图书馆 CIP 数据核字(2012)第 242229 号

税收基础与实务

主　编　丁　洁

副主编　魏贤运　吴永贺　张学东

　　　　陈义荣　王秀霞　倪春荣

责任编辑　窦京涛

*

北京航空航天大学出版社出版发行

北京市海淀区学院路 37 号(邮编 100191)　http://www.buaapress.com.cn

发行部电话:(010)82317024　传真:(010)82328026

读者信箱:bhpress@263.net　邮购电话:(010)82316936

涿州市新华印刷有限公司印装　各地书店经销

*

开本:787×1092　1/16　印张:13.25　字数:339 千字

2012 年 12 月第 1 版　2012 年 12 月第 1 次印刷　印数:3 000 册

ISBN 978 - 7 - 5124 - 0985 - 9　定价:29.00 元

编 委 会

前　言

　　本书立足于税务会计岗位对税收知识的客观需要，针对高职高专财经类专业人才的特点及人才培养总目标的要求，以能力为本位，在总结长期高职高专税收教学改革的基础上，以企业主要税种应纳税额的计算、纳税申报和会计核算为主线，重点阐述了我国现行主要税收的基本理论与方法。根据课程目标，将教材内容分为9个项目，这9个项目由不同的任务模块组成，每个项目由学习任务、任务导入、任务内容和项目小结来构成，着重培养学生从事本专业实际工作的基本能力和职业技能。本教材有如下特点：

　　1. 实用性强。本教材内容的深度紧紧围绕高职高专会计、审计、财务管理等财经管理类相关专业岗位的第一线需要，坚持基础理论知识"必需、够用"的原则，重点强化税收实用性和可操作性内容的介绍，如每一种税应纳税额的计算、会计处理及申报缴纳方法，从而增强学生处理涉税问题的动手操作能力。

　　2. 科学先进。本教材的编写紧密结合我国近几年税制改革的实际，吸收了税制改革与研究的最新成果，如个人所得税中费用扣除标准的调整等最新情况都体现在教材的相关内容中，使广大学生学以致用。

　　本书由扬州职业大学丁洁任主编，徐州工业职业技术学院魏贤运、正德职业技术学院吴永贺、常州信息职业技术学院张学东、扬州市地税局陈义荣、苏州信息职业技术学院倪春荣、四平职业大学王秀霞任副主编。参与编写的还有陆梅华李志国和沧州职业技术学院的徐华。全书由丁洁设计编写思路、编写大纲并进行统稿。由扬州职业大学的柏广才教授担任主审。

　　尽管作者不断努力，但限于水平，书中还会有一些错误和疏漏，希望广大读者给予关注，并及时提出宝贵意见，以利于我们继续改进。

编　者

2012 年 10 月

目　录

项目一　税收理论准备

◆ 学习任务：了解税收的概念、特征和作用；理解税收法律制度；掌握税收制度的构成要素。

◆ 任务导入：李某准备自行创业设立一家小型商贸企业，请问李某的企业要不要交税？如要交税应交什么税以及如何交税？应到哪个税务机关交税？

任务一　认知税收

一、税收的概念

税收亦称赋税、捐税或税，是一个十分古老的财政制度，它随着国家的产生而产生，又随着国家的发展而发展。可以说，税收的历史与国家的历史一样久远。

税收是国家为满足社会公共需要，凭借政治权力，按照法律所规定的标准和程序，参与国民收入分配，强制地、无偿地取得财政收入的一种方式。

对税收的含义，可从以下几个方面把握。

（一）国家征税的目的是为了满足社会成员获得公共产品的需要

国家是履行社会公共职能的权力机构，国家在履行其职能的过程中，必然要耗用一定的物资和资金，形成一定的公共支出。公共产品的特殊性决定了国家必须采取适当方式取得财政收入，而税收正是这样一种方式。

（二）国家征税凭借的是其政治权力

税收征收的主体只能是代表社会全体成员行使公共权力的政府，其他任何社会组织或个人都无权征税。国家的权力有两种：一种是财产权力；另一种是政治权力。国家取得财政收入不是凭借财产权力，而是凭借政治权力，采取多种形式参与社会产品的分配，并运用政治强制手段，集中一部分社会产品归其支配。

（三）税收是国家筹集财政收入的主要方式

国家要行使职能必须有一定的财政收入作为保障。取得财政收入的手段有多种多样，如税收、发行货币、发行国债、收费等，其中税收是大部分国家取得财政收入的主要形式。

（四）税收必须借助法律形式进行

法律是体现国家意志，强制性地调整人们行为的规范。税收通过法律形式进行，使全体社会成员在纳税上得到统一，并运用法律的权威性，保证税收及时足额地纳入国库。

二、税收的特征

税收作为政府筹集财政收入的一种规范形式,具有区别于其他财政收入形式的特点。税收特征可以概括为强制性、无偿性和固定性。

(一) 税收的强制性

税收的强制性是指国家凭借其政治权力以法律、法令形式对税收征纳双方的权利(权力)与义务进行制约,既不是由纳税主体按照个人意志自愿缴纳,也不是按照征税主体随意征税,而是依据法律进行征税。我国宪法明确规定我国公民有依照法律纳税的义务,纳税人必须依法纳税,否则就要受到法律的制裁。税收的强制性主要体现在征税过程中。

(二) 税收的无偿性

税收的无偿性是指国家征税后,税款一律纳入国家财政预算,由财政统一分配,而不直接向具体纳税人返还或支付报酬。税收的无偿性是对个体纳税人而言的,其享有的公共利益与其缴纳的税款并非一对一的对等,但就纳税人的整体而言则是对等的,政府使用税款目的是向社会全体成员包括具体纳税人提供社会需要的公共产品和公共服务。因此,税收的无偿性表现为个体的无偿性和整体的有偿性。

(三) 税收的固定性

税收的固定性是指国家征税预先规定了统一的征税标准,包括纳税人、课税对象、税率、纳税期限、纳税地点等。这些标准一经确定,在一定时间内是相对稳定的。当然,税收的固定性并不是一成不变的。国家可以根据经济和社会发展需要适时地修订税法,但这与税收整体的相对固定性并不矛盾。

税收的三个特征是统一的整体,相互联系,缺一不可。无偿性是税收这种特殊分配手段本质的体现,强制性是实现税收无偿征收的保证,固定性是无偿性和强制性的必然要求。三者相互配合,保证了政府财政收入的稳定。

三、税收的作用

税收的职能是指税收所具有的内在功能,税收的作用则是税收职能在一定条件下的具体体现。税收的作用主要表现在以下几个方面。

(一) 税收是财政收入的主要来源

组织财政收入是税收的基本职能。税收具有强制性、无偿性、固定性的特点,筹集财政收入稳定可靠。税收的这种特点,使其成为世界各国政府组织财政收入的基本形式。目前,我国税收收入已占国家财政收入的90%以上。

(二) 税收是调控经济运行的重要手段

经济决定税收,税收反作用于经济。这既反映了经济是税收的来源,也体现了税收对经济的调控作用。税收作为经济杠杆,通过增税与减免税等手段来影响社会成员的经济利益,引导企业、个人的经济行为,对资源配置和社会经济发展产生影响,从而达到调控宏观经济运行的目的。政府运用税收手段,既可以调节宏观经济总量,也可以调节经济结构。

(三) 税收是调节收入分配的重要工具

从总体来说,税收作为国家参与国民收入分配最主要、最规范的形式,规范政府、企业和个人之间的分配关系。从不同税种的功能来看,在分配领域发挥着不同的作用。如个人所得税实行超额累进税率,具有高收入者适用高税率,低收入者适用低税率或不征税的特点,有助于调节个人收入分配,促进社会公平。消费税对特定的消费品征税,能达到调节收入分配和引导消费的目的。

(四) 税收还具有监督经济活动的作用

税收涉及社会生产、流通、分配、消费各个领域,能够综合反映国家经济运行的质量和效率。既可以通过税收收入的增减及税源的变化,及时掌握宏观经济的发展变化趋势,也可以在税收征管活动中了解微观经济状况,发现并纠正纳税人在生产经营及财务管理中存在的问题,从而促进国民经济持续健康发展。

四、税收法律关系

税收法律制度,是国家征税与纳税义务人纳税过程中发生的利益分配关系,是因税收征收管理而发生的特定的权利义务关系,税收法律关系在总体上与法律关系一样,都是由权利主体、权利客体和税收法律关系内容三方面构成的,但在三方面的内涵上,税收法律关系则具有特殊性。

(一) 权利主体

权利主体即税收法律关系中享有权利和承担义务的当事人。在我国税收法律关系中,权利主体一方是代表国家行使征税职责的国家税务机关,包括国家各级税务机关、海关和财政机关;另一方是履行纳税义务的人,包括法人、自然人和其他组织,在华的外国企业、组织、外籍人、无国籍人,以及在华虽然没有机构、场所但有来源于中国境内所得的外国企业或组织。这种对税收法律关系中权利主体另一方的确定,在我国采取的是属地兼属人的原则。

在税收法律关系中权利主体双方法律地位平等,只是因为主体双方是行政管理者与被管理者的关系,双方的权利与义务不对等,因此,与一般民事法律关系中主体双方权利与义务平等是不一样的。这是税收法律的一个重要特征。

(二) 权利客体

权利客体即税收法律关系主体的权利、义务所共同指向的对象,也就是征税对象。例如,所得税法律关系客体就是生产经营所得和其他所得;财产税法律关系的客体即是财产,流转税法律关系客体就是货物销售收入或劳务收入。

(三) 税收法律关系

税收法律关系的内容就是权利主体所享有的权利和所应承担的义务,这是税收法律关系中最实质的东西,也是税法的灵魂。它规定权利主体可以有什么行为,不可以有什么行为,若违反了这些规定,须承担什么样的法律责任。

国家税务主管机关的权利主要表现在依法进行征税、进行税务检查及对违章者进行处罚;其义务主要是向纳税人宣传、咨询、辅导税法,及时把征收的税款解缴国库,依法受理纳税人对税收争议申诉等。

纳税义务人的权利主要有多缴税款申请退还权、延期纳税权、依法申请减免税权、申请复议和提起诉讼权等,其义务主要是按税法办理税务登记、进行纳税申报、接受税务检查、依法缴纳税款等。

任务二　认知税收制度

一、税收制度的概念

税收制度简称"税制",是国家以法律形式规定的各种税收法令和征收管理办法的总称。它是国家向纳税单位和个人征税的法律依据和工作规程,规定了国家和纳税人之间的征纳关系。

二、税收制度要素

在任何一个国家里,无论采用什么样的税收制度,税收要素一般包括纳税人、征税对象、税率、纳税环节、纳税期限、减税免税和违章处理等,其中纳税人、征税对象和税率是税法的三个最基本要素。

(一)纳税人

纳税人是纳税义务人的简称,亦称纳税主体,是税法规定的直接负有纳税义务的单位和个人。每一种税种首先是要知道国家对谁征税的问题,明确其义务和责任。所以,纳税人是税法构成的一个基本要素。

国家税法规定直接负有纳税义务的人可以是自然人,也可以是法人。自然人是指基于出生而依法在民事上享有权利、承担义务的人,包括本国公民,也包括外国人和无国籍人。法人是指依法成立并能独立地行使法定权利和承担法律义务的社会组织,如社团、企业等。应注意纳税人与负税人、扣缴义务人的区别。

负税人是指最终承受税收负担或实际缴纳税款的单位和个人。在同一个税种中纳税人和负税人可以是一致的也可以是不一致的,如果纳税人能够通过一定的途径把税负转稼或转移出去,纳税人就不再是负税人。如个人所得税,某人缴纳了税款 200 元,他既是纳税人也是税款的承担者,纳税人和负税人是一致的;香烟消费税的纳税人主要是生产香烟的单位和个人,但负担税款的却是香烟的消费者,纳税人和负税人是不一致的。

扣缴义务人是税法上规定的负有扣缴税收义务的单位和个人。扣缴义务人直接负有税款的扣缴义务,应当按照规定代扣税款,并按期、足额地缴库。对不履行扣缴义务的,除限令其缴纳所应代扣的税款外,还要加收滞纳金或酌情处以罚金。税法规定扣缴义务人的目的,是为了实行源泉控制,保证国家财政收入。

(二)征税对象

征税对象又称课税对象或征税客体,是指对什么东西征税,即国家征税的标的物。每一种税一般都有其特定的征税对象。因此,征税对象是一种税区别于另一种税的主要标志,决定每一种税名称的由来以及各种税在性质上的差别。

税目是税法中具体规定应当征税的项目,是征税的具体根据,它规定了征税对象的具体范围。制定税目的目的有二:一是为了明确征税的具体范围,二是为了对不同的征税项目加以区分,从而制定高低不同的税率。制定税目的基本方法一般有两种:一是列举法,即按照每种商品或经营项目分别设置税目,必要时还可以在一个税目下设若干个子目;二是概括法,即把性质相近的产品或项目归类设置税目,如按产品大类或行业设置税目等。

(三) 税率

税率是应征税额与征税对象之间的比例。税率是税制构成的基本要素之一,属于税收制度的中心环节,是税收制度的核心内容。它的高低直接关系到国家财政收入的多少和纳税人负担的轻重,关系到国家和各纳税人之间的经济利益。

我国现行税率主要有以下三种类型:

1. 比例税率

比例税率是指对同一征税对象,无论其数额大小,都采用相同征税比例。如增值税的基本税率是17%,企业所得税的税率是25%。比例税率是一种应用最广、最常见的税率,一般适用于对商品流转额的征税。在具体运用时,比例税率可以细分为统一比例税率、行业比例税率、产品比例税率、地方差别比例税率、幅度比例税率等。

2. 定额税率

定额税率是指按征税对象的一定计量单位,规定一个纳税的金额。例如,消费税法规定每升汽油纳税1.00元。具体运用时,又可分为地区差别定额税率、幅度定额税率和分类分级定额税率等形式。

3. 累进税率

累进税率是指税率随着征税对象数额的增大而提高的一种税率制度。将征税对象数额按大小划分成若干等级,对每个等级由低到高规定相应的税率,征税对象数额越大税率越高,征税对象数额越小税率越低。在我国现行税收制度中只存在超额累进税率和超率累进税率。

(1) 超额累进税率

超额累进税率是指按征税对象的绝对数额划分征税级距,纳税人的征税对象的全部数额中符合不同级距部分的数额,分别按与之相适应的各级距税率计征的一种累进税率。

(2) 超率累进税率

超率累进税率对每个等级部分分别规定相应的税率,分别计算税额,各级税额之和则为应纳税额。一定数量的征税对象可以同时按几个等级的税率计征,当征税对象数额超过某一等级时,仅就超过部分按高一级税率计算税额。

(四) 纳税环节

纳税环节,一般是指税法规定的征税对象在从生产到消费的流转过程中应当缴纳税款的环节。商品从生产到消费,中间往往要经过许多环节,从总的方面看,包括生产、运输、批发、零售等环节。每个税种都有其特定的纳税环节,有的纳税环节单一,有的需要在不同环节分别纳税。同一种税只在一个环节课征税收的,称为"一次课征制",如我国的资源税只在开采环节征税。同一种税在两个或两个以上环节课征税收,称为"多次课征制",如我国的增值税在商品流通的每一个环节都要征税。

（五）纳税期限

纳税期限是指纳税人发生纳税义务后,向税务机关申报纳税并解缴税款的起止时间。纳税期限是根据纳税人的生产、经营规模和应纳税额的大小以及各个税种的不同特点确定的,包括纳税计算期和税款缴库期。纳税计算期一般分为按期计算和按次计算两种。如《消费税暂行条例》规定,消费税的纳税期限分别为 1 日、3 日、5 日、10 日、15 日、1 个月或者 1 个季度。不能按期纳税的,可以按次纳税。税款缴库期是指纳税计算期届满以后纳税人报缴税款的法定期限。如《消费税暂行条例》规定,纳税人以 1 个月为一个纳税期的,自期满之日起 15 日内申报纳税。

（六）纳税地点

纳税地点是指税法规定向征税机关申报纳税的具体地点。纳税地点一般为纳税人的住所地,也有规定在营业地、财产所在地或特定行为发生地的。

（七）减免税

减免税是对某些纳税人或征税对象给予鼓励和照顾的一种特殊规定。减税是指对应纳税额少征一部分税款;免税是指对应纳税额全部免征。它们能够使税收制度按照因地制宜和因事制宜的原则,更好地贯彻国家的税收政策。减免税具体分为税基式减免、税额式减免和税率式减免三种形式。

1. 税基式减免税。税基式减免税是指通过直接缩小计税依据的方式实现的减税、免税,具体包括起征点、免征额、项目扣除、跨期结转等。

（1）起征点是指税法规定的征税对象开始征税的数额起点,即征税对象数额未达到起征点的不征税,达到或超过起征点的则就其全部数额征税。

（2）免征额是指税法规定的在征税对象全部数额中免予征税的数额,即不论纳税人收入大小,只对减去一定数额后的余额征税,如个人所得税工资薪金所得的免征额为 3 500 元。

（3）项目扣除是指征税对象总额先扣除某些项目的金额后,以其余额为计税依据计算应纳税额。

（4）跨期结转是指将某些费用及损失向后或向前结转,抵消其一部分收益,以缩小税基,实现减免税。

2. 税额式减免税。税额式减免税是指通过直接减少应纳税额的方式实现的减税、免税,具体包括全部免征、减半征收、核定减免率以及核定减征税额等。

3. 税率式减免税。税率式减免税是指通过直接降低税率的方式来实现的减税、免税,具体包括重新确定税率、选用其他税率和规定零税率。

（八）违章处理

违章处理是指税务机关对纳税人违反税法的行为采取的处罚性措施。它体现了税收的强制性,是保证税法正确贯彻执行,严肃纳税纪律的重要手段。

三、税收制度的分类

现代的税收是一个由多税种组成的复合税制体系。各个税种有其各自的特点,在税制结构中的地位和作用是不同的。主体税种的选择是建立合理税制结构的中心环节,辅助税种的搭配、协调也十分重要,各税种之间存在一定的联系和区别。因而,有必要对各税种进行必要的分类,以建立合理的税制结构。税收一般有以下几种分类方法。

(一) 按征税对象分类

以征税对象为标准,税收可以分为流转税类、所得税类、资源税类、财产税类和行为税类等。流转税一般是指对商品的流转额和非商品的营业额征收的那一类税收。它是我国现行的最大的一类税收,增值税、消费税、营业税、关税属于这一类。所得税一般是指对纳税人的各种所得征收的那一类税收。我国现行的企业所得税、个人所得税属于这一类。资源税一般是指以自然资源及其级差收入为征税对象的那一类税收。我国现行的资源税、耕地占用税、城镇土地使用税属于这一类。财产税一般是指对属于纳税人所有的财产或支配的财产的数量或价值额征收的那一类税收。我国的现行房产税、契税、车船使用税属于这一类。行为税一般是指以某些特定行为为征税对象征收的那一类税收。我国现行的印花税、城市维护建设税、屠宰税、车辆购置税属于这一类。

(二) 按计税依据分类

以计税依据为标准,税收可以分为从价税和从量税两大类。从价税一般是指以征税对象及其计税依据的价格或金额为标准,按一定比例税率征收的那一类税收。我国现行的增值税、营业税、关税等都属于这一类。从量税一般是指以征税对象的重量、容积、面积等为标准,采用固定税额计征的那一类税收。我国现行的资源税、车船使用税等都属于这一类。

(三) 按税收负担能否转嫁分类

以税收负担是否转嫁为标准,税收可以分为直接税和间接税两大类。直接税一般是指税负无法转嫁,而由纳税人直接负担的那一类税收。我国现行的各种所得税、土地使用税、房产税等都属于这一类。间接税一般是指纳税人能够将税负转嫁给他人负担的那一类税收。我国现行的消费税、营业税、关税等都属于这一类。

(四) 以税收与价格的关系为标准的税收分类

以税收与价格的关系为标准,税收可以分为价内税和价外税。价内税一般是指税金作为商品价格的组成部分的那一类税收,如消费税、营业税等。价外税一般是指税金作为商品价格之外的附加额的那一类税收,如增值税。

(五) 按管理权限分类

以管理权限为标准,税收可以分为中央税和地方税以及中央地方共享税。中央税一般是指由中央政府管理并支配其收入的那一类税收,如消费税、关税和车辆购置税。地方税一般是指由地方政府管理并支配其收入的那一类税收,如房产税、车船使用税等。中央地方共享税一般是指由中央政府与地方政府共同管理并按一定比例分别支配其收入的那一类税收,如增值税、企业所得税等。

四、我国分税制下的税收管理体制

我国于 1994 年 1 月 1 日起,全面实施国务院《关于实行分税制财政管理体制的决定》。分税制是指在划分中央与地方政府事权的基础上,按照税种划分中央与地方财政收入的一种财政管理体制。

(一)合理划分中央和地方政府的事权范围

合理划分事权是实行分税制的前提。在我国,中央政府主要负责国防、外交、武警和国家重点建设,以及中央国家机关运转所需经费,中央政府借入的内外债的还本付息等。此外,中央政府还必须承担国家调整经济结构、协调地区发展等宏观调控所必需的支出。地方政府主要承担本地区政府机关运转所需支出,以及本地区经济和各种事业发展所需支出。

(二)按照财权和事权相一致的原则,合理划分税种,并根据税种划分情况确定各级政府的税收收入

全部税种划分为中央税、中央与地方共享税和地方税三类。税种划分的原则是:属于维护国家权益、实施宏观调控的税种划归中央,作为中央税;属于与经济发展直接相关的主要税种划归中央与地方共享税;属于适合地方征管,有利于调动地方积极性的税划归地方,作为地方税。

1. 中央政府固定收入包括:消费税(含进口环节海关代征的部分)、车辆购置税、关税、海关代征的进口环节增值税等。

2. 地方政府固定收入包括:城镇土地使用税、耕地占用税、土地增值税、房产税、城市房地产税、车船使用税、车船使用牌照税、契税、屠宰税、筵席税、农业税、牧业税。

3. 中央政府与地方政府共享收入包括:

(1)增值税(不含进口环节由海关代征的部分):中央政府分享 75%,地方政府分享 25%。

(2)营业税:铁道部、各银行总行、各保险总公司集中缴纳的部分归中央政府,其余部分归地方政府。

(3)企业所得税:铁道部、各银行总行及海洋石油企业缴纳的部分归中央政府,其余部分中央与地方政府按 60%与 40%比例分享。

(4)个人所得税:除储蓄存款利息所得的个人所得税外,其余部分的分享比例与企业所得税相同。

(5)资源税:海洋石油企业缴纳的部分归中央政府,其余部分归地方政府。

(6)城市维护建设税:铁道部、各银行总行、各保险总公司集中缴纳的部分归中央政府,其余部分归地方政府。

(7)印花税:证券交易印花税收入的 94%归中央政府,其余 6%和其他印花税收入归地方政府。

(三)税务机构设置

根据我国经济和社会发展及实行分税制财政管理体制的需要,现行税务机构设置是中央政府设立国家税务总局,省及省以下税务机构分为国家税务局和地方税务局两个系统。

1. 国家税务局

国家税务局系统包括省、自治区、直辖市国家税务局,地区、地级市、自治州、盟国家税务局,县、县级市、旗国家税务局,征收分局、税务所。征收分局、税务所是县级国家税务局的派出机构,前者一般按照行政区划、经济区划或者行业设置,后者一般按照经济区划或者行政区划设置。

国家税务总局对国家税务局系统实行机构、编制、干部、经费的垂直管理,协同省级人民政府对省级地方税务局实行双重领导。

2. 地方税务局

地方税务局系统包括省、自治区、直辖市地方税务局,地区、地级市、自治州、盟地方税务局,县、县级市、旗地方税务局,征收分局、税务所。

省级地方税务局实行地方政府和国家税务总局双重领导,以地方政府领导为主的管理体制。省以下地方税务局实行上级税务机关和同级政府双重领导,以上级税务机关垂直领导为主的管理体制,即地区(市)、县(市)地方税务局的机构设置、干部管理、人员编制和经费开支均由所在省(自治区、直辖市)地方税务局垂直管理。国家税务总局对省级地方税务局的领导,主要体现在税收政策、业务的指导和协调,对国家统一的税收制度、政策的监督,组织经验交流等方面。

(四)划分税收征收管理范围

目前,我国的税收分别由财政、税务、海关等系统负责征收管理。

1. 国家税务局系统负责征收和管理的项目有:增值税,消费税,车辆购置税,铁道部门、各银行总行、各保险总公司集中缴纳的营业税、所得税、城市维护建设税,中央企业缴纳的所得税,中央与地方所属企业、事业单位组成的联营企业、股份制企业缴纳的所得税,地方银行、非银行金融企业缴纳的所得税,海洋石油企业缴纳的所得税,资源税,外商投资企业和外国企业所得税,证券交易税(开征之前为对证券交易征收的印花税),个人所得税中对储蓄存款利息所得征收的部分,中央税的滞纳金、补税、罚款。

2. 地方税务局系统负责征收和管理的项目有:营业税,城市维护建设税(不包括上述由国家税务局系统负责征收管理的部分),地方国有企业、集体企业、私营企业缴纳的所得税、个人所得税(不包括对银行储蓄存款利息所得征收的部分),资源税,城镇土地使用税,耕地占用税,土地增值税,房产税,城市房地产税,车船使用税,车船使用牌照税,印花税,契税,屠宰税,筵席税,农业税、牧业税及其地方附加,地方税的滞纳金、补税、罚款。

3. 在大部分地区,农业税、牧业税及其地方附加、契税、耕地占用税,仍由地方财政部门征收和管理。

4. 海关系统负责征收和管理的项目有:关税、行李和邮递物品进口税。此外,负责代征进出口环节的增值税和消费税。

◆ 项目小结

1. 税收是国家为满足社会公共需要,凭借政治权力,按照法律所规定的标准和程序,参与国民收入分配,强制地、无偿地取得财政收入的一种方式。

2. 税收的特征。税收具有强制性、无偿性和固定性的特征。税收的三个特征是统一的整体,相互联系,缺一不可。

3. 税收法律关系。税收法律关系的主体包括征税主体和纳税主体两个方面;税收法律关系的客体是指征税对象;税收法律关系的内容是指权利主体所享有的权利和所应承担的义务。

4. 税收制度构成要素。税收制度构成要素主要指纳税人、征税对象、税率等,具体包括:

(1)纳税人、征税对象和税率。这是税收制度的三大基本要素,是解决向谁征税、根据什么征税和征多少这些基本问题的。

(2)纳税环节、纳税期限和纳税地点。这些要素是解决如何征税这一问题的。

(3)减税免税。减免税的三种形式:税基式减免、税率式减免和税额式减免。

5. 税收制度的分类。可以根据不同的标准把税种划分为不同的类别,我国两大主体税类即收入来源最大的税类为流转税和所得税。

6. 我国税收管理体制。我国从 1994 年实行分税制,在划分中央与地方政府事权的基础上,按照税种划分中央与地方财政收入,并设置国家税务局和地方税务局两个系统,以此确定税收征收管理范围。

项目二　认识纳税基本程序

◆ 学习任务：了解税务登记的内容；熟悉账簿、凭证、发票管理的具体规定；掌握纳税申报和税款征收的具体要求以及违反税法需要承担的法律责任。

◆ 任务导入：王五自行创业设立一家小型商贸企业，在工商行政管理局办理工商登记后，应如何与税务机关建立税收征管关系？

任务一　税务登记

一、开业登记

开业登记是指纳税人依法成立并经工商行政管理机关登记后，为确认其纳税人的身份，纳入国家税务管理体系而到税务机关进行的登记。

（一）开业登记的对象

开业税务登记的纳税人分以下两类。

1. 领取营业执照从事生产、经营的纳税人，包括：

（1）企业，即从事生产经营的单位或组织。

（2）企业在外地设立的分支机构和从事生产、经营的场所。

（3）个体工商户。

（4）从事生产、经营的事业单位。

2. 其他纳税人。不从事生产、经营，但依法负有纳税义务的单位和个人，除临时取得应税收入或发生应税行为以及只缴纳个人所得税、车船使用税的外，都应按规定向税务机关办理税务登记。

（二）开业登记的时限要求

1. 从事生产、经营的纳税人领取工商营业执照的，应当自领取工商营业执照之日起30日内，持有关证件，向生产、经营地或纳税义务发生地的主管税务机关申报办理税务登记。

2. 从事生产、经营的纳税人未办理工商营业执照但经有关部门批准设立的，应当自有关部门批准设立之日起30日内，向税务机关申报办理税务登记。

3. 从事生产、经营的纳税人未办理工商营业执照也未经有关部门批准设立的，应当自纳税义务发生之日起30日内，向税务机关申报办理税务登记。

4. 有独立的生产经营权、在财务上独立核算并定期向发包人或者出租人上交承包费或租金的承包承租人，应当自承包承租合同签订之日起30日内，向其承包承租业务发生地税务机关申报办理税务登记。

5. 从事生产、经营的纳税人外出经营，自其在同一县(市)实际经营或提供劳务之日起，在连续的 12 个月内累计超过 180 天的，应当自期满之日起 30 日内，向生产、经营所在地税务机关申报办理税务登记。

6. 境外企业在中国境内承包建筑、安装、装配、勘探工程和提供劳务的，应当自项目合同或协议签订之日起 30 日内，向项目所在地税务机关申报办理税务登记。

7. 非从事生产、经营但依照规定负有纳税义务的单位和个人，除国家机关、个人和无固定生产、经营场所的流动性农村小商贩外，均应当自纳税义务发生之日起 30 日内，向纳税义务发生地税务机关申报办理税务登记。

8. 已办理税务登记的扣缴义务人应当自扣缴义务发生之日起 30 日内，向税务登记地税务机关申报办理扣缴税款登记。税务机关在其税务登记证件上登记扣缴税款事项，税务机关不再发给扣缴税款登记证件。

9. 根据税收法律、行政法规的规定可不办理税务登记的扣缴义务人，应当自扣缴义务发生之日起 30 日内，向机构所在地税务机关申报办理扣缴税款登记。税务机关核发扣缴税款登记证件。

(三) 开业登记的程序

1. 提交有关证件、资料

办理开业登记，纳税人必须提出书面申请报告，并提供下列有关证件、资料：

(1) 国家工商行政管理部门颁发的营业执照或其他核准执业证件。

(2) 国家技术监督机关核发的统一代码证书。

(3) 公司合同、章程、协议书。

(4) 银行开户证明。

(5) 法定代表人或负责人或业主的居民身份证、护照或者回乡证等其他合法证件。

(6) 税务机关规定的其他有关证件、资料。

2. 填报税务登记表

纳税人领取税务登记表后，应当按照规定内容逐项如实填写，并加盖企业印章，经法定代表人签字或业主签字后，将税务登记表报送主管税务机关。

税务登记表的主要内容包括：单位名称、法定代表人或者业主姓名及其居民身份证、护照或者其他合法证件的号码；住所、经营地点；登记类型；核算方式；生产经营方式；生产经营范围；注册资金(资本)、投资总额、开户银行及账号；生产经营期限、从业人员、营业执照号码；财务负责人、办税人员等其他有关事项。

3. 领取税务登记证件

纳税人报送的税务登记表和提供的有关证件、资料，税务机关应当自收到之日起 30 日内审核完毕，符合规定条件的予以登记，核发税务登记证；纳税人提交的证件和资料不齐全或税务登记表的填写内容不符合规定的，税务机关应当场通知其补正或重新填报。

二、变更登记

变更税务登记是指纳税人办理开业税务登记后，因登记内容发生变化，需要对原有登记内容进行更改，而向主管税务机关申请办理的税务登记。

（一）变更登记的范围

纳税人办理税务登记后，如发生下列情形之一，应当办理变更税务登记：改变名称、改变法定代表人、改变经济性质或经济类型、改变住所和经营地点（不涉及主管税务机关变动的）、改变生产经营或经营方式、增减注册资金（资本）、改变隶属关系、改变生产经营期限、改变或增减银行账号、改变生产经营权属以及改变其他税务登记内容的。

（二）变更登记的时限要求

纳税人税务登记内容发生变化的，应当自工商行政管理机关或者其他机关办理变更登记之日起 30 日内，持有关证件向原税务登记机关申报办理变更税务登记。

纳税人税务登记内容发生变化，按照规定不需要到工商行政管理机关或者其他机关办理变更登记的，应当自发生变化之日起 30 日内，持有关证件向原税务登记机关申报办理变更税务登记。

纳税人提交的有关变更登记的证件、资料齐全的，应如实填写税务登记变更表，经税务机关审核，符合规定的，税务机关应予以受理；不符合规定的，税务机关应通知其补正。

税务机关应当自受理之日起 30 日内，审核办理变更税务登记。纳税人税务登记表和税务登记证中的内容都发生变更的，税务机关按变更后的内容重新核发税务登记证件；纳税人税务登记表的内容发生变更而税务登记证中的内容未发生变更的，税务机关不重新核发税务登记证件。

三、注销登记

注销税务登记是指纳税人由于法定的原因终止纳税义务时，向原税务机关申请办理的取消税务登记的手续。

（一）注销登记的范围

纳税人因经营期限届满而自动解散；企业由于改组、分级、合并等原因而被撤销；企业资不抵债而破产；纳税人住所、经营地址迁移而涉及改变原主管税务机关的；纳税人被工商行政管理部门吊销营业执照；以及纳税人依法终止履行纳税义务的其他情形。

（二）注销登记的时限要求

1. 纳税人发生解散、破产、撤销以及其他情形，依法终止纳税义务的，应当在向工商行政管理机关或者其他机关办理注销登记前，持有关证件和资料向原税务登记机关申报办理注销税务登记；按规定不需要在工商行政管理机关或者其他机关办理注册登记的，应当自有关机关批准或者宣告终止之日起 15 日内，持有关证件和资料向原税务登记机关申报办理注销税务登记。

2. 纳税人被工商行政管理机关吊销营业执照或者被其他机关予以撤销登记的，应当自营业执照被吊销或者被撤销登记之日起 15 日内，向原税务登记机关申报办理注销税务登记。

3. 纳税人因住所、经营地点变动，涉及改变税务登记机关的，应当在向工商行政管理机关或者其他机关申请办理变更、注销登记前，或者住所、经营地点变动前，持有关证件和资料,向原税务登记机关申报办理注销税务登记,并自注销税务登记之日起 30 日内,向迁达地税务机关申报办理税务登记。

4. 境外企业在中国境内承包建筑、安装、装配、勘探工程和提供劳务的,应当在项目完工、离开中国前 15 日内,持有关证件和资料,向原税务登记机关申报办理注销税务登记。

纳税人办理注销税务登记前,应当向税务机关提交相关证明文件和资料,结清应纳税款、多退(免)税款、滞纳金和罚款,缴销发票、税务登记证件和其他税务证件,经税务机关核准后,办理注销税务登记手续。

四、停业、复业登记

实行定期定额征收方式的个体工商户需要停业的,应当在停业前向税务机关申报办理停业登记。纳税人的停业期限不得超过一年。纳税人在申报办理停业登记时,应如实填写停业申请登记表,说明停业理由、停业期限、停业前的纳税情况和发票的领、用、存情况,并结清应纳税款、滞纳金、罚款。税务机关应收存其税务登记证件及副本、发票领购簿、未使用完的发票和其他税务证件。

纳税人在停业期间发生纳税义务的,应当按照税收法律、行政法规的规定申报缴纳税款。

纳税人应当于恢复生产经营之前,向税务机关申报办理复业登记,如实填写《停、复业报告书》,领回并启用税务登记证件、发票领购簿及其停业前领购的发票。

纳税人停业期满不能及时恢复生产经营的,应当在停业期满前向税务机关提出延长停业登记申请,并如实填写《停、复业报告书》。

五、外出经营活动税收管理

1. 纳税人到外县(市)临时从事生产经营活动的,应当在外出生产经营以前,持税务登记证向主管税务机关申请开具《外出经营活动税收管理证明》(以下简称《外管证》)。

2. 税务机关按照一地一证的原则,核发《外管证》。《外管证》的有效期限一般为 30 日,最长不得超过 180 天。

3. 纳税人应当在《外管证》注明地进行生产经营前向当地税务机关报验登记,并提交下列证件、资料:

(1)税务登记证件副本。

(2)《外管证》。

纳税人在《外管证》注明地销售货物的,除提交以上证件、资料外,应如实填写《外出经营货物报验单》,申报查验货物。

4. 纳税人外出经营活动结束,应当向经营地税务机关填报《外出经营活动情况申报表》,并结清税款、缴销发票。

5. 纳税人应当在《外管证》有效期届满后 10 日内,持《外管证》回原税务登记地税务机关办理《外管证》缴销手续。

任务二　账簿、凭证的管理

账簿、凭证管理是指税务机关对纳税单位的账簿和凭证进行监督管理的一项法律制度，在税收征收管理制度中占有十分重要的地位。

一、账簿、凭证的设置

（一）设置账簿的范围

1. 从事生产、经营的纳税人应当自领取营业执照或发生纳税义务之日起 15 日内，按照国家有关规定设置账簿。

2. 扣缴义务人应当自税收法律、行政法规规定的扣缴义务发生之日起 10 日内，按照所代扣、代收的税种，分别设置代扣代缴、代收代缴税款账簿。

3. 生产、经营规模小又确无建账能力的纳税人，可以聘请经批准从事会计代理记账业务的专业机构或者经税务机关认可的财务人员代为建账和办理账务；聘请上述机构或者人员有实际困难的，经县以上税务机关批准，可以按照税务机关的规定，建立收支凭证粘贴簿、进货销货登记簿或者使用税控装置。

（二）会计核算的要求

所有的纳税人都必须根据合法、有效的凭证进行账务处理。

纳税人、扣缴义务人会计制度健全，能够通过计算机正确、完整计算其收入和所得或者代扣代缴、代收代缴税款情况的，其计算机输出的完整的书面会计记录，可视同会计账簿。

纳税人、扣缴义务人会计制度不健全，不能通过计算机正确、完整计算其收入和所得或者代扣代缴、代收代缴税款情况的，应当建立总账及与纳税或者代扣代缴、代收代缴税款有关的其他账簿。

账簿、会计凭证和报表，应当使用中文。民族自治地方可以同时使用当地通用的一种民族文字。外商投资企业和外国企业可以同时使用一种外国文字。

二、财务会计制度的管理

从事生产、经营的纳税人应当自领取税务登记证件之日起 15 日内，将其财务、会计制度或者财务、会计处理办法报送主管税务机关备案。纳税人使用计算机记账的，应当在使用前将会计电算化系统的会计核算软件、使用说明书及有关资料报送主管税务机关备案。纳税人建立的会计电算化系统应当符合国家有关规定，并能正确、完整核算其收入或者所得。

纳税人、扣缴义务人的财务、会计制度或者财务、会计处理办法与国务院或者国务院财政、税务主管部门有关税收的规定抵触的，依照国务院或者国务院财政、税务主管部门有关税收的规定计算应纳税款、代扣代缴和代收代缴税款。

三、账簿、凭证的保管

账簿、记账凭证、报表、完税凭证、发票、出口凭证以及其他有关涉税资料应当合法、真实、完整。账簿、记账凭证、报表、完税凭证、发票、出口凭证以及其他有关涉税资料应当保存10年;但是,法律、行政法规另有规定的除外。

任务三　发票管理

一、发票印制

增值税专用发票由国务院税务主管部门确定的企业印制。其他发票,按照国务院税务主管部门的规定,由省、自治区、直辖市税务机关确定的企业印制。发票应当套印全国统一发票监制章。发票实行不定期换版制度,禁止私自印制、伪造、变造发票。

二、发票领购

依法办理了税务登记的单位和个人申请领购发票,应当向主管税务机关提出购票申请,提供经办人身份证明、税务登记证件或其他有关证明,以及财务印章或发票专用章的印模,经主管税务机关审核后发给发票领购簿。申请人按领购簿核准的种类、数量及购票方式领购发票。

依法不需要办理税务登记的单位和个人领购发票,可以按规定向主管税务机关领购发票。临时到外省(自治区、直辖市)从事经营活动的单位和个人,可以凭本地税务机关的证明,向经营地的主管税务机关申请领购经营地的发票。

对外省(自治区、直辖市)来本地从事临时经营活动的单位和个人,可以要求其提供担保人,或者根据所购买发票的票面限额与数量交纳1万元以下的保证金,并限期缴销发票。

三、发票开具、使用、取得

普通发票开具、使用、取得的管理,应注意以下几点(增值税专用发票开具、使用、取得的管理,按增值税有关规定办理):

1. 销货方按规定填开发票。

2. 购买方按规定索取发票。

3. 纳税人进行电子商务必须开具或取得发票。

4. 发票要全联一次填写。

5. 发票不得跨省、直辖市、自治区使用。发票限于领购单位和个人在本省、自治区、直辖市内开具。发票领购单位未经批准不得跨规定使用区域携带、邮寄、运输空白发票,禁止携带、邮寄或者运输空白发票出入境。

6. 开具发票要加盖财务印章或发票专用章。

7. 开具发票后,如发生销货退回需开红字发票的,必须收回原发票并注明"作废"字样或取得对方有效证明;发生销售折让的;在收回原发票并证明"作废"后,重新开具发票。销售商品、提供服务以及从事其他经营活动的单位和个人,对外发生经济业务收取款项,收取款项应向付款方开具发票;特殊情况下由付款方向收取款方开具发票。

四、发票的保管

开具发票的单位和个人应当建立发票使用登记制度,设置发票登记簿,并定期向主管税务机关报告发票使用情况。发票的存放和保管应当按税务机关的规定办理,不得丢失和擅自销毁。已经开具的发票存根联和发票登记簿,应当保存5年,保存期满,报经税务机关查验后可以销毁。

五、发票的缴销

发票缴销是用票单位和个人按照规定向税务机关上缴已开具和未开具的发票,其管理分为以下几种情形:

1. 用票单位和个人已开具的发票存根保管期满后,向主管税务机关申请缴销。

2. 用票单位和个人发生解散、破产、撤销、合并、联营、分设、迁移等情形,应当在申报办理变更或注销税务登记的同时,对已领购尚未开具的发票向税务机关申请缴销。

3. 因税务机关统一换版或更换发票监制章,已超过规定的开具限期尚未开具的发票,用票单位和个人应登记造册,由税务机关缴销。

4. 从事生产经营的纳税人、扣缴义务人有违反征管法的行为,拒不接受税务机关依法处理的,税务机关可以收缴其已领购的发票。

5. 对办理停业、歇业及认定为非正常户的纳税人,应收缴其已领购但尚未开具的发票。

任务四 纳税申报

纳税申报是指纳税人、扣缴义务人在发生法定纳税义务后按照税法或税务机关规定的期限和内容,向主管税务机关提交有关纳税书面报告的制度。它是纳税人履行纳税义务的法定程序,是税务机关进行税务管理的一项重要制度。

一、纳税申报的对象

纳税申报的对象为纳税人和扣缴义务人。纳税人在纳税期内没有应纳税款的,也应当按照规定办理纳税申报。纳税人享受减税、免税待遇的,在减税、免税期间应当按照规定办理纳税申报。

二、纳税申报的内容

主要内容包括:税种、税目,应纳税项目或者应代扣代缴、代收代缴税款项目,计税依据,扣除项目及标准,适用税率或者单位税额,应退税项目及税额、应减免税项目及税额,应纳税额或者应代扣代缴、代收代缴税额,税款所属期限、延期缴纳税款、欠税、滞纳金等。

三、纳税申报所需报送的资料

纳税人办理纳税申报时,应当如实填写纳税申报表,并根据不同的情况相应报送下列有关证件、资料：

1. 财务会计报表及其说明材料。
2. 与纳税有关的合同、协议书及凭证。
3. 税控装置的电子报税资料。
4. 外出经营活动税收管理证明和异地完税凭证。
5. 境内或者境外公证机构出具的有关证明文件。
6. 税务机关规定应当报送的其他有关证件、资料。

扣缴义务人办理代扣代缴、代收代缴税款报告时，应当如实填写代扣代缴、代收代缴税款报告表，并报送代扣代缴、代收代缴税款的合法凭证以及税务机关规定的其他有关证件、资料。

四、纳税申报的期限要求

纳税人必须依照法律、行政法规规定或者税务机关依照法律、行政法规的规定确定的申报期限、申报内容如实办理纳税申报，报送纳税申报表、财务会计报表以及税务机关根据实际需要要求纳税人报送的其他纳税资料。

扣缴义务人必须依照法律、行政法规规定或者税务机关依照法律、行政法规的规定确定的申报期限、申报内容如实报送代扣代缴、代收代缴税款报告表以及税务机关根据实际需要要求扣缴义务人报送的其他有关资料。

五、纳税申报的方式

纳税人、扣缴义务人可以直接到税务机关办理纳税申报或者报送代扣代缴税款报告表，也可以采取邮寄、数据电文或者其他方式办理上述申报、报送事项。

（一）直接申报

直接申报是指纳税人直接到税务部门办税服务厅进行纳税申报。

（二）邮寄申报

邮寄申报是指纳税人、扣缴义务人采用通过邮局寄送的方法向税务机关办理的纳税申报。

纳税人采取邮寄方式办理纳税申报的，应当使用统一的纳税申报专用信封，并以邮政部门收据作为申报凭据。邮寄申报以寄出的邮戳日期为实际申报日期。

（三）数据电文

数据电文方式是指税务机关确定的电话语音、电子数据交换和网络传输等电子方式。

纳税人采取电子方式办理纳税申报的，应当按照税务机关规定的期限和要求保存有关资料，并定期书面报送主管税务机关。

对实行定期定额缴纳税款的纳税人，可以实行简易申报、简并征期等申报纳税方式。

六、延期纳税申报

纳税人、扣缴义务人因不可抗力，不能按期办理纳税申报或者报送代扣代缴、代收代缴税款报告表的，可以延期办理；但是，应当在不可抗力情形消除后立即向税务机关报告。税务机关应当查明事实，予以核准。

任务五 税款征收

一、税款征收的方式

税款征收方式,是指税务机关根据各税种的不同特点、征纳双方的具体条件而确定的计算征收税款的方法和形式。税款征收方式主要有以下几种:

(一)查账征收

查账征收是指税务机关按照纳税人提供的账表所反映的经营情况,依照适用税率计算缴纳税款的方式,适用于账簿、凭证、会计等核算制度比较健全,能够据以如实核算生产经营情况,正确计算应纳税款的纳税人。

(二)查定征收

查定征收是指由税务机关根据纳税人的从业人员、生产设备、原材料消耗等因素,在正常生产经营条件下,对其生产的应税产品查实核定产量、销售额并据以征收税款的一种方式。适用于生产规模较小、账册不健全、产品零星、税源分散的小型厂矿和作坊。

(三)查验征收

查验征收是指税务机关对纳税人应税商品,通过查验数量,按市场一般销售单价计算其销售收入并据以征税的方式。适用于城乡集贸市场中的临时经营者和机场、码头等所经销商品的征税。

(四)定期定额征收

定期定额征收是指对一些营业额、所得额不能准确计算的小型工商户,经过自报评议,由税务机关核定一定时期的营业额和所得税附征率,实行多税种合并征收的一种征收方式。

(五)委托代征税款

委托代征税款是指税务机关委托代征人以税务机关的名义征收税款,并入库的方式。这两种方式适用于税源零星分散、不易控管的纳税人。

(六)邮寄纳税

邮寄纳税是一种新的纳税方式。这种方式适用于那些有能力按期纳税,但采用其他方式纳税又不方便的纳税人。

(七)其他方式

如利用网络申报、用 IC 卡纳税等方式。

二、税款征收制度

(一)延期纳税制度

纳税人、扣缴义务人按照法律、行政法规规定或者税务机关依照法律、行政法规的规定确定的期限,缴纳或者解缴税款。但考虑到纳税人在其履行纳税义务的过程中可能遇到特殊困难的实际情况,为了保护纳税人的合法权益,《征管法》第20条同时规定:"纳税人因有特殊困难,不能按期缴纳税款的,经县以上税务局(分局)批准,可以延期缴纳税款,但最长不得超过3个月。

延期纳税应注意以下问题:

1. 延期纳税申请须在申报期之前以书面形式提出。

2. 纳税从客观上确实有特殊困难,如不可抗力、意外事故、国家经济政策调整等。

3. 须经县以上税务局(分局)批准,数额较大且申请延期在2~3个月的,必须经地市一级税务局局长批准。

4. 期限最长不得超过3个月且在一个纳税年度内,同一笔税款只能申请延期缴纳一次。

5. 在批准的延长期限内,不加收滞纳金。

(二)税款的退还和追征制度

《征管法》在税款的补退方面作了如下规定:纳税人超过应纳税额缴纳的税款,税务机关发现后当立即退还;纳税人自结算缴纳税款之日起3年内发现的,可以向税务机关要求退还。

因税务机关的责任,致使纳税人、扣缴义务人没有缴或者少缴税款的,税务机关在3年内可以要求纳税人、扣缴义务补缴税款,但是不得加收滞纳金。因纳税人、扣缴义务人计算错误等失误,未缴或者少缴税款的,税务机关在3年内可以再征;有特殊情况的(指数额在10万元以上),追征期可以延长到5年。

对偷税、抗税、骗税的,税务机关追征其未缴或者少缴的税款、滞纳金或者所骗取的税款,不受前款规定期限的限制。

(三)加收滞纳金

《征管法》第三十二条规定:"纳税人未按照规定期限缴纳税款的,扣缴义务人未按照规定期限解缴税款的,税务机关除责令限期缴纳外,从滞纳税款之日起,按日加收滞纳税款万分之五的滞纳金。"

加收滞纳金的具体操作程序如下:

1. 先由税务机关发出催缴税款通知书,责令限期缴纳或解缴税款,告知纳税人如不按期履行纳税义务,将依法按日加收滞纳税款0.5‰的滞纳金。

2. 从滞纳之日起加收滞纳金(加收滞纳金的起止时间为法律、行政法规规定或者税务机关依照法律、行政法规的规定确定的税款交纳期限届满次日起至纳税人、扣缴义务人实际交纳或者解缴税款之日止)。

3. 拒绝缴纳滞纳金的,可以按不履行纳税义务实行强制执行措施,强行划拨或者强制征收。

【例2-1】 某酒厂2011年10月18日将9月应纳的增值税60万元、消费税90万元,向当地国税局缴纳,其同时应缴纳的税收滞纳金为多少万元?

【答案】 这两个税的入库时间为15日之前,纳税人滞纳税款3天,每天滞纳金比例0.

5‰，所以滞纳金为：

$$滞纳金＝（60＋90）×0.5‰×3＝0.225（万元）$$

（四）减税和免税

减税、免税是一种税收优惠，是国家根据一定时期的政治、经济和社会政策的要求而对某些纳税人给予免除部分或全部纳税义务的一种特殊措施。

办理减税、免税应注意下列事项：

1. 纳税人申请减税、免税，应向主管税务机关提出书面申请，并按规定附送有关资料。

2. 减税、免税的申请须经法律、行政法规规定的减税、免税审查批准机关审批。

3. 纳税人在享受减税、免税待遇期间仍应按规定办理纳税申报，并按税务机关的规定报送减免税金统计报告。

4. 纳税人必须按照法律、行政法规以及税务机关的规定使用减免税金。对不按规定用途使用的，税务机关有权取消其减税、免税待遇，并追回已减免的税款。

5. 纳税人享受减税、免税的条件发生变化时，应当及时向税务机关报告，经税务机关审核后，停止对其减税、免税。对不报告的，税务机关有权追回相应已减免的税款。

6. 减税、免税期满，纳税人应当自期满次日起恢复纳税。

（五）税收保全措施

税收保全措施是指税务机关在规定的纳税期之前，由于纳税人的行为或某些客观原因导致税款难以征收的情况下而采取的限制纳税人处理或者转移商品、货物或其他财产的强制措施，其目的是保证国家税款的及时、足额入库。

《征管法》第三十八条规定：税务机关有根据认为从事生产、经营的纳税人有逃避纳税义务行为的，可以在规定的纳税期之前，责令限期缴纳税款。在限期内发现纳税人有明显的转移、隐匿其应纳税的商品、货物以及其他财产迹象的，税务机关应责令其提供纳税担保。如果纳税人不能提供纳税担保，经县以上税务局（分局）局长批准，税务机关可以采取下列税收保全措施：

1. 书面通知纳税人开户银行或者其他金融机构暂停支付纳税人相当于应纳税款的存款。

2. 扣押、查封纳税人的价值相当于应纳税款的商品、货物或其他财产。

纳税人在规定的期限内已缴纳了税款，税务机关必须立即解除税收保全措施。如果因税务机关采取税收保全措施不当而给纳税人造成实际损失的，税务机关应负赔偿责任。个人及其所扶养家属维持生活必需的住房和用品，不在税收保全措施的范围之内。

（六）税收强制执行措施

税收强制执行措施是指纳税人、扣缴义务人、纳税担保人等税收管理相对人在规定的期限内未履行法定义务，税务机关采取法定的强制手段，强迫其履行义务的行为。

《征管法》第四十条规定：从事生产、经营的纳税人、扣缴义务人未按照规定的期限缴纳或者解缴税款，纳税担保人未按照规定的期限缴纳所担保的税款，由税务机关责令限期缴纳，逾期仍未缴纳的，经县以上税务局（分局）局长批准，税务机关可以采取下列强制执行措施：

1. 书面通知其开户银行或者其他金融机构从其存款中扣缴税款。

2. 扣押、查封、拍卖其价值相当于应纳税款的商品、货物或者其他财产,以拍卖所得抵缴税款。

税务机关采取强制执行措施时,对上款所列纳税人、扣缴义务人、纳税担保人未缴纳的滞纳金同时强制执行。

任务六 税务检查

一、税务检查内容

1. 检查纳税人履行纳税义务情况,如执行税收政策的情况,是否按时准确全面地履行了纳税义务,有无偷税、欠税问题。如有,应将税收及时足额地征收入库。

2. 检查纳税人遵守财务、会计制度的情况,其财务、会计制度及其财务、会计处理办法有无同税法中关于税收的规定相抵触。如有,则应改变过来,按税收的有关规定计算纳税。

3. 检查税务人员执行税收征管制度的情况,了解主管税务机关和税务人员在税收征收管理中是否存在漏洞或问题,应找出原因,提出改进意见。

4. 了解纳税人的生产经营情况,帮助纳税人改善经营管理,挖掘潜力,提高经济效益。

二、税务检查形式

(一)纳税企业的自查

企业自查是税务机关会同主管部门,组织纳税单位的财务人员按照税务机关的税务检查要求进行自我检查的一种形式。企业的税务代理机构对企业进行的检查也属于企业自查范围。

(二)税务专业检查

税务专业检查是由税务机关组织力量进行的检查。税务专业检查是税务检查的主要形式。

1. 日常检查

日常检查是指税务机关在事前没有任何线索的情况下,按照检查计划的要求,对纳税人普遍进行的一种例行公式的检查形式。它是税务机关加强日常监督的一种重要措施。

2. 专案检查

专案检查是指税务机关在事先掌握了纳税人的偷税线索的情况下,有目的、有重点地只对某一特定纳税人所进行的一种检查形式。这种检查,一般是在接到检举和举报的情况下开展的税务检查,检查的针对性比较强,效果比较好。

(三)联合检查

联合检查是各级政府组织税务机关和其他机关协同配合、联合进行的一种检查形式。这种形式,一般是根据形势、任务的需要,由中央、省或市统一部署,发动所有的纳税人和税务检查组织相配合,实施联合检查。这种检查形式,主要是检查一些有普遍性和倾向性的问题以及一些专案问题。

任务七 法律责任

一、违反税务管理基本规定行为的处罚

1. 根据《征管法》第六十条和《细则》第九十条规定:纳税人有下列行为之一的,由税务机关责令限期改正,可以处2 000元以下的罚款;情节严重的、处2 000元以上1万元以下的罚款。

(1)未按照规定的期限申报办理税务登记、变更或者注销登记的。

(2)未按照规定设置、保管账簿或者保管记账凭证和有关资料的。

(3)未按照规定将财务、会计制度或者财务、会计处理办法和会计核算软件报送税务机关备查的。

(4)未按照规定将其全部银行账号向税务机关报告的。

(5)未按照规定安装、使用税控装置,或者损毁或擅自改动税控装置的。

(6)纳税人未按照规定使用税务登记证件验证或者换证手续的。

2. 纳税人不办理税务登记的,由税务机关责令限期改正;逾期不改正的,由工商行政管理机关吊销其营业执照。

3. 纳税人未按照规定使用税务登记证件,或者转借、涂改、损毁、买卖、伪造税务登记证件的,处2 000元以上1万元以下的罚款;情节严重的,处1万元以上5万元以下的罚款。

二、扣缴义务人违反账簿、凭证管理的处罚

《征管法》第六十一条规定:"扣缴义务人未按照规定设置、保管代扣代缴、代收代缴税款账簿或者保管代扣代缴、代收代缴税款记账凭证及有关资料的,由税务机关责令限期改正,可以处2 000元以下的罚款;情节严重的,处2 000元以上5 000元以下的罚款。"

三、纳税人、扣缴义务人未按规定进行纳税申报的法律责任

《征管法》第六十二条规定:"纳税人未按照规定的期限办理纳税申报和报送纳税资料的,或者扣缴义务人未按照规定的期限向税务机关报送代扣代缴、代收代缴税款报告表和有关资料的,由税务机关责令限期改正,可以处2 000元以下的罚款;情节严重的,可以处2 000元以上1万元以下的罚款。"

四、对偷税的认定及其法律责任

1. 《征管法》第六十三条规定:"纳税人伪造、变造、隐匿、擅自销毁账簿、记账凭证,或者在账簿上多列支出或者不列、少列收入,或者经税务机关通知申报而拒不申报或者进行虚假的纳税申报,不缴或者少缴应纳税款的,是偷税。对纳税人偷税的,由税务机关追缴其不缴

或者少缴的税款、滞纳金并处不缴或者少缴的税款 50％以上 5 倍以下的罚款;构成犯罪的,依法追究刑事责任。

扣缴义务人采取前款所列手段,不缴或者少缴已扣、已收税款,由税务机关追缴其不缴或者少缴的税款、滞纳金,并处不缴或者少缴的税款 50％以上 5 倍以下的罚款;构成犯罪的,依法追究刑事责任"。

2.《中华人民共和国刑法》(以下简称《刑法》)第二百零一条规定:"纳税人采取伪造、变造、隐匿、擅自销毁账簿、记账凭证,在账簿上多列支出或者不列、少列收入,经税务机关通知申报而拒不申报或者进行虚假的纳税申报的手段,不缴或者少缴应纳税款,偷税数额占应纳税额的 10％以上不满 30％并且偷税数额在 1 万元以上不满 10 万元的,或者因偷税被税务机关给予二次行政处罚又偷税的,处 3 年以下有期徒刑或者拘役,并处偷税数额 1 倍以上 5 倍以下罚金;偷税数额占应纳税额的 30％以上并且偷税数额在 10 万元以上的,处 3 年以上 7 年以下有期徒刑,并处偷税数额 1 倍以上 5 倍以下罚金。

扣缴义务人采取前款所列手段,不缴或者少缴已扣、已收税款,数额占应缴税额的 10％以上并且数额在 1 万元以上的,依照前款的规定处罚。

对多次犯有前两款行为,未经处理的,按照累计数额计算。"

五、进行虚假申报或不进行申报行为的法律责任

《征管法》第六十四条规定:"纳税人、扣缴义务人编造虚假计税依据的,由税务机关责令限期改正,并处 5 万元以下的罚款。

纳税人不进行纳税申报,不缴或者少缴应纳税款的,由税务机关追缴其不缴或者少缴的税款、滞纳金,并处不缴或者少缴税款 50％以上 5 倍以下的罚款。"

六、逃避追缴欠税的法律责任

《征管法》第六十五条规定:"纳税人欠缴应纳税款,采取转移或者隐匿财产的手段,妨碍税务机关追缴欠缴的税款的,由税务机关追缴欠缴的税款、滞纳金,并处欠缴税款 50％以上 5 倍以下的罚款;构成犯罪的,依法追究刑事责任。"

《刑法》第二百零三条规定:"纳税人欠缴应纳税款,采取转移或者隐匿财产的手段,致使税务机关无法追缴欠缴的税款,数额在 1 万元以上不满 10 万元的,处 3 年以下有期徒刑或者拘役,并处或者单处欠缴税款 1 倍以上 5 倍以下罚金;数额在 10 万元以上的,处 3 年以上 7 年以下有期徒刑,并处欠缴税款 1 倍以上 5 倍以下罚金。"

七、骗取出口退税的法律责任

《征管法》第六十六条规定:"以假报出口或者其他欺骗手段,骗取国家出口退税款的,由税务机关追缴其骗取的退税款,并处骗取税款 1 倍以上 5 倍以下的罚款;构成犯罪的,依法追究刑事责任。"

对骗取国家出口退税款的,税务机关可以在规定期间内停止为其办理出口退税。《刑法》第二百零四条规定:"以假报出口或者其他欺骗手段,骗取国家出口退税款,数额较大的,处 5 年以上有期徒刑或者拘役,并处骗取税款 1 倍以上 5 倍以下罚金;数额巨大或者有其他

严重情节的,处 5 年以上 10 年以下有期徒刑,并处骗取税款 1 倍以上 5 倍以下罚金;数额特别巨大或者有其他特别严重情节的,处 10 年以上有期徒刑或者无期徒刑,并处骗取税款 1 倍以上 5 倍以下罚金或者没收财产。"

八、抗税的法律责任

《征管法》第六十七条规定:"以暴力、威胁方法拒不缴纳税款的,是抗税,除由税务机关追缴其拒缴的税款、滞纳金外,依法追究刑事责任。情节轻微,未构成犯罪的,由税务机关追缴其拒缴的税款、滞纳金,并处拒缴税款 1 倍以上 5 倍以下的罚金。"

《刑法》第二百零二条规定:"以暴力、威胁方法拒不缴纳税款的,处 3 年以下有期徒刑或者拘役,并处拒缴税款 1 倍以上 5 倍以下罚金;情节严重的,处 3 年以上 7 年以下有期徒刑,并处拒缴税款 1 倍以上 5 倍以下罚金。"

九、在规定期限内不缴或者少缴税款的法律责任

《征管法》第六十八条规定:"纳税人、扣缴义务人在规定期限内不缴或者少缴应纳或者应解缴的税款,经税务机关责令限期缴纳,逾期仍未缴纳的,税务机关除依照本法第四十条规定采取强制执行措施追缴其不缴或者少缴的税款外,可以处不缴或者少缴税款 50% 以上 5 倍以下的罚款。"

十、扣缴义务人不履行扣缴义务的法律责任

《征管法》第六十九条规定:"扣缴义务人应扣未扣、应收而不收税款的,由税务机关向纳税人追缴税款,对扣缴义务人处应扣未扣、应收未收税款 50% 以上 3 倍以下的罚款。"

十一、不配合税务机关依法检查的法律责任

1. 《征管法》第七十条规定:"纳税人、扣缴义务人逃避、拒绝或者以其他方式阻挠税务机关检查的,由税务机关责令改正,可以处 1 万元以下的罚款;情节严重的,处 1 万元以上 5 万元以下的罚款。"

逃避、拒绝或者以其他方式阻挠税务机关检查的情形如下:

(1) 提供虚假资料,不如实反映情况,或者拒绝提供有关资料的。
(2) 拒绝或者阻止税务机关记录、录音、录像、照相和复制与案件有关的情况和资料的。
(3) 在检查期间,纳税人、扣缴义务人转移、隐匿、销毁有关资料的。
(4) 有不依法接受税务检查的其他情形的。

2. 税务机关依照《征管法》第五十四条第(五)项的规定,到车站、码头、机场、邮政企业及其分支机构检查纳税人有关情况时,有关单位拒绝的,由税务机关责令改正,可以处 1 万元以下的罚款;情节严重的,处 1 万元以上 5 万元以下的罚款。

十二、非法印制发票的法律责任

1. 《征管法》第七十一条规定:"违反本法第二十二条规定,非法印制发票的,由税务机关销毁非法印制的发票,没收违法所得和作案工具,并处 1 万元以上 5 万元以下的罚款;构

成犯罪的,依法追究刑事责任。"

2.《刑法》第二百零六条规定:"伪造或者出售伪造的增值税专用发票的,处 3 年以下有期徒刑、拘役或者管制,并处 2 万元以上 20 万元以下罚金;数量较大或者有其他严重情节的,处 3 年以上 10 年以下有期徒刑,并处 5 万元以上 50 万元以下罚金;数量巨大或者有其他特别严重情节的,处 10 年以上有期徒刑或者无期徒刑,并处 5 万元以上 50 万元以下罚金或者没收财产。

伪造并出售伪造的增值税专用发票,数量特别巨大,情节特别严重,严重破坏经济秩序的,处无期徒刑或者死刑,并处没收财产。

单位犯本条规定之罪的,对单位判处罚金,并对其直接负责的主管人员和其他直接责任人员,处 3 年以下有期徒刑、拘役或者管制;数量较大或者有其他严重情节的,处 3 年以上 10 年以下有期徒刑;数量巨大或者有其他特别严重情节的,处 10 年以上有期徒刑或者无期徒刑。"

3.《刑法》第二百零九条规定:"伪造、擅自制造或者出售伪造、擅自制造的可以用于骗取出口退税、抵扣税款的其他发票的,处 3 年以下有期徒刑、拘役或者管制,并处 2 万元以上 20 万元以下罚金;数量巨大的,处 3 年以上 7 年以下有期徒刑,并处 5 万元以上 50 万元以下罚金;数量特别巨大的,处 7 年以上有期徒刑,并处 5 万元以上 50 万元以下罚金或者没收财产。

伪造、擅自制造或者出售伪造、擅自制造的前款规定以外的其他发票的,处 2 年以下有期徒刑、拘役或者管制,并处或者单处 1 万元以上 5 万元以下罚金;情节严重的,处 2 年以上 7 年以下有期徒刑,并处 5 万元以上 50 万元以下罚金。"

4. 非法印制、转借、倒卖、变造或者伪造完税凭证的,由税务机关责令改正,处 2000 元以上 1 万元以下的罚款;情节严重的,处 1 万元以上 5 万元以下的罚款;构成犯罪的,依法追究刑事责任。

◆ 项目小结

1. 税务登记包括开业登记、变更登记、注销登记和停业、复业登记。在学习时应掌握各种登记的适用范围和要求。

2. 账簿、凭证管理是指税务机关对纳税单位的账簿和凭证进行监督管理的一项法律制度。

3. 发票管理中掌握发票领购、开具、使用、取得、保管和缴销的有关规定。

4. 纳税申报是指纳税人、扣缴义务人在发生法定纳税义务后按照税法或税务机关规定的期限和内容,向主管税务机关提交有关纳税书面报告的制度。

5. 税款征收制度中掌握延期申报、滞纳金的计算、税收保全措施和强制执行措施的实施条件和形式。

6. 法律责任是违法主体因其违法行为所应承担的法律后果。学习时应掌握违反税务管理的处罚,以及对偷税的认定及其法律责任。

项目三　增值税纳税实务

◆ 学习任务：了解增值税的类型和出口退税的相关政策；理解增值额、法定增值额、销项税额、进项税额等基本概念；熟悉增值税的纳税义务发生时间、纳税期限、纳税地点；掌握一般纳税人、小规模纳税人、进口货物应纳税额的计算；掌握增值税专用发票管理和增值税纳税申报操作。

◆ 任务导入：A 公司于 2008 年 12 月成立，是从事生产加工并销售各种农机配件的小规模企业，2009 年销售额在 80 万元左右，2010 年 1 月该公司接到主管税务机关的通知，要求该企业申请成为一般纳税人，否则将按销售额的 17% 计算征收增值税，而且不得使用增值税专用发票，不得抵扣进项税额。该公司怎样才能成为一般纳税人？办理哪些手续？成为一般纳税人后如何使用发票？如何计算应纳增值税额？如何进行纳税申报？

任务一　认知增值税

一、增值税的概念

增值税是以商品（含应税劳务）在流转过程中产生的增值额作为计税依据而征收的一种流转税。按我国增值税法的规定，增值税是对在我国境内销售货物或者提供加工、修理修配劳务以及进口货物的单位和个人，就其货物销售或提供劳务的增值额和货物进口金额为计税依据而征收的一种流转税。

要准确理解增值税，关键要理解什么是增值额。所谓增值额，就是劳动者在生产过程中新创造的那一部分价值额，也就是企业或其他经营者从事生产经营（或提供劳务）在购入的商品（或取得的劳务）的价值额基础上新增加的价值额。具体可以从以下几个方面来理解。

1. 从理论上讲，增值额相当于产品总价值中 C＋V＋M 中的 V＋M 部分。V 是劳动者必要劳动为自己所创造的价值，M 是劳动者剩余劳动为社会所创造的剩余价值。因此，劳动者在生产过程中新创造的价值 V＋M，在增值税中称为增值额。

2. 就某一个生产经营单位而言，增值额相当于该单位商品销售收入或经营收入额扣除非增值项目金额后的余额。这些非增值项目，主要是指外购的原材料、燃料、动力、包装物、低值易耗品等。

3. 就商品生产经营的全过程而言，增值额相当于一个商品最终实现销售时的最后销售价格，即相当于该商品从生产到最终销售各个生产经营环节增值额之和。这也是将增值税归属于流转税的根本原因，如表 3-1 所列。

表 3-1　某商品最后销售价格与各生产流通环节增值额的关系

生产流通环节	销售额/元	累计增值额/元
原材料生产环节	200	200
产成品加工环节	450	250
商业批发环节	650	200
商业零售环节	800	150
合计	2 100	800

由表 3-1 可以看出,该商品各个生产经营环节的销售额,与各个环节累计增值额相等,最后销售额与所有经营环节的增值额总和相等。

4.从税收实践上分析,增值额则体现为法定的增值额。所谓法定增值额,是指各国政府根据各国的国情、政策要求,在增值税制度中人为确定的增值额。也就是,国家可以根据需要通过税法规定在购进的项目中,允许扣除什么而不允许扣除什么。因此,法定增值额就是商品销售收入额或经营收入额扣除税法规定允许扣除的项目金额之后的差额。法定增值额可以等于理论上的增值额,也可以大于或小于理论上的增值额。造成两者不一致的原因主要是各国税法对规定扣除项目范围不同,尤其对外购固定资产的处理办法不同。因此,增值税是以法定增值额为计税依据征收的一种税。

二、增值税的类型

为了避免重复征税,世界上实行增值税的国家,对企业购入流动资产的已纳税金,一般都是允许扣除的。但是,对企业购入固定资产的已纳税金是否允许扣除,以及如何扣除,政策不一,在处理上也不尽相同,由此产生了三种不同类型的增值税。

(一)生产型增值税

生产型增值税,是指不允许扣除购入固定资产价值额(或已纳税金)。就整个社会来说,由于增值税允许抵扣的范围,只限于原材料等劳动对象,所以实际的征税对象相当于固定资产和各种消费品的生产总值,即国民生产总值,所以称为生产型增值税。

(二)收入型增值税

收入型增值税,是指对购置用于生产的固定资产,在以后的使用过程中,只允许扣除固定资产已提取的折旧价值额(或与此相当的税金)部分。就整个社会来说,征税对象相当于社会产品扣除补偿消耗的生产资料以后的余额,即国民收入,所以称为收入型增值税。

(三)消费型增值税

消费型增值税,是指允许将外购的用于生产的固定资产价值额(或已纳税金),在购入的当期一次性全部扣除。这些固定资产虽然在以前经营环节已经征过税,但是,当购入作为"资本资产"使用时,允许将其已纳税金扣除,实际上对这部分的商品是不征税的。所以,就整个社会来说,征税对象仅限于消费资料,对生产资料是不征税,所以称为消费型增值税。

一般来说,经济发达的国家为了鼓励投资,加速固定资产更新,一般采用消费型增值税或收入型增值税;而发展中国家一般采用生产型增值税。我国是发展中的社会主义国家,在1994 年的税制改革中一方面出于稳定国家财政收入的需要,另一方面考虑到抑制投资膨胀,因此选择了生产型增值税。但是生产型增值税不允许企业抵扣购进固定资产的进项税额,存在重复征税问题,制约了企业技术改进的积极性。为了进一步消除重复征税因素,降低企业设备投资税收负担,鼓励企业技术进步和促进产业结构调整,尤其为了应对目前国际金融危机给我国经济发展带来的不利影响,努力扩大需求,国务院决定,自 2009 年 1 月 1 日起,在全国推行增值税转型改革,由生产型增值税改为消费型增值税。

三、增值税的纳税人

(一)增值税纳税人的基本规定

凡在我国境内销售货物或提供加工、修理修配劳务以及进口货物的单位和个人,为增值税的纳税人。

单位,是指企业、行政单位、事业单位、军事单位、社会团体及其他单位;个人,是指个体工商户及其他个人。

单位租赁或者承包给其他单位或者个人经营的,以承租人或者承包人为纳税人。

境外的单位或个人在境内提供应税劳务而境内未设有经营机构的,其应纳税款以其境内代理人为扣缴义务人;在境内没有代理人的,以购买方为扣缴义务人。

(二)增值税纳税人的分类

由于增值税实行凭专用发票抵扣税款的制度,必然要求纳税人具备健全的会计核算制度和能力。在实际经济生活中,我国增值税纳税人众多,会计核算水平差异较大,大量的小企业和个人还不具备用发票抵扣税款的条件,为了简化增值税计算和征收,减少税收征管漏洞,将增值税纳税人按会计核算水平和经营规模分为一般纳税人和小规模纳税人两类,分别采用不同的增值税计税方法。

1. 小规模纳税人

小规模纳税人是指年销售额在规定标准以下,并且会计核算不健全,不能按规定报送有关税务资料的增值税纳税人。所谓会计核算不健全,是指不能正确核算增值税的销项税额、进项税额和应纳税额。

根据《增值税暂行条例》及《增值税暂行条例实施细则》的规定,小规模纳税人的认定标准如下:

(1)从事货物生产或提供应税劳务的纳税人,以及以从事货物生产或提供应税劳务为主,并兼营货物批发或零售的纳税人,年应征增值税销售额在 50 万元以下(含本数)的;“以从事货物生产或提供应税劳务为主”是指纳税人的年货物生产或者提供应税劳务的销售额占年应税销售额的比重在 50% 以上。

(2)从事上述规定以外的纳税人,年应征增值税销售额在 80 万元(含本数)以下的。

(3)年应税销售额超过小规模纳税人标准的其他个人,按小规模纳税人纳税。

(4)非企业性单位、不经常发生应税行为的企业,可选择按小规模纳税人纳税。

小规模纳税人实行简易办法征收增值税,一般不使用增值税专用发票。

2. 一般纳税人

一般纳税人是指年应税销售额超过小规模纳税人标准的企业或企业性单位。

一般纳税人的认定标准如下：

（1）年应税销售额超过小规模纳税人标准的企业和企业性单位，应按一般纳税人认定办法申请认定。未申请办理一般纳税人认定手续的，应按销售额依照增值税税率计算应纳税额，不得抵扣进项税额，也不得使用增值税专用发票。

（2）年应税销售额未达到50万元标准但不低于30万元的从事货物生产或提供劳务，以及以从事货物生产或提供应税劳务为主，并兼营货物批发或零售的企业，如果会计核算健全，能够正确计算销项税额、进项税额和应纳税额，并能按规定报送有关税务资料，经企业申请，可认定为一般纳税人。

会计核算健全，是指能够按照国家统一的会计制度规定设置账簿，根据合法、有效凭证核算。

（3）年应税销售额在80万元以下的小规模商业企业、企业性单位，以及以从事货物批发、零售为主，并兼营货物生产或提供应税劳务的企业、企业性单位，无论会计核算是否健全，一律不得认定为一般纳税人。

（4）对从事成品油销售的加油站，无论其年应税销售额是否超过80万元，一律按增值税一般纳税人征税。

除国家税务总局另有规定外，纳税人一经认定为一般纳税人后，不得转为小规模纳税人。

四、增值税的征税范围

根据《增值税暂行条例》的规定，我们将增值税的征税范围分为一般规定和特殊规定。

（一）征税范围的一般规定

1. 销售货物

销售货物是指有偿转让货物的所有权，包括从购买方收取货币、货物或其他经济利益。"货物"是指有形动产，包括电力、热力、气体。

2. 提供加工、修理修配劳务

加工是指受托加工货物，即委托方提供原料及主要材料，受托方按照委托方的要求制造货物并收取加工费的业务；修理修配是指受托对损伤和丧失功能的货物进行修复，使其恢复原状和功能的业务。

单位或者个体工商户聘用的员工为本单位或者雇主提供加工、修理修配劳务，不包括在内。

3. 进口货物

进口货物，是指经过国境或关境进入我国境内的货物。我国税法规定，凡进入我国国境或关境的货物，在报关进口环节，除了依法缴纳关税之外，还必须缴纳增值税。

（二）征税范围的特殊规定

为了公平税负并减少税收漏洞，增值税的征税范围除了上述一般规定外，还对实务中某些特殊项目或行为是否属于增值税的征税范围做出了明确界定。

1. 增值税征税范围的特殊规定项目

(1) 货物期货(包括商品期货和贵金属期货)应当征收增值税,在期货的实物交割环节纳税。

(2) 银行销售金银的业务,应当征收增值税。

(3) 典当业的死当物品销售业务和寄售业代委托人销售寄售物品的业务,均应征收增值税。

(4) 集邮商品(如邮票、首日封、邮折等)的生产,以及邮政部门以外的其他单位与个人销售集邮商品,均征收增值税。邮政部门、集邮公司销售的集邮商品征收营业税。

2. 视同销售货物行为

单位或个体工商户的下列行为,应视同销售货物行为:

(1) 将货物交付其他单位和个人代销。

(2) 销售代销货物。

(3) 设有两个以上机构并实行统一核算的纳税人,将货物从一个机构移送到其他机构用于销售,但相关机构在同一县(市)的除外。

(4) 将自产或委托加工的货物用于非增值税应税项目。

(5) 将自产或委托加工的货物用于集体福利或者个人消费。

(6) 将自产、委托加工或购买的货物作为投资,提供给其他单位或者个体工商户。

(7) 将自产、委托加工或购买的货物分配给股东或投资者。

(8) 将自产、委托加工或购买的货物无偿赠送给其他单位和个人。

上述8种行为确定为视同销售货物行为,均要征收增值税。其目的主要是保证增值税税款抵扣制度的实施,不致因发生上述行为而造成税款抵扣环节的中断,避免因发生上述行为而造成货物销售税收负担不平衡的矛盾,防止上述行为逃避纳税的现象,同时也是体现增值税计算的配比原则,即购进货物已经在购进环节实施了进项税额抵扣,这些购进货物应该产生相应的销售额,同时就应该产生相应的销项税额,否则就会产生不配比情况。

3. 混合销售行为

混合销售行为,是指一项销售行为既涉及货物又涉及非增值税应税劳务的行为。其涉及的销售货物和非增值税应税劳务是发生在同一销售业务中,非增值税应税劳务是为了直接销售一批货物而提供的,两者之间是紧密相连的从属关系,销售货款及劳务价款是同时从一个购买方取得的,两者难以分开。如某电视机厂向外地某商场批发100台彩色电视机,为了保证及时供货,两方协定由该厂动用自己的卡车向商场送货,电视机厂除了收取彩电货款外还收取运输费。

税法规定,从事货物生产、批发或零售的企业、企业性单位及个体工商户的混合销售行为,视为销售货物,征收增值税;其他单位和个人的混合销售行为,视为销售非增值税应税劳务,不征增值税,而征收营业税。

非增值税应税劳务,是指属于应缴营业税的交通运输业、建筑业、金融保险业、邮电通信业、文化体育业、娱乐业、服务业税目征收范围的劳务。

另外,《增值税暂行条例实施细则》第六条规定,纳税人的下列混合销售行为,应当分别核算货物的销售额和非增值税应税劳务的营业额,并根据其销售货物的销售额计算缴纳增值税,非增值税应税劳务的营业额缴纳营业税;未分别核算的,由主管税务机关分别核定其货物的销售额和非增值税应税劳务的营业额:

(1)销售自产货物并同时提供建筑业劳务的行为。

(2)财政部、国家税务总局规定的其他情形。

4. 兼营非增值税应税劳务

兼营非增值税应税劳务,是指增值税的纳税人在销售货物和提供应税劳务的同时,还从事非增值税应税劳务(即营业税规定的各项劳务)。

与混合销售行为相区别,兼营非应税劳务并不发生于同一项销售行为之中,两者之间不存在着从属关系,一般可以明确区分并分别核算。如某商贸公司,一方面批发、零售货物,另一方面其运输车队又从事本企业以外的运输业务。

税法规定,纳税人兼营非增值税应税项目的,应分别核算货物或应税劳务的销售额和非增值税应税项目的营业额,对货物和应税劳务的销售额征收增值税,对非增值税应税项目的营业额征收营业税;未分别核算的,由主管税务机关分别核定货物或者应税劳务的销售额和非增值税应税项目的营业额。

五、增值税的税率

我国增值税采用比例税率。为了发挥增值税的中性作用,原则上对不同行业和企业实行单一税率,称为基本税率。实践中为照顾一些特殊行业或产品,增设了一档低税率,同时对出口货物实行零税率。由于增值税的纳税人分为两类,对这两类不同的纳税人又采用不同的税率。

(一)基本税率

增值税一般纳税人销售或者进口货物,提供加工、修理修配劳务,除低税率适用范围和销售个别旧货适用征收率外,税率一律为17%,这就是通常所说的基本税率。

(二)低税率

增值税一般纳税人销售或者进口下列货物,按低税率计征增值税,低税率为13%,包括:

1. 粮食、食用植物油、食用盐、鲜奶。

2. 自来水、暖气、冷气、热水、煤气、石油液化气、天然气、沼气、居民用煤炭制品。

3. 图书、报纸、杂志。

4. 饲料、化肥、农药、农机、农膜。

5. 国务院规定的其他货物。含农业产品、音像制品、电子出版物、二甲醚。

纳税人兼营不同税率的货物或者应税劳务,应分别核算其销售额,未分别核算或不能准确核算销售额的,从高适用税率征收增值税。

(三)零税率

纳税人出口货物,适用零税率,但国务院另有规定的除外。

我国对出口货物实行零税率,除了在出口环节免征增值税外,还要退还在出口前已经缴纳的增值税,使出口货物以无税价格进入国际市场,旨在提高我国出口商品在国际市场上的竞争力。

（四）征收率

1. 一般规定

小规模纳税人销售货物或应税劳务,实行简易办法,按征收率计算应纳税额。小规模纳税人征收率由过去的 6% 和 4% 一律调整为 3%。

2. 其他规定

（1）纳税人销售旧货,按简易办法依 4% 征收率减半征收,但不包括自己使用过物品。

（2）小规模纳税人销售自己使用过的固定资产,减按 2% 征收率征收增值税,除固定资产以外的物品按 3% 的征收率征收。

（3）一般纳税人销售自己使用过的不得抵扣且未抵扣进项税额的固定资产,按简易办法依 4% 征收率减半征收。自己使用过的其他固定资产,2009 年 1 月 1 日以前或纳入扩大增值税抵扣范围试点以前的纳税人购进或自制的,按 4% 征收率减半征收;2009 年 1 月 1 日以后或纳入扩大增值税抵扣范围试点以后的纳税人购进或自制的,按适用税率征收。自己使用过的除固定资产以外的物品,按适用税率征收。

（4）一般纳税人销售自产的一些特殊货物,如建筑用的砂、土、石料,县级及以下小型水力电力单位生产的电力,自来水,商品混凝土,用微生物、微生物代谢物、人或动物的血液或组织制成的生物制品等,因其进项税额不易确认和计量,可按 6% 的税率简易计征增值税。

（5）一般纳税人销售货物属于下列情形的,暂按简易办法依 4% 的征收率征收,包括:

① 寄售商店代销寄售物品。

② 典当业销售死当物品。

③ 经国务院或国务院授权机关批准的免税商店零售免税品。

六、增值税的税收优惠

（一）增值税税法规定的免税项目

1. 农业生产者销售自产的农业产品,包括种植业、养殖业、林业、牧业和水产业生产的各种初级产品,农产品的具体范围由国家税务总局直属分局确定。

2. 避孕药品和用具。

3. 古旧图书,是指向社会收购的古书和旧书。

4. 直接用于科学研究、科学试验和教学的进口仪器、设备。

5. 外国政府、国际组织无偿援助的进口物资和设备。

6. 由残疾人组织直接进口供残疾人专用的物品。

7. 销售自己使用过的物品。是指其他个人销售自己使用过的物品。

除上述规定以外,增值税的免税、减税项目由国务院规定,其他任何地区、任何部门都不得规定免税、减税项目。

（二）财政部、国家税务总局规定的其他征免税项目

1. 对资源综合利用、再生资源、节能减排等方面的减免规定。

（1）对再生水、以废旧轮胎为全部生产原料生产的胶粉、翻新轮胎、污水处理劳务等免征增值税。

（2）对销售以工业废气为原料生产的高纯度二氧化碳产品、以垃圾为燃料生产的电力或者热力、以煤碳开采过程中伴生的舍弃物油母页岩为原料生产的页岩油等货物，实行即征即退的政策。

（3）对销售以退役军用发射药为原料生产的涂料硝化棉粉、以煤矸石、煤泥、石煤、油母页岩为燃料生产的电力和热力、利用风力生产的电力等货物，实行即征即退50％的政策。

2．纳税人生产销售和批发、零售有机肥产品，免征增值税。

3．除经中国人民银行和商务部批准经营融资租赁业务的单位所从事的融资租赁业务外，其他单位从事的融资租赁业务，租赁的货物的所有权转让给承租方的，征收增值税，租赁的货物的所有权未转让给承租方的，不征收增值税。

4．转让企业全部产权涉及的应税货物的转让，不属于增值税的征收范围，不征收增值税。

5．对从事热力、电力、燃力、自来水等公用事业的增值税纳税人收取的一次性费用，凡与货物的销售数量有直接关系的，征收增值税；凡与货物的销售数量无直接关系的，不征收增值税。

6．按债转股企业与金融资产管理公司签订的债转股协议，债转股原企业将货物资产作为投资提供给债转股新公司的，免征增值税。

纳税人兼营免税、减税项目的，应当分别核算免税、减税项目的销售额，未分别核算销售额的，不得免税、减税。

纳税人销售货物或者应税劳务适用免税规定的，可以放弃免税，依照条例的规定缴纳增值税。放弃免税后，36个月内不得再申请免税。

（三）增值税的起征点

对个人销售额未达到起征点的，免征增值税，具体起征点幅度规定如下：

（1）销售货物的，为月销售额5 000～20 000元。

（2）销售应税劳务的，为月销售额5 000～20 000元。

（3）按次纳税的，为每次（日）销售额300～500元。

各地起征点的具体标准由各省、自治区、直辖市国家税务局根据本地区的实际情况在上述规定的幅度内确定。

任务二　增值税应纳税额的计算

一、一般纳税人应纳税额的计算

我国目前对一般纳税人采用的计税方法是国际上通行的购进扣税法，即先按当期销售额和适用税率计算出销项税额，然后对当期购进项目已经缴纳的税款进行抵扣，从而间接计算出对当期增值额部分的应纳税额。其计算公式为：

$$应纳税额 = 当期销项税额 - 当期进项税额$$
$$= 当期销售额 \times 适用税率 - 当期进项税额$$

增值税一般纳税人当期应纳税额,取决于当期销项税额和当期进项税额两个因素。而当期销项税额的确定关键在于确定当期销售额。

(一)销项税额的计算

销项税额是纳税人销售货物或提供应税劳务,按销售额或提供应税劳务收入和规定的增值税税率计算,并向购买方收取的增值税额。其计算公式为:

$$销项税额＝不含税销售额×税率$$

1. 一般销售方式下销售额的确定

销售额是指纳税人销售货物或者应税劳务向购买方收取的全部价款和价外费用。价外费用是指价外向购买方收取的手续费、补贴、基金、集资费、返还利润、奖励费、违约金、滞纳金、延期付款利息、赔偿金、代收款项、代垫款项、包装费、包装物租金、储备费、优质费、运输装卸费及其他各种性质的价外收费,但下列项目不包括在内。

(1)受托加工应征消费税的消费品所代收代缴的消费税。

(2)同时符合以下条件的代垫运输费用:

① 承运部门将运输费用发票开具给购货方。

② 由纳税人将该项发票转交给购货方。

(3)同时符合以下条件代为收取的政府性基金或者行政事业性收费:

① 由国务院或者财政部批准设立的政府性基金,由国务院或者省级人民政府及其财政、价格主管部门批准设立的行政事业性收费。

② 收取时开具省级以上财政部门印制的财政票据。

③ 所收款项全额上缴财政。

(4)销售货物的同时代办保险等而向购买方收取的保险费,以及向购买方收取的代购买方缴纳的车辆购置税、车辆牌照费。

凡随同销售货物或提供应税劳务向购买方收取的价外费用,无论其会计制度如何核算,均应并入销售额计算应纳税额。应当注意的是,对纳税人向购买方收取的价外费用,应视为含税收入,需换算为不含税收入再并入销售额计税。

2. 特殊销售方式下销售额的确定

在销售活动中,纳税人为了达到促销的目的,有多种销售方式。不同销售方式下,销货方所取得的销售额会有所不同。税法对以下几种销售方式的销售额分别作了规定。

(1)采取折扣方式销售

折扣销售(商业折扣)是指销货方在销售货物或应税劳务时,因购货方购货数量较大等原因,而给予购货方的价格优惠,如购买 5 件,销售价格折扣 10％;购买 10 件,折扣 20％。纳税人采取折扣方式销售货物的,如果销售额和折扣额在同一张发票上分别注明的,可按冲减折扣额后的销售额计征增值税;如果将折扣额另开发票,不论其在财务上如何处理,均不得从销售额中减除折扣额。

折扣销售仅限于货物价格的折扣。如果折扣销售属于实物折扣的,则该实物款不能从货物销售额中减除,且该实物应按增值税条例"视同销售货物"中的"赠送他人"计算征收增值税。

根据税法规定,纳税人销售货物并向购买方开具增值税专用发票后,由于购货方在一定时期内累计购买货物达到一定数量,销货方给予购货方相应的价格优惠,销货方可按有关规定开具红字增值税专用发票。

销售折扣(现金折扣)是指销货方在销售货物或应税劳务后,为鼓励购货方及早付款而给予的一种折扣优待,如 2/10、1/20、N/30。销售折扣发生在销售之后,是一种融资性质的理财费用,因此销售折扣不得从销售额中减除。

销售折让是指货物销售后,由于其品种、质量等原因购货方未予退货,但销货方需给予购货方的一种价格折让。对销售折让可以按折让后的货款为销售额。

（2）采取以旧换新方式销售

以旧换新是指纳税人在销售自己的货物时,有偿收回旧货物的行为。税法规定,纳税人采取以旧换新方式销售货物的,应按新货物的同期销售价格确定销售额,不得扣减旧货物的收购价格。

对金银首饰以旧换新业务,可以按销货方实际收取的不含增值税的全部价款征收增值税。

（3）采取还本销售方式销售

还本销售是指纳税人在销售货物后,到一定期限由销售方一次或分次退还给购货方全部或部分价款。这种方式实际上是一种以货物换取资金的使用价值,到期还本不付息的筹集资金方法。税法规定,纳税人采取还本销售方式销售货物的,其销售额就是货物的销售价格,不得从销售额中减除还本支出。

（4）采取以物易物方式销售

以物易物是一种较为特殊的购销活动,是指购销双方不是以货币结算,而是以同等价款的货物相互结算,实现货物购销的一种方式。税法规定,纳税人采取以物易物方式销售货物的,双方都应作购销处理,以各自发出的货物核算销售额并计算销项税额,以各自收到的货物按规定核算购货额并计算进项税额。

3. 包装物出租、出借方式下销售额的确定

（1）纳税人为销售货物而出租出借包装物收取的押金,单独记账核算的,不并入销售额征税。

（2）对逾期未收回包装物而不再退还的押金,应按所包装货物的适用税率计算销项税额。这里的"逾期"是指按合同约定实际逾期或以 1 年为期限,对收取 1 年以上的押金,无论是否退还,均应换算为不含税价后并入销售额征税。

（3）对销售除啤酒、黄酒外的其他酒类产品而收取的包装物押金,无论是否返还以及会计上如何核算,均应并入当期销售额征税。

（4）在将包装物的押金并入销售额征税时,需将押金换算为不含税价,再并入销售额征税。

（5）包装物的租金在销货时作为价外费用并入销售额计算销项税额。

4. 核定销售额的确定

纳税人销售货物或提供应税劳务的价格明显偏低且无正当理由的,或者发生视同销售货物的行为而无销售额的,主管税务机关有权按下列顺序核定其销售额:

（1）按纳税人最近时期同类货物的平均销售价格确定。

（2）按其他纳税人最近时期同类货物的平均销售价格确定。

（3）按组成计税价格确定。计算公式为：

$$组成计税价格＝成本×（1＋成本利润率）$$

属于应征消费税的货物，其组成计税价格中应加计消费税额。计算公式为：

$$组成计税价格＝成本×（1＋成本利润率）＋消费税$$

或

$$组成计税价格＝成本×（1＋成本利润率）÷（1－消费税税率）$$

公式中的成本是指销售自产货物的为实际生产成本，销售外购货物的为实际采购成本。成本利润率一般情况为10％，但属于从价定率征收消费税的货物，则应按消费税有关规定确定的成本利润率计算。

5. 含税销售额的换算

一般纳税人销售货物或者提供应税劳务，一般应向购买者开具增值税专用发票，并在专用发票上分别注明销售额和销项税额。然而，在实际工作中，一般纳税人销售货物或者应税劳务给消费者个人，只能开具普通发票，由此出现了销售额和销项税额合并定价的情况，即形成了含税销售额。在计算增值税时，如果不将含税销售额换算为不含税销售额，就会导致增值税计税环节出现重复纳税的现象。因此，一般纳税人销售货物或者应税劳务取得含税销售额时，必须将其换算为不含税的销售额。换算公式为：

$$销售额＝含税销售额÷（1＋增值税税率）$$

上式中的税率为销售的货物或者应税劳务按《增值税暂行条例》规定所适用的税率。

6. 外汇结算销售额的确定

纳税人以人民币以外的货币结算销售额的，应当折合成人民币计算。其销售额的人民币折合率可以选择销售额发生的当天或者当月1日的人民币汇率中间价。纳税人应在事先确定采用何种折合率，确定后1年内不得变更。

（二）进项税额的计算

进项税额是纳税人购进货物或者接受应税劳务所支付或者负担的增值税额。进项税额与销项税额是相对应的概念，一项销售业务中，在开具增值税专用发票的情况下，销货方收取的销项税额，就是购货方支付的进项税额。购进扣税法进项税额的多少直接关系纳税人的纳税金额，但并不是所有的进项税额都能从销项税额中抵扣。

1. 准予从销项税额中抵扣的进项税额

根据《增值税暂行条例》的规定，准予从销项税额中抵扣的进项税额，限于下列增值税扣税凭证上注明的增值税税额或者按规定的扣除率计算的进项税额：

（1）纳税人购进货物或应税劳务，从销售方取得的增值税专用发票上注明的增值税额。

（2）纳税人进口货物，从海关取得的海关进口增值税专用缴款书上注明的增值税额。

（3）纳税人购进农产品，除取得增值税专用发票或者海关进口增值税专用缴款书外，按照农产品收购发票或者销售发票上注明的农产品买价和13％的扣除率计算进项税额。进项税额的计算公式为：

$$进项税额＝买价×扣除率$$

农产品，是指直接从事植物的种植、收割和动物的饲养、捕捞的单位和个人销售的自产农产品。

买价,包括纳税人购进农产品在农产品收购发票或者销售发票上注明的价款和按规定缴纳的烟叶税。

(4) 纳税人购进或者销售货物以及在生产经营过程中所支付的运输费用,按照运费结算单据所列运输费用金额和7%的扣除率计算进项税额。进项税额的计算公式是:

$$进项税额 = 运输费用金额 \times 扣除率$$

运输费用金额,是指运输费用结算单据上注明的运输费用、建设基金,不包括装卸费、保险费等其他杂费。

2. 不得从销项税额中抵扣的进项税额

纳税人购进货物或者应税劳务,取得的增值税扣税凭证不符合法律、行政法规或者国务院税务主管部门有关规定的,其进项税额不得从销项税额中抵扣。所谓增值税扣税凭证,是指增值税专用发票、海关进口增值税专用缴款书、农产品收购发票和农产品销售发票以及运输费用结算单据。

下列项目的进项税额不得从销项税额中抵扣。

(1) 用于非增值税应税项目、免征增值税项目、集体福利或者个人消费的购进货物或者应税劳务。

(2) 非正常损失的购进货物及相关的应税劳务。

(3) 非正常损失的在产品、产成品所耗用的购进货物或者应税劳务。

(4) 国务院财政、税务主管部门规定的纳税人自用消费品。

税法规定,纳税人自用的应征消费税的摩托车、汽车、游艇,其进项税额不得从销项税额中抵扣。

(5) 上述第(1)项至第(4)项规定的购进货物的运输费用和销售免税货物的运输费用。

(6) 一般纳税人兼营免税项目或非增值税应税项目而无法划分进项税额的,按下列公式计算不得抵扣的进项税额:

不得抵扣的进项税额 = 当月无法划分的全部进项税额 × 当月免税项目销售额、非增值税应税劳务营业额合计 ÷ 当月全部销售额、营业额合计

(三) 应纳税额的计算

一般纳税人销售货物或者提供应税劳务,应纳税额的计算公式为:

$$当期应纳增值税税额 = 当期销项税额 - 当期进项税额$$

如当期销项税额小于当期进项税额不足抵扣时,其不足部分可以结转到下期继续抵扣。

1. "当期"的界定

为了保证计算应纳税额的合理、准确,纳税人必须把握"当期"进项税额从"当期"销项税额中抵扣的时间。"当期"是个重要的时间限定,具体是指税务机关依照税法规定对纳税人确定的纳税期限。只有在纳税期限内实际发生的销项税额、进项税额,才是法定的当期销项税额和进项税额。

(1) 销项税额计入"当期"的界定

① 直接收款方式,收到销售额或取得索取销售额的凭据的当天。

② 托收承付和委托收款方式,发出货物并办妥托收手续的当天。

③ 视同销售货物的行为,为货物移送的当天。

（2）进项税额计入"当期"的界定

① 增值税一般纳税人取得 2010 年 1 月 1 日以后开具的增值税专用发票、公路内河货物运输业统一发票和机动车销售统一发票,应在开具之日起 180 日内到税务机关办理认证,并在认证通过的次月申报期内,向主管税务机关申报抵扣进项税额。

② 实行海关进口增值税专用缴款书（以下简称海关缴款书）"先比对后抵扣"管理办法的增值税一般纳税人取得 2010 年 1 月 1 日以后开具的海关缴款书,应在开具之日起 180 日内向主管税务机关报送《海关完税凭证抵扣清单》（包括纸质资料和电子数据）申请稽核比对。

未实行海关缴款书"先比对后抵扣"管理办法的增值税一般纳税人取得 2010 年 1 月 1 日以后开具的海关缴款书,应在开具之日起 180 日后的第一个纳税申报期结束以前,向主管税务机关申报抵扣进项税额。

③ 增值税一般纳税人取得 2010 年 1 月 1 日以后开具的增值税专用发票、公路内河货物运输业统一发票、机动车销售统一发票以及海关缴款书,未在规定期限内到税务机关办理认证、申报抵扣或者申请稽核比对的,不得作为合法的增值税扣税凭证,不得计算进项税额抵扣。

2. 进项税额的转出

纳税人已抵扣进项税额的货物或应税劳务改变用途,用于非增值税应税项目、免征增值税项目、集体福利、个人消费或者购进的货物、在产品以及产成品发生非正常损失等,应将该项购进货物或应税劳务的进项税额从当期发生的进项税额中扣减,无法确定该项进项税额的,按当期实际成本（即进价＋运费＋保险费＋其他有关费用）计算应扣减的进项税额。

3. 进货退出或折让进项税额的税务处理

一般纳税人因进货退出或折让而收回的增值税额,应从发生进货退出或折让当期的进项税额中扣减。

4. 销货退回或折让的税务处理

一般纳税人因销货退回或折让退还给购买方的增值税额,应从发生销货退回或折让当期的销项税额中扣减。

5. 向供货方取得返还收入的税务处理

对商业企业向供货方收取的与商品数量、销售额挂钩（如以一定比例、金额、数量计算）的各种返还收入,均应按照平销返利行为的有关规定冲减当期进项税额。应冲减进项税额的计算公式为:

当期应冲减进项税额＝当期取得的返还资金÷（1＋所购货物适用的增值税税率）×所购货物适用的增值税税率

（四）一般纳税人应纳增值税额计算举例

【例 3-1】 某大型商场为一般纳税人,本月零售各类商品销售额为 200 万元;本月购进商品 180 万元,增值税专用发票上注明增值税 30.6 万元;支付水电费 4 万元,专用发票上注明增值税 0.68 万元。计算本月应纳增值税税额。

【答案】 本月应税销售额＝200÷（1＋17%）＝170.940171（万元）

本月销项税额＝170.940171×17％＝29.059829(万元)

本月进项税额＝30.6＋0.68＝31.28(万元)

本月应纳增值税税额＝29.059829－31.28＝－2.220171(万元)

本月不缴纳增值税。

【例3-2】 某有限责任公司是增值税一般纳税人,除农产品外,公司的原材料和产品均适用17％的增值税税率。2011年7月,公司发生下列经济业务:

(1)1日,购入原材料一批,取得的增值税专用发票上注明的价款200万元,增值税额34万元,款项已支付,材料尚未收到。

(2)2日,购进免税农产品作为原材料,共支付买价70万元,材料已验收入库。

(3)6日,1日购进的原材料运到并验收入库,向运输公司支付运费20万元,取得运输公司开具的普通发票。

(4)10日,收到联营单位捐赠的原材料,取得的增值税专用发票上注明价款100万元,增值税额17万元。

(5)12日,销售A产品,开具的增值税专用发票注明价款1 000万元,增值税额170万元,另收取运杂费20万元,款项已转账收讫。

(6)13日,向运输公司支付12日所售A产品的运杂费20万元,运输公司开具的普通发票上注明运费14万元、保险费2万元、装卸费4万元。

(7)15日,没收出借包装物押金2万元。

(8)20日,将自产的B产品用于在建工程,未开具发票,该产品的市场售价80万元(不含税),生产成本65万元。

(9)21日,将新试制产品作为福利发放给职工,该产品无市场同类产品,其生产成本为150万元,成本利润率为10％。

(10)25日,购进一台生产设备,取得的增值税专用发票注明的价款为600万元。

(11)26日,将外购的账面成本为20万元的原材料用于在建工程。

(12)期末A材料盘亏10万元,经查系管理不善造成材料被盗。

提示:当月购货取得的专用发票已认证通过,当月销货的专用发票均通过防伪系统开具。上月尚未抵扣增值税进项税额35万元。

要求:请计算该公司2011年7月的应纳增值税额。

【答案】 第一步,计算当月销项税额

(1)12日,销售A产品收取的运杂费属于价外收入,应并入计税销售额,但价外收入应视为含税收入。

销项税额＝1 700 000＋200 000÷(1+17％)×17％＝1 729 059.83(元)

(2)15日,没收的押金应并入销售额征税,而且押金应视为含税收入。

销项税额＝20 000÷(1+17％)×17％＝2 905.98(元)

(3)20日,将自产的产品用于在建工程属于视同销售货物行为,其销售额的确定先看有无同类价。有则按同类价,无则按组成计税价格。

销项税额＝800 000×17％＝136 000(元)

(4)将自产的产品用于集体福利属于视同销售货物行为,其销售额的确定先看有无同

类价。有则按同类价,无则按组成计税价格。

销售税额＝1 500 000×(1＋10％)×17％＝280 500(元)

当月销项税额＝1 729 059.83＋2 905.98＋136 000＋280 500

＝2 148 465.81(元)

第二步,计算当月进项税额

(1) 1 日,购入的原材料取得了增值税专用发票,可以抵扣。

进项税额＝340 000(元)

(2) 2 日,购进免税农产品,抵扣买价的13％。

进项税额＝700 000×13％＝91 000(元)

(3) 6 日,支付的运费,取得了普通发票,可以计算抵扣7％。

进项税额＝200 000×7％＝14 000(元)

(4) 10 日,取得了增值税专用发票,可以抵扣。

进项税额＝170 000(元)

(5) 13 日,支付的运费,取得了普通发票,可以计算抵扣7％。

进项税额＝140 000×7％＝9 800(元)

(6) 25 日,按税法规定,购进生产设备的进项税额可以抵扣。

进项税额＝6 000 000×17％＝1 020 000(元)

(7) 26 日,将外购的原材料改变用途,用于在建工程,所领用原材料的进项税额不能抵扣。

进项税额转出＝200 000×17％＝34 000(元)

(8) 期末因管理不善造成的非正常损失的材料所对应的进项税额不能抵扣。

进项税额转出＝100 000×17％＝17 000(元)

当月进项税额＝340 000＋91 000＋14 000＋170 000＋9 800＋1 020 000

－34 000－17 000

＝1 593 800(元)

第三步,计算当月应纳税额

当月应纳税额＝当月销项税额－当月进项税额－月初留抵税额

＝2 148 465.81－1 593 800－350 000

＝204 665.81(元)

二、小规模纳税人应纳税额的计算

(一) 应纳税额的计算

小规模纳税人销售货物或者应税劳务,按不含税销售额和规定的征收率计算应纳增值税额,不得抵扣进项税额。应纳税额的计算公式为:

应纳税额＝销售额×征收率

小规模纳税人取得的销售额与一般纳税人取得的销售额的确定办法一致,都是销售货物或提供应税劳务向购买方收取的全部价款和价外费用。由于小规模纳税人在销售货物或应税劳务时,一般只能开具普通发票,取得的销售收入均为含税销售额。因此应将含税的销售额换算成不含税的销售额。计算公式为：

$$销售额＝含税销售额÷（1＋征收率）$$

（二）小规模纳税人应纳增值税额计算举例

【例3-3】 某食品加工厂为小规模纳税人，本月销售产品收入30 000元；购进原材料、动力等支付价款10 000元，增值税专用发票上注明增值税额1 700元。计算本月应纳增值税税额。

【答案】 销售额＝30 000÷（1＋3％）＝29 126.21（元）

应纳税额＝29 126.21×3％＝873.79（元）

三、进口货物应纳税额的计算

（一）进口货物的纳税人

进口货物的纳税人是进口货物的收货人或办理报关手续的单位和个人。

对于企业、单位和个人委托代理进口应征增值税的货物，一般由进口代理者代缴进口环节增值税。纳税后，由代理者将已纳税款和进口货物价款费用等与委托方结算，由委托者承担已纳税款。

（二）进口货物征税的范围

根据税法规定，申报进入中华人民共和国海关境内的货物，均应缴纳增值税。

一般来说，境外产品只要输入境内，都必须向我国海关申报进口，并办理有关报关手续。国家在规定对进口货物征税的同时，对某些进口货物制定了减免税的特殊规定。

（三）进口货物应纳增值税的计算

纳税人进口货物，按组成计税价格和规定的税率计算应纳增值税额，不得抵扣任何税额。组成计税价格和应纳税额的计算公式为：

$$应纳税额＝组成计税价格×税率$$
$$组成计税价格＝关税完税价格＋关税＋消费税$$
$$＝（关税完税价格＋关税）÷（1－消费税率）$$

一般贸易下进口货物的关税完税价格以海关审定的成交价格为基础的到岸价格作为完税价格。成交价格，是指一般贸易项下进口货物的买方为购买该项货物向卖方实际支付或应当支付的价格。到岸价格，包括货价，加上货物运抵我国关境内输入地点起卸前的包装费、运费、保险费和其他劳务费等费用构成的一种价格。

【例3-4】 某外贸进出口公司本月进口彩电一批，关税完税价格（到岸价）为500万元，在海关应缴的关税是150万元。计算其应纳增值税税额。

【答案】 组成计税价格＝500＋150＝650（万元）

应纳税额＝650×17％＝110.5（万元）

【例3-5】 某企业从日本进口2辆汽车，其到岸价折合人民币为120 000元/辆，缴纳关税为96 000元，缴纳消费税6 000元，求应纳增值税税额。

【答案】 组成计税价格＝2×（120 000＋96 000＋6 000）＝444 000（元）

应纳税额＝444 000×17％＝75 480(元)

(四)进口货物的税收管理

进口货物的增值税由海关代征。个人携带或者邮寄进境自用物品的增值税,连同关税一并计征。

进口货物,增值税纳税义务时间为报关进口的当天,其纳税地点应当由进口人或其代理人向报关地海关申报纳税,其纳税期限应当自海关填发海关进口增值税专用缴款书之日起15日内缴纳税款。

四、出口货物退(免)税的计算

出口货物退(免)税,是指国家将出口货物出口前在国内生产、流通环节实际承担的增值税、消费税,在货物报关出口后退还给出口企业,使出口货物不含税即零税率。出口货物退(免)税是国际上的通行做法,是国际贸易中通常采用并为国际普遍接受的、旨在鼓励各国出口货物公平竞争的一项税收措施。

(一)出口退(免)税的基本政策

我国对出口货物坚持宏观调控、公平税负的原则,根据我国的实际情况,采取出口退税与免税相结合的政策,具体分为三种形式。

1. 出口免税并退税

出口免税是指对货物在出口销售环节不征增值税、消费税;出口退税是指对货物在出口前实际承担的税收负担,按规定的退税率计算后予以退还。

2. 出口免税不退税

出口免税与上述第(一)项含义相同。出口不退税是指适用这个政策的出口货物因在前一道生产、销售环节或进口环节是免税的,因此,出口时该货物的价格中本身就不含税,也无须退税。

3. 出口不免税也不退税

出口不免税是指对国家限制或禁止出口的某些货物的出口环节视同内销环节,照常征税;出口不退税是指对这些货物出口不退还出口前其所负担的税款。适用这个政策主要是税法列举限制或禁止出口的货物,如天然牛黄、麝香和白银等。

(二)出口货物退(免)税的适用范围

凡属于《中华人民共和国增值税暂行条例》和《中华人民共和国消费税暂行条例》规定的应税范围的出口货物,除税法另有规定外,均属于出口退税的货物范围,报关出口后可以享受出口退税政策。可以退(免)税的出口货物应具备以下条件。

1. 必须是属于增值税、消费税征税范围的货物。这两种税的具体征收范围及其划分,《中华人民共和国增值税暂行条例》和《中华人民共和国消费税暂行条例》对其税目、税率(单位税额)均已明确。

2. 必须是报关离境的货物。所谓报关离境,即出口,就是货物输出海关,这是区别货物是否应退(免)税的主要标准之一。

3. 必须是在财务上作销售处理的货物。出口货物只有在财务上作销售后,才能办理退税。

4. 必须是出口收汇并已核销的货物。将出口退税与出口收汇核销挂钩可以有效地防止出口企业高报出口价格骗取退税,有助于强化出口收汇核销制度。

(三)出口货物的退税率

根据《增值税暂行条例》的规定,企业产品出口后,税务部门应按照出口商品的进项税额为企业办理退税,由于税收减免及国家经济政策等原因,商品的进项税额往往不等于实际负担的税额,如果按出口商品的进项税额退税,就会产生少征多退的问题,于是就有了出口退税率。

现行出口货物的增值税退税率有 17％、16％、15％、14％、13％、9％、5％等。

出口企业应将不同税率的货物分开核算和申报,凡划分不清适用退税率的,一律从低适用退税率计算退(免)税。

(四)出口货物应退税额的计算

出口货物只有在适用既免税又退税的政策时,才会涉及如何计算退税的问题。我国《出口货物退(免)税管理办法》规定了两种退税计算办法:第一种办法是"免、抵、退"办法,主要适用于自营和委托出口自产货物的生产企业;第二种办法是"先征后退"办法,目前主要用于收购货物出口的外(工)贸企业。

1. "免、抵、退"税的计算方法

自 2002 年 1 月 1 日起,生产企业自营或委托外贸企业代理出口自产货物,除另有规定外,增值税一律实行免、抵、退税管理办法。这里的"免"税,是指对生产企业出口的自产货物,免征本企业生产销售环节增值税;"抵"税,是指生产企业出口自产货物所耗用的原材料、零部件、燃料、动力等所含应予退还的进项税额,抵顶内销货物的应纳税额;"退"税,是指生产企业出口的自产货物在当月内应抵顶的进项税额大于应纳税额时,对未抵顶完的部分予以退税。

具体计算方法与计算公式如下:

(1)当期应纳税额的计算

当期应纳税额＝当期内销货物的销项税额－(当期进项税额－当期免抵退税不得免征和抵扣税额)－上期留抵税额

其中

当期免抵退税不得免征和抵扣税额 ＝(当期出口货物离岸价－免税购进原材料价格)×(出口货物征税率－出口货物退税率)

"当期出口货物离岸价"一般是指企业当期账面的出口销售收入。

免税购进原材料包括从国内购进的免税原材料和进料加工免税进口料件,其中进料加工免税进口料件的价格为组成计税价格。计算公式为:

进料加工免税进口料件的组成计税价格＝货物到岸价＋海关实征关税＋海关实征消费税

(2)免抵退税额的计算

免抵退税额 ＝(出口货物离岸价－免税购进原材料价格)×(出口货物征税率－出口货

物退税率）

（3）当期应退税额和免抵税额的计算

① 如果当期期末留抵税额≤当期免抵退税额，则：

当期应退税额＝当期期末留抵税额

当期免抵税额＝当期免抵退税额－当期应退税额

② 如果当期期末留抵税额＞当期免抵退税额，则：

当期应退税额＝当期免抵退税额

当期应免抵税额＝0

"期末留抵税额"是计算确定应退税额、应免抵税额的重要依据，应以当期《增值税纳税申报表》的"期末留抵税额"的审核数栏为准。

【例3-6】 某自营出口的生产企业为增值税一般纳税人，进口货物的征税税率为17%，退税率为13%。2009年8月有关经营业务为：购原材料一批，取得的税控专票注明的价款200万元，外购货物准予抵扣进项税额34万元，货已验收入库。当月进料加工免税进口料件的组成计税价格100万元。上期末留抵税额6万元，本月内销货物不含税销售额100万元，收款117万元存入银行。本月出口货物销售额折合人民币200万元。

要求：试计算该企业当期的"免、抵、退"税额

【答案】 （1）当期免抵退税不得免征和抵扣税额

$$=(200-100)\times(17\%-13\%)$$
$$=4（万元）$$

（2）当期应纳税额＝$100\times17\%-(34-4)-6=-19$（万元）

（3）免抵退税额＝$(200-100)\times13\%=13$（万元）

（4）当期期末留抵税额≥当期免抵退税额时：

当期应退税额＝13（万元）

当期免抵税额＝当期免抵退税额－当期应退税额＝$13-13=0$（万元）

结转下期留抵税额＝$19-13=6$（万元）。

2. "先征后退"的计算方法

"先征后退"适用于外贸企业和实行外贸企业财务制度的工贸企业，其出口货物要单独设立库存账和销售账。具体计算办法如下。

（1）外贸企业应依据购进出口货物取得的增值税专用发票所列价款和规定的退税率计算应退税额，公式为：

应退税额＝购进货物的销售额（或购进金额）×退税率

（2）外贸企业收购小规模纳税人出口货物增值税的退税规定。

凡从小规模纳税人购进税务机关代开的增值税专用发票的出口货物，按以下公式退税：

应退税额＝增值税专用发票所列的销售额×退税率

【例3-7】 某进出口公司2009年3月购进服装5 000件，增值税专用发票上注明金额为7.75万元，出口至美国，离岸价为1.3万美元（汇率为1美元＝7.2元人民币），服装退税率为13%。要求：请计算该公司当月应退税额。

【答案】 应退增值税税额＝$77\,500\times13\%=10\,075$（元）。

（五）出口货物退（免）税的管理

纳税人必须按规定向税务机关办理退税登记,提供必要的凭证和资料,掌握出口退税的办理程序。主管出口退税的税务机关应根据当地的实际情况,决定对企业办理出口退税的情况组织全面抽查或检查。对有骗取出口退税的出口业务或企业,税务机关可单独立案检查。对违法行为,视其情节轻重程度,分别给予罚款、停止享受出口退税权、撤销出口经营权、直至提交司法机关追究刑事责任等处理。

1. 出口货物退（免）税的登记

（1）对外贸易经营者、没有出口经营资格委托出口的生产企业、特定退（免）税的企业和人员,应分别在备案登记、代理出口协议签定之日起 30 日内持有关资料,填写《出口货物退（免）税认定表》,到所在地税务机关办理出口货物退（免）税认定登记手续。

（2）已办理出口货物退（免）税认定的出口商,其认定内容发生变化的,须自有关管理机关批准变更之日起 30 日内,持相关证件向税务机关申请办理出口货物退（免）税认定变更手续。

（3）出口商发生解散、破产、撤销以及其他依法应终止出口货物退（免）税事项的,应持相关证件、资料向税务机关办理出口货物退（免）税注销认定。对申请注销认定的出口商,税务机关应先结清其出口货物退（免）税款,再按规定办理注销手续。

2. 办理出口退税人员

出口企业应设专职或兼职办理出口退税人员(以下简称办税员),经税务机关培训考试合格后发给《办税员证》。没有《办税员证》的人员不得办理出口退税业务。企业更换办税员,应及时通知主管其退税业务的税务机关注销原《办税员证》。

凡未及时通知的,原办税员在被更换后与税务机关发生的一切退税活动和责任仍由企业负责。

3. 出口货物退（免）税申报

出口商应在规定期限内,收齐出口货物退（免）税所需的有关单证,使用国家税务总局认可的出口货物退（免）税电子申报系统生成电子申报数据,如实填写出口货物退（免）税申报表,向税务机关申报办理出口货物退（免）税手续。逾期申报的,除另有规定者外,税务机关不再受理该笔出口货物的退（免）税申报,该补税的应按有关规定补征税款。

4. 退税凭证资料

（1）外贸企业办理出口退税时,应提供下列资料:

① 出口退税进货凭证申报明细表。

② 出口货物退税申报明细表。

③ 出口货物退税汇总申报表。

④ 装订成册的原始凭证,包括:购进出口货物的增值税专用发票(抵扣联)或增值税专用发票分批申报单,盖有海关验讫章的出口货物报关单(出口退税专用),税收(出口货物专用)缴款书或出口货物完税分割单(出口消费税产品需提供),代理出口货物证明(代理出口企业需提供)。

⑤ 主管退税部门要求提供的其他资料。

（2）生产企业办理出口退税时,应提供下列资料:

① 生产企业出口货物免抵退税申报明细表。

② 生产企业出口货物免抵退税申报汇总表。

③ 增值税纳税申报表及其规定的附表。

④ 有进料加工业务的还应报：生产企业进料加工登记申报表；生产企业进料加工进口料件申报明细表；生产企业进料加工海关登记手册核销申请表；生产企业进料加工贸易免税证明。

⑤ 装订成册的原始凭证，包括：生产企业出口货物免抵退税申报明细表；与进料加工业务有关的报表；加盖海关验讫章的出口货物报关单（出口退税联）；企业签章的出口发票；代理出口货物证明（代理出口企业使用）。

⑥ 主管退税部门要求提供的其他资料。

任务三 增值税的会计核算

一、会计科目的设置

（一）一般纳税人增值税会计科目的设置

在进行增值税会计处理时，为了核算增值税的应交、抵扣、已交、退税、转出等情况，在"应交税费"科目下设置"应交增值税"、"未交增值税"两个明细科目。

1. "应交税费——应交增值税"科目

"应交增值税"明细科目的借方发生额，反映企业购货、接受劳务支付的进项税额、已交纳的增值税、减免税款、出口抵减内销产品应纳税额及月末转入"未交增值税"的当月发生的应交未交增值税额；贷方发生额反映企业销售货物、提供应税劳务应交纳的增值税额、出口货物退税、转出已支付或应分摊的增值税以及月末转入"未交增值税"的当月多交的增值税额。

为了详细核算企业应交增值税的计算和解缴、抵扣等情况，在"应交增值税"明细科目下，可设置以下专栏。

（1）"进项税额"专栏

记录企业购入货物或接受应税劳务而支付的、准予从销项税额中抵扣的增值税额。企业购入货物或接受应税劳务支付的进项税额，用蓝字登记；退回所购货物应冲销的进项税额，用红字登记。

（2）"已交税金"专栏

记录企业当月上缴本月增值税额。企业已交纳的增值税用蓝字登记；退回多交的增值税用红字登记。

（3）"减免税款"专栏

记录企业按规定直接减免、用于指定用途的（新建项目、改扩建和技术改造项目、归还长期借款、冲减进口货物成本等）或未规定专门用途的、准予从销项税额中抵扣的增值税额。按规定，直接减免的增值税用蓝字登记，应冲销直接减免的增值税用红字登记。

（4）"出口抵减内销产品应纳税额"专栏

记录企业按规定的退税率计算的出口货物的进项税额抵减内销产品的应纳税额。

（5）"转出未交增值税"专栏

记录企业月终时将当月发生的应交未交增值税转账的金额。做此转账核算后，"应交税费——应交增值税"科目的期末余额不再包括当期应交未交增值额。

（6）"销项税额"专栏

记录企业销售货物或提供应税劳务收取的增值税额。企业销售货物或提供应税劳务应收取的销项税额，用蓝字登记；退回销售货物应冲销销项税额，用红字登记。

（7）"出口退税"专栏

记录企业出口适用零税率的货物，向海关办理报关出口退税而收到退回的税款。出口货物退回的增值税额，用蓝字登记；出口货物办理退税后发生退货或者退关而补交已退的税款，用红字登记。

（8）"进项税额转出"专栏

记录企业的购进货物、在产品、产成品等发生非正常损失，以及其他原因而不应从销项税额中抵扣，按照规定转出的进项税额。

（9）"转出多交增值税"专栏

记录企业月末将当月多交增值税转出的金额，此项转账后，"应交税费——应交增值税"科目期末余额不会包含多交增值税因素。

2. "应交税费——未交增值税"科目

借方发生额反映企业上交以前月份未交增值税以及月末自"应交税费——应交增值税"科目转入的当月多交的增值税额，贷方反映月末自"应交税费——未交增值税"科目转入的当月未交的增值税额。月末借方余额反映企业期末留抵税额和专用税票预交等多交的增值税，贷方余额反映期末结转下期的应交的增值税。

（二）小规模纳税人增值税会计科目的设置

小规模纳税人只核算增值税的应交、已交及欠交或多交数即可。因此，只需在"应交税费"科目下设置"应交增值税"二级科目，无须再设其他明细科目。贷方发生额反映应交的增值税，借方发生额反映实际上交的增值税；期末贷方余额反映尚未上交或欠交的增值税，期末借方余额反映多交的增值税。

二、会计处理

（一）一般纳税人增值税的会计处理

1. 增值税进项税额的会计处理

（1）国内购进货物

企业从国内采购的货物，并取得增值税专用发票，按照采购成本的金额借记"在途物资"、"材料采购"、"原材料"、"制造费用"等科目，按照增值税专用发票上注明的金额，借记"应交税费——应交增值税（进项税额）"，按照应付或实际支付的金额，贷记"银行存款"、"应付账款"、"应付票据"等科目。

【例3-8】 某公司2010年5月购进原材料一批,增值税专用发票上注明价款50 000元,增值税额8 500元。材料已验收入库,货款未付。另支付运杂费500元(其中运输发票上列明的运费400元)。会计处理如下:

借:原材料　　　　　　　　　　　　　50 472
　应交税费——应交增值税(进项税额)　8 528
贷:应付账款　　　　　　　　　　　　　　　58 500
　　银行存款　　　　　　　　　　　　　　　500

(2)购进固定资产

企业购进固定资产,其允许抵扣的进项税额通过"应交税费——应交增值税(进项税额)"核算。企业购进固定资产时,按照支付的价款借记"在建工程"、"固定资产",按照允许抵扣的进项税额借记"应交税费——应交增值税(进项税额)",按照应付或实际支付的金额贷记"银行存款"、"应付账款"、"应付票据"等科目。

【例3-9】 某公司购进设备一台,取得的增值税专用发票上注明价款80 000元,增值税款为13 600元,款项以银行存款支付。会计处理如下:

借:固定资产　　　　　　　　　　　　　80 000
　应交税费——应交增值税(进项税额)　13 600
贷:银行存款　　　　　　　　　　　　　　　93 600

(3)购进免税农产品

企业购进免税农业产品,按买价(或收购金额)和规定的扣除率计算的进项税额,借记"应交税费——应交增值税(进项税额)"科目,按买价(或收购金额)扣除按规定计算的进项税额后的数额,借记"原材料"等科目,按应付或实际支付的价款,贷记"应付账款"、"银行存款"等科目。

【例3-10】 某企业购入免税农产品一批,买价200 000元,发生外地运费8 000元,款项已付,料已入库。会计处理如下:

允许抵扣的进项税额=200 000×13%+8000×7%=26 560元

借:原材料　　　　　　　　　　　　　181 440
　应交税费—应交增(进项税额)　　　 26 560
贷:银行存款　　　　　　　　　　　　　　208 000

(4)进口货物

一般纳税人进口货物,按照海关提供的完税凭证上注明的增值税额,借记"应交税费——应交增值税(进项税额)"科目,按进口货物应计入采购成本的金额,借记"原材料"、"材料采购"等科目,按应付或实际支付的金额,贷记"应付账款"、"银行存款"等科目。

【例3-11】 某企业从国外进口电子元件一批,到岸价格100万元,从海关取得的完税凭证下注明:进口关税5万元,进口增值税178 500元。另发生国内运费1 000元。以上费用以银行存款支付,电子元件已验收入库。会计处理如下:

准予抵扣的进项税额=178 500+1 000×7%=178 570(元)
电子元件采购成本=1 000 000+50 000+(1 000-70)
　　　　　　　　=1 050 930(元)

借：原材料   1 050 930

    应交税费——应交增值税（进项税额）   178 570

  贷：银行存款   1 229 500

（5）接受应税劳务

企业接受加工、修理修配应税劳务，按照增值税专用发票上注明的增值税额，借记"应交税费——应交增值税（进项税额）"科目，按照加工、修理修配等货物的金额借记"委托加工物资"、"制造费用"等科目，按照应付或实际支付的金额贷记"银行存款"、"应付账款"、"应付票据"等科目。

【例3-12】 某企业委托东方木器厂加工产品包装用木箱，发出材料价款16 000元，支付加工费3 600元和增值税612元。会计处理如下：

发出材料时：

借：委托加工物资   16 000

  贷：原材料   16 000

支付加工费和增值税时：

借：委托加工物资   3 600

    应交税费——应交增值税（进项税额）   612

  贷：银行存款   4 212

结转加工材料成本时：

借：原材料——包装物   19 600

  贷：委托加工物资   19 600

（6）接受投资转入的货物

企业接受投资转入的货物，按照增值税专用发票上注明的增值税额，借记"应交税费——应交增值税（进项税额）"科目，按照双方确认的货物价值借记"原材料"等科目，按其在注册资本中所占的份额，贷记"实收资本"科目，按其差额贷记"资本公积"科目。

【例3-13】 甲公司接受乙公司投资转入原材料一批，增值税专用发票上注明双方确认的价值为200 000元，增值税为34 000元。该项投资占甲公司20%的股份，甲公司注册资本为1 100 000元。会计处理如下：

借：原材料   200 000

    应交税费——应交增值税（进项税额）   34 000

  贷：实收资本   220 000

    资本公积   14 000

（7）接受捐赠转入的货物

企业接受捐赠转入的货物，按照增值税专用发票上注明的增值税额借记"应交税费——应交增值税（进项税额）"科目，按照双方确认的捐赠的货物的价值借记"原材料"等科目，按增值税与货物价值的合计数，贷记"营业外收入"科目。

【例3-14】 某公司收到某企业捐赠的原材料一批，双方协议确认价值为10万元，取得捐赠方提供的专用发票，注明增值税款17 000元。会计处理如下：

借：原材料   100 000

| 应交税费——应交增值税（进项税额） | 17 000 | |
| 贷：营业外收入 | | 117 000 |

（8）进项税额转出的会计处理

① 购进货物改变用途

为生产、销售购进的货物，购进后被用于免税项目、非应税项目、集体福利或个人消费时，应将其负担的增值税转入有关成本、费用科目，借记"在建工程"、"应付职工薪酬"等科目，贷记"应交税费——应交增值税（进项税额转出）"科目。

【例3－15】 大华食品公司2009年5月购进10吨白糖，取得防伪税控系统开具的增值税专用发票上注明材料价款为80 000元，增值税额为13 600元。增值税专用发票已通过认证，6月将其中的2吨作为福利发给职工。会计处理如下：

6月作为福利发给职工时：

借：应付职工薪酬	18 720	
贷：原材料		16 000
应交税费——应交增值税（进项税额转出）		2 720

② 货物发生非正常损失

非正常损失的在产品、产成品所耗用的购进货物或应税劳务的进项税额不得从销项税额中抵扣。当发生非正常损失时，按非正常损失的在产品、产成品的实际成本与负担的进项税额的合计数，借记"待处理财产损溢——待处理流动资产损溢"科目，按实际损失的在产品、产成品成本，贷记"生产成本——基本生产成本"、"库存商品"科目，按计算出的应转出的税金数额，贷记"应交税费——应交增值税（进项税额转出）"科目。

【例3－16】 某企业本月发生火灾，烧毁库存外购材料10吨，账面成本总计40 000元。会计处理如下：

不得抵扣的进项税额＝40 000×17％＝6800元

借：待处理财产损溢——待处理流动资产损溢	46 800	
贷：原材料		40 000
应交税费——应交增值税（进项税额转出）		6 800

2. 增值税销项税额的会计处理

（1）一般方式销售货物

按应收或实际收到的价税合计，借记"应收账款"、"应收票据"、"银行存款"等科目，按照实现的销售收入，贷记"主营业务收入"、"其他业务收入"等科目，按照规定收取的增值税额，贷记"应交税费——应交增值税（销项税额）"科目。

【例3－17】 某企业向光明厂销售甲产品360件，售价600元/件，增值税36 720元，开出转账支票，支付代垫运杂费1 000元。货款尚未支付。会计处理如下：

借：应收账款——光明厂	253 720	
贷：主营业务收入		216 000
应交税费——应交增值税（销项税额）		36 720
银行存款		1 000

（2）折扣销售

销售折扣分为商业折扣和现金折扣,而商业折扣也就是税法所称的折扣销售,它是在实现销售时确认的。销售方必须在开出的同一张增值税专用发票上分别写明销售额和折扣额,方可按折扣后的余额作为计算销项税额的依据,其会计处理同一般方式销售货物处理。如果是现金折扣,我国会计实务中规定采用总价法。即在销售业务发生时,以未扣减销售折扣的销售价格和增值税额,确认销售收入、销项税额和应收账款,企业实际发生现金折扣时,应借记"财务费用"等科目,贷记"应收账款"科目。

【例3-18】 某企业销售一批产品给A企业,全部价款为200 000元,增值税34 000元,规定现金折扣条件为"2/10,1/20,n/30"。折扣时不考虑增值税。会计处理如下:

产品发出时:

借:应收账款　　　　　　　　　234 000
　　贷:主营业务收入　　　　　　　　　　　　200 000
　　　　应交税费——应交增值税(销项税额)　34 000

如果上述货款在10天内付款时:

借:银行存款　230 000
　　财务费用　4 000
　　贷:应收账款　　234 000

如果上述货款在30天付款时:

借:银行存款　234000
　　贷:应收账款　　234 000

(3)销售退回及销售折让

企业在产品销售过程中,如果发生退货或要求折让,不论是当月销售的退货与折让、还是以前月份销售的退货与折让,除特殊情况外,一般应冲减当月的主营业务收入,在收到购货单位退回的增值税专用发票或寄来的"证明单"后,分不同情况进行会计处理。

① 购买方未付款并且未做账情况下的处理

在此种情况下,购货方须将原发票联和税款抵扣联主动退还销售方。销售方收到后,应在该发票联和税款抵扣联及有关的存根联、记账联上注明"作废"字样,作为扣减当期销项税额的凭证。借记"主营业务收入"科目,贷记"应交税费——应交增值税(销项税额)"(红字),"应收账款"、"银行存款"等科目。未收到购买方退还的专用发票前,销售方不得扣减当期销项税额。属于销售折让的,销售方应按折让后的货款重开专用发票。

② 购买方已付货款,或者货款未付但已做账情况下的处理

在此种情况下,销货方在收到进货退出及索取折让证明单后,根据退回货物的数量、价款或折让金额向购买方开具红字专用发票。红字专用发票的存根联、记账联作为销售方扣减当期销项税额的凭证,其发票联、税款抵扣联作为购买方扣减进项税额的凭证。

【例3-19】 光华公司2006年5月销售给大明公司一批产品,增值税专用发票注明销售额60 000元,增值税额10 200元,货款已支付,双方均已做账务处理。由于质量原因,双方协商折让30%,6月收到大明公司转来的当地主管税务机关开具的索取折让证明单。会计处理如下:

借:主营业务收入　　　　　　　　　　　　　18 000

贷:应交税费——应交增值税(销项税额)　　　　　3 060

　　银行存款　　　　　　　　　　　　　　　　　1 060

(4)视同销售

视同销售是没有直接现金流入的"销售"。按照财务会计准则、制度的规定,这类行为并非销售行为,而是为了计税的需要,将其视同销售。

① 将自产或委托加工的货物用于非应税项目

纳税人将自产或委托加工的货物用于非应税项目的,应视同销售,计算应交增值税。于移送时按移送货物的成本和计算的增值税销项税额,借记"在建工程"等科目,按货物成本贷记"库存商品"、"委托加工物资"等科目,按货物计税价格乘以适用税率计算的应纳增值税额,贷记"应交税费——应交增值税(销项税额)"科目。

【例3-20】 某企业将自产的A产品40件用于本企业第二车间的改造工程,该产品单位售价200元,该产品单位成本160元。会计处理如下:

借:在建工程　　　　　　　　　　　　7 760

　　贷:库存商品　　　　　　　　　　　　　　　6 400

　　　　应交税费——应交增值税(销项税额)　　1 360

② 将自产或委托加工的货物用于集体福利和个人消费的

纳税人将自产或委托加工的货物用于集体福利和个人消费的,应视同销售,计算应交增值税。按货物的的正常含税销售额,借记"应付职工薪酬",按货物的不含税销售额,贷记"主营业务收入"、按应纳增值税贷记"应交税费——应交增值税(销项税额)"科目。

【例3-21】 某企业作为职工福利发给职工电器100台,产品成本100元/台。售价200元/台。会计处理如下:

确认视同销售收入时:

借:应付职工薪酬——福利费　　　23 400

　　贷:主营业务收入　　　　　　　　　　　20 000

　　　　应交税费——应交增值税(销项税额)　　3 400

结转成本时:

借:主营业务成本　　　　　10 000

　　贷:库存商品　　　　　　　　　　10 000

③ 将自产、委托加工或购买的货物作为投资、分配给股东的

纳税人将自产、委托加工或购买的货物对外投资或作为利润分配给股东,应在货物移送时,按照税法核定的销售额与增值税销项税额的合计数,借记"长期股权投资"、"应付股利"科目,按核定的销售额,贷记"主营业务收入"等科目,按计算出的增值税销项税额,贷记"应交税费——应交增值税(销项税额)"科目。

【例3-22】 某一业企业4月份将自产的产品一批对外投资,产品成本10 000元,该产品经双方协议,其评估价值为23 400元,未发生相关费用。会计处理如下:

借:长期股权投资　　　23 400

　　贷:主营业务收入　　　　　20 000

　　　　应交税费——应交增值税(销项税额)　　3 400

借：主营业务成本　　　　　10 000
　　贷：库存商品　　　　　　　　　　10 000

【例3-23】　某企业将自产的甲产品作为应付股利分配给投资者。甲产品正常销售额为50 000元，产品成本为40 000元。会计处理如下：

借：应付股利　　　　　　　58 500
　　贷：主营业务收入　　　　　　　　　　50 000
　　　　应交税费——应交增值税（销项税额）　6 800
借：主营业务成本　　　　　40 000
　　贷：库存商品　　　　　　　　　　40 000

④ 将自产、委托加工或购买的货物无偿赠送他人的

纳税人将自产、委托加工或购买的货物无偿赠送他人的，应在货物移送时，按移送货物的成本和计算的增值税销项税额，借记"营业外支出"等科目，按货物成本贷记"库存商品"、"自制半成品"等科目，按计算出的销项税额贷记"应交税费——应交增值税（销项税额）"科目。

【例3-24】　某企业将A产品一批，作为礼物赠送给自己的客户，该批产品无同类产品的销售价格，已知该批产品实际成本12 000元，成本利润率为10%，则会计处理如下：

组成计税价格＝12 000×(1+10%)＝13 200(元)
增值税销项税额＝13 200×17%＝2 244(元)

借：营业外支出　　　　　　14 244
　　贷：库存商品——A产品　　　　　　12 000
　　　　应交税费——应交增值税（销项税额）　2 244

3. 上缴增值税的会计处理

（1）增值税结转的会计处理

企业平时在"应交税费——应交增值税"多栏式账户中核算增值税业务，在纳税期限届满时，结出借方、贷方合计和差额。如果当月"应交税费——应交增值税"为借方余额，表示本月尚未抵扣的进项税额，则继续留在"应交税费——应交增值税"科目的借方，月末不作结转；如果当月"应交税费——应交增值税"为贷方余额，表示本月应交增值税税额，通过"应交税费——应交增值税（转出未交增值税）"科目，转入"应交税费——未交增值税"的贷方。会计处理如下：

借：应交税费——应交增值税（转出未交增值税）
　　贷：应交税费——未交增值税

（2）增值税上缴的会计处理

① 按月缴纳增值税的会计处理

按月缴纳增值税时，当月的增值税要到下月才进行缴纳，因此以一个月为纳税期限的企业不存在当月预缴的情况。缴纳时的会计处理：

借：应交税费——未交增值税
　　贷：银行存款

② 按日缴纳增值税的会计处理

若主管税务机关核定纳税人按日缴纳增值税，企业平时按核定纳税期限纳税时，属预缴

性质,下月初进行清缴。平时预缴时的会计处理:

借:应交税费——应交增值税(已交税金)

　　贷:银行存款

(二)小规模纳税人增值税的会计处理

1. 小规模纳税人购进货物的会计处理

增值税对小规模纳税人的征收管理采取简易办法,不实行进项税抵扣制度,适用3%的综合征收率,不得直接领购使用增值税专用发票等。因此,小规模纳税人购进货物或接受应税劳务,均按应付或实际支付的价款借记"材料采购"、"原材料"、"管理费用"等科目,贷记"应付账款"、"银行存款"等科目。

【例3-25】 某电脑贸易公司为增值税小规模纳税人,2011年5月购进计算机,取得增值税专用发票,发票上注明价款100 000元,增值税17 000元,货款以银行存款支付。则会计处理如下:

借:库存商品　　100 000

　　贷:银行存款　　　　　　117 000

2. 小规模纳税人销售货物的核算

小规模纳税人销售货物或提供应税劳务,按实现的销售收入和按规定收取的增值税额,借记"应收账款"、"银行存款"等科目;按实现的销售收入,贷记"主营业务收入"、"其他业务收入"等科目;按销售收入与征收率的乘积贷记"应交税费——应交增值税"科目。

【例3-26】 某工业企业属小规模纳税人,4月份产品销售收入10 300元,货款已收到。会计处理如下:

应纳增值税＝10 300÷(1+3%)×3%＝300(元)

借:银行存款　　　　　　10 300

　　贷:主营业务收入　　　　　　10 000

　　　　应交税费——应交增值税　　300

3. 小规模纳税人上缴税款的核算

小规模纳税人按规定的纳税期限缴纳税款时,借记"应交税费——应交增值税"科目,贷记"银行存款"等科目。收到退回多交的增值税时,作相反的会计处理。

任务四　增值税申报缴纳

一、纳税义务发生的时间

纳税人销售货物或者应税劳务的,其纳税义务发生时间为收讫销售额或者取得索取销售款凭据的当天;先开具发票的,为开具发票的当天。按照销售结算方式的不同具体规定如下:

1. 采取直接收款方式销售货物,不论货物是否发出,均为收到销售款或者取得索取销售款凭据的当天。

2. 采取托收承付和委托银行收款方式销售货物,为发出货物并办妥托收手续的当天。

3. 采取赊销和分期收款方式销售货物,为书面合同约定的收款日期的当天;无书面合同的或者书面合同没有约定收款日期的,为货物发出的当天。

4. 采取预收货款方式销售货物,为货物发出的当天,但生产销售生产工期超过 12 个月的大型机械设备、船舶、飞机等货物,为收到预收款或者书面合同约定的收款日期的当天。

5. 委托其他纳税人代销货物,为收到代销单位的代销清单或者收到全部或者部分货款的当天;未收到代销清单及货款的,为发出代销货物满 180 天的当天。

6. 销售应税劳务,为提供劳务的同时收讫销售款或者取得索取销售款凭据的当天。

7. 纳税人发生视同销售货物行为的,为货物移送的当天。

9. 进口货物,为报关进口的当天。

二、纳税期限

根据《增值税暂行条例》规定,增值税的纳税期限分别为 1 日、3 日、5 日、10 日、15 日、1 个月或者 1 个季度。

纳税人的具体纳税期限,由主管税务机关根据纳税人应纳税额的大小分别核定;不能按照固定期限纳税的,可以按次纳税。以 1 个季度为纳税期限的规定仅适用于小规模纳税人。

纳税人以 1 个月或者 1 个季度为一期纳税的,自期满之日起 15 日内申报纳税;以 1 日、3 日、5 日、10 日或者 15 日为一期纳税的,自期满之日起 5 日内预缴税款,于次月 1 日起 15 日内申报纳税并结清上月应纳税款。

纳税人进口货物,应当自海关填发进口增值税专用缴款书之日起 15 日内缴纳税款。

纳税人出口货物适用退(免)税规定的,可以按月向税务机关申报办理该项出口货物的退税。

三、纳税地点

为了保证纳税人按期申报纳税,根据企业跨地区经营和搞活商品流通的特点及不同情况,税法还具体规定了增值税的纳税地点。

1. 固定业户应向其机构所在地主管税务机关申报纳税。总机构和分支机构不在同一县(市)的,应当分别向各自所在地的主管税务机关申报纳税;经国务院财政、税务主管部门或者其授权的财政、税务机关批准,可以由总机构汇总向总机构所在地主管税务机关申报纳税。

2. 固定业户到外县(市)销售货物或者应税劳务的,应当向其机构所在地主管税务机关申请开具外出经营活动税收管理证明,并向其机构所在地主管税务机关申报纳税;未开具证明的,应当向销售地或者劳务发生地的主管税务机关申报纳税;未向销售地或者劳务发生地的主管税务机关申报纳税的,由其机构所在地主管税务机关补征税款。

3. 非固定业户销售货物或者应税劳务,应当向销售地或者劳务发生地的主管税务机关申报纳税;未向销售地或者劳务发生地的主管税务机关申报纳税的,由其机构所在地或者居住地的主管税务机关补征税款。

4. 进口货物,应当向报关地海关申报纳税。

5. 扣缴义务人应当向其机构所在地或者居住地的主管税务机关申报缴纳其扣缴的税款。

四、纳税申报

增值税纳税人应按有关规定及时办理纳税申报,并如实填写《增值税纳税申报表》。如表3-2和表3-3所列。

表3-2 增值税纳税申报表

(适用于增值税一般纳税人)

根据《中华人民共和国增值税暂行条例》第二十二条和第二十三条的规定制定本表。纳税人不论有无销售额,均应按纳税期限按期填报本表,并于次月一日起十五日内,向当地税务机关申报。

税款所属时间:自 年 月 日至 年 月 日　　　　　填表日期: 年 月 日

纳税人识别号													所属行业:	

纳税人名称	（公章）	法定代表人姓名		注册地址		营业地址	
开户银行及帐号		企业登记注册类型			电话号码		

	项 目	栏 次	一般货物及劳务		即征即退货物及劳务	
			本月数	本年累计	本月数	本年累计
销售额	(一)按适用税率征税货物及劳务销售额	1				
	其中:应税货物销售额	2				
	应税劳务销售额	3				
	纳税检查调整的销售额	4				
	(二)按简易征收办法征税货物销售额	5				
	其中:纳税检查调整的销售额	6				
	(三)免、抵、退办法出口货物销售额	7			—	—
	(四)免税货物销售额	8			—	—
	其中:免税货物销售额	9			—	—
	免税劳务销售额	10			—	—
税款计算	销项税额	11				
	进项税额	12				
	上期留抵税额	13			—	
	进项税额转出	14				
	免抵退货物应退税额	15			—	
	按适用税率计算的纳税检查应补缴税额	16			—	
	应抵扣税额总计	17=12+13-14-15+16			—	

税款计算	实际抵扣税额	18(如 17＜11,则为 17,否则为 11)			
	应纳税额	19＝11－18			
	期末留抵税额	20＝17－18			—
	简易征收办法计算的应纳税额	21			
	按简易征收办法计算的纳税检查应补缴税额	22		—	—
	应纳税额减征额	23			
	应纳税额合计	24＝19＋21－23			
税款缴纳	期初末缴税额(多缴为负数)	25			
	实收出口开具专用缴款书退税额	26		—	—
	本期已缴税额	27＝28＋29＋30＋31			
	①分次预缴税额	28			—
	②出口开具专用缴款书预缴税额	29		—	—
	③本期缴纳上期应纳税额	30			
	④本期缴纳欠缴税额	31			
	期末未缴税额(多缴为负数)	32＝24＋25＋26－27			
	其中:欠缴税额(≥0)	33＝25＋26－27			—
	本期应补(退)税额	34＝24－28－29			—
	即征即退实际退税额	35			
	期初未缴查补税额	36		—	—
	本期入库查补税额	37		—	—
	期末未缴查补税额	38＝16＋22＋36－37		—	—
授权声明	如果你已委托代理人申报,请填写下列资料: 为代理一切税务事宜,现授权 (地址)　　　　　为本纳税人的代理申报人,任何申报表有关的往来文件,都可寄予此人。 授权人签字:		申报人声明	此纳税申报表是根据《中华人民共和国增值税暂行条例》的规定填报,是真实的、可靠的、完整的。 声明人签字:	

表 3－3 增值税纳税申报表

(适用于小规模纳税人)

根据《中华人民共和国增值税暂行条例》第二十二条及第二十三条的规定:纳税人不论有无销售额,均应按主管税务机关核定的纳税期限按期填报本表,并于次月一日起十五日内,向当地税务机关申报。

纳税人识别号:□□□□□□□□□□□□□□□□□□□□

纳税人名称(公章): 金额单位:元(列至角分)

税款所属期: 年 月 日 至 年 月 日 填表日期: 年 月 日

	项目	税目、征收率	栏次	本期数	本年累计
一、计税依据	(一)应征增值税货物及劳务不含税销售额		1		
	其中:税务机关代开的增值税专用发票不含税销售额		2		
	税控器具开具的普通发票不含税销售额		3		
	(二)销售使用过的应税固定资产不含税销售额		4		
	其中:税控器具开具的普通发票不含税销售额		5		
	(三)免税货物及劳务销售额		6		
	其中:税控器具开具的普通发票销售额		7		
	(四)出口免税货物销售额		8		
	其中:税控器具开具的普通发票销售额		9		
二、税款计算	本期应纳税额		10		
	本期应纳税额减征额		11		
	应纳税额合计		12＝10－11		
	本期预缴税额		13		
	本期应补(退)税额		14＝12－13		

纳税人或代理人声明: 此纳税申报表是根据国家税收法律的规定填报的,我确定它是真实的、可靠的、完整的。	如纳税人填报,由纳税人填写以下各栏:
	办税人员(签章): 财务负责人(签章):
	法定代表人(签章): 联系电话:
	如委托代理人填报,由代理人填写以下各栏:
	代理人名称: 经办人(签章): 联系电话:
	代理人(公章):

受理人: 受理日期: 年 月 日 受理税务机关(签章):

本表一式三份,一份纳税人留存,一份主管税务机关留存,一份征收部门留存

任务五 增值税专用发票的使用与管理

增值税实行凭国家印发的增值税专用发票注明的税款进行抵扣的制度。专用发票不仅

是纳税人经济活动中的重要商业凭证,而且是兼记销货方销项税额和购货方进项税额进行税款抵扣的凭证,对增值税的计算和管理起着决定性的作用,因此,正确使用增值税专用发票是十分重要的。为此,国家税务总局专门制定颁发了《增值税专用发票使用规定》等管理办法,对增值税发票的领购、使用、保管等问题作了具体要求。

一、增值税专用发票的联次

专用发票的基本联次为三联:发票联、抵扣联和记账联。其中,发票联作为购买方核算采购成本和进项税额的记账凭证;抵扣联作为购买方报送主管税务机关认证和留存备查的凭证;记账联作为销售方核算销售收入和销项税额的记账凭证。

二、增值税专用发票的开票限额

增值税专用发票实行最高开票限额管理。最高开票限额,是指单份专用发票开具的销售额合计数不得达到的上限额度。

最高开票限额由一般纳税人申请,税务机关依法审批。最高开票限额为 10 万元及以下的,由区县级税务机关审批;最高开票限额为 100 万元的,由地市级税务机关审批;最高开票限额为 1 000 万元及以上的,由省级税务机关审批。防伪税控系统的具体发行工作由区县级税务机关负责。

税务机关审批最高开票限额应进行实地核查。批准使用最高开票限额为 10 万元及以下的,由区县级税务机关派人实地核查;批准使用最高开票限额为 100 万元的,由地市级税务机关派人实地核查;批准使用最高开票限额为 1 000 万元及以上的,由地市级税务机关派人实地核查后将核查资料报省级税务机关审核。

一般纳税人申请最高开票限额时,需填报《最高开票限额申请表》。

三、增值税专用发票的领购使用范围

增值税专用发票只限于增值税的一般纳税人领购使用,增值税的小规模纳税人和非增值税纳税人不得领购使用。

一般纳税人有下列情形之一者,不得领购使用专用发票。

1. 会计核算不健全,不能向税务机关准确提供增值税销项税额、进项税额、应纳税额数据及其他有关增值税税务资料的。

2. 有《税收征管法》规定的税收违法行为,拒不接受税务机关处理的。

3. 有下列行为之一,经税务机关责令限期改正而仍未改正者。

(1) 虚开增值税专用发票。

任何单位和个人不得有下列虚开发票行为:

① 为他人、为自己开具与实际经营业务情况不符的发票。

② 让他人为自己开具与实际经营业务情况不符的发票。

③ 介绍他人开具与实际经营业务情况不符的发票。

(2) 私自印制专用发票。

(3) 向税务机关以外的单位和个人买取专用发票。

（4）借用他人专用发票。

（5）未按规定开具发票。

（6）未按规定保管专用发票和专用设备,有下列情形之一的,为未按规定保管专用发票和专用设备。

① 未设专人保管专用发票和专用设备。

② 未按税务机关要求存放专用发票和专用设备。

③ 未将认证相符的专用发票抵扣联、《认证结果通知书》和《认证结果清单》装订成册。

④ 未经税务机关查验,擅自销毁专用发票基本联次。

（7）未按规定申请办理防伪税控系统变更发行。

（8）未按规定接受税务机关检查。

有上列情形的,如已领购专用发票,主管税务机关应暂扣其结存的专用发票和IC卡。

四、增值税专用发票的开具范围

商业企业一般纳税人零售的烟、酒、食品、服装、鞋帽（不包括劳保专用部分）、化妆品等消费品不得开具专用发票。

增值税小规模纳税人（以下简称小规模纳税人）需要开具专用发票的,可向主管税务机关申请代开。

销售免税货物不得开具专用发票,法律、法规及国家税务总局另有规定的除外。

五、增值税专用发票的开具要求

专用发票应按下列要求开具:

1. 项目齐全,与实际交易相符。

2. 字迹清楚,不得压线、错格。

3. 发票联和抵扣联加盖财务专用章或者发票专用章。

4. 按照增值税纳税义务的发生时间开具。

对不符合上列要求的专用发票,购买方有权拒收。

一般纳税人销售货物或者提供应税劳务可汇总开具专用发票。汇总开具专用发票的,同时使用防伪税控系统开具《销售货物或者提供应税劳务清单》,并加盖财务专用章或者发票专用章。

六、增值税专用发票的抵扣规定

一般纳税人作为购买方取得了增值税专用发票,原则上准予作为扣税凭证,抵扣销项税额。用于抵扣增值税进项税额的专用发票应经税务机关认证相符（国家税务总局另有规定的除外）。认证相符的专用发票应作为购买方的记账凭证,不得退还销售方。

认证,是税务机关通过防伪税控系统对专用发票所列数据的识别、确认。

认证相符,是指纳税人识别号无误,专用发票所列密文解译后与明文一致。

1. 有下列情形之一的,不得作为增值税进项税额的抵扣凭证,税务机关退还原件,购买方可要求销售方重新开具专用发票。

（1）无法认证，是指专用发票所列密文或者明文不能辨认，无法产生认证结果。

（2）纳税人识别号认证不符，是指专用发票所列购买方纳税人识别号有误。

（3）专用发票代码、号码认证不符，是指专用发票所列密文解译后与明文的代码或者号码不一致。

2．有下列情形之一的，暂不得作为增值税进项税额的抵扣凭证，税务机关扣留原件，查明原因，分别情况进行处理。

（1）重复认证，是指已经认证相符的同一张专用发票再次认证。

（2）密文有误，是指专用发票所列密文无法解译。

（3）认证不符，是指纳税人识别号有误，或者专用发票所列密文解译后与明文不一致。本项所称认证不符不含（一）的第2项、第3项所列情形。

（4）列为失控专用发票，是指认证时的专用发票已被登记为失控专用发票。

3．对丢失已开具专用发票的发票联和抵扣联的处理。

（1）一般纳税人丢失已开具专用发票的发票联和抵扣联

① 如果丢失前已认证相符的，购买方凭销售方提供的相应专用发票记账联复印件及销售方所在地主管税务机关出具的《丢失增值税专用发票已报税证明单》经购买方主管税务机关审核同意后，可作为增值税进项税额的抵扣凭证。

② 如果丢失前未认证的，购买方凭销售方提供的相应专用发票记账联复印件到主管税务机关进行认证，认证相符的凭该专用发票记账联复印件及销售方所在地主管税务机关出具的《丢失增值税专用发票已报税证明单》，经购买方主管税务机关审核同意后，可作为增值税进项税额的抵扣凭证。

（2）一般纳税人丢失已开具专用发票的抵扣联

① 如果丢失前已认证相符的，可使用专用发票发票联复印件留存备查。

② 如果丢失前未认证的，可使用专用发票发票联到主管税务机关认证，专用发票发票联复印件留存备查。

（3）一般纳税人丢失已开具专用发票的发票联，可将专用发票抵扣联作为记账凭证，专用发票抵扣联复印件留存备查。

4．专用发票抵扣联无法认证的，可使用专用发票发票联到主管税务机关认证。专用发票发票联复印件留存备查。

七、开具专用发票后发生退货或销售折让的处理

1．增值税一般纳税人开具增值税专用发票后，发生销货退回、销售折让以及开票有误等情况需要开具红字专用发票的，应视不同情况分别按以下规定办理。

（1）因专用发票抵扣联、发票联均无法认证的，由购买方填报《开具红字增值税专用发票申请单》，并在申请单上填写具体原因以及相对蓝字专用发票的信息，主管税务机关审核后出具《开具红字增值税专用发票通知单》。购买方不作进项税额转出处理。

（2）购买方所购货物不属于增值税扣税项目范围，取得的专用发票未经认证的，由购买方填报申请单，并在申请单上填写具体原因以及相对应蓝字专用发票的信息，主管税务机关审核后出具通知单。购买方不作进项税额转出处理。

（3）因开票有误购买方拒收专用发票的，销售方须在专用发票认证期限内向主管税务机关填报申请单，并在申请单上填写具体原因以及相对应蓝字专用发票的信息，同时提供由购买方出具的写明拒收理由、具体项目以及正确内容的书面材料，主管税务机关审核确认后出具通知单。销售方凭通知单开具红字专用发票。

（4）因开具有误等原因尚未将专用发票交付购买方的，销售方须在开具有误专用发票的次月内向主管税务机关填报申请单，并在申请单上填写具体原因以及相对应蓝字专用发票的信息，同时提供由销售方出具的写明具体理由、错误具体项目以及正确内容的书面材料，主管税务机关审核确认后出具通知单。销售方凭通知单开具红字专用发票。

（5）发生销货退回或销售折让的，除按照《通知》的规定进行处理外，销售方还应在开具红字专用发票后将该笔业务的相应记账凭证复印件报送主管税务机关备案。

2．税务机关为小规模纳税人代开专用发票需要开具红字专用发票的，比照一般纳税人开具红字专用发票的处理办法，通知单第二联交代开税务机关。

3．为实现对通知单的监控管理，税务总局正在开发通知单开具和管理系统。在系统推广应用之前，通知单暂由一般纳税人留存备查，税务机关不进行核销。红字专用发票暂不报送税务机关认证。

八、增值税专用发票的保管要求

一般纳税人必须按规定保管增值税专用发票：设专人保管专用发票和专用设备；按要求存放专用发票和专用设备；认证相符的专用发票抵扣联、《认证结果通知书》和《认证结果清单》装订成册；已开具的专用发票存根联，应当保存五年，保存期满，报经税务机关查验后销毁。

税法除了对纳税人领购、开具专用发票作了上述各项具体规定外，在严格管理上也作了多项规定。主要有：

（一）关于被盗、丢失增值税专用发票的处理

1．纳税人必须严格按《增值税专用发票使用规定》保管使用专用发票，对违反规定发生被盗、丢失专用发票的纳税人，按《税收征收管理法》和《发票管理办法》的规定，处以1万元以下的罚款，并可视具体情况，对丢失专用发票的纳税人，在一定期限内（最长不超过半年）停止领购专用发票，对纳税人申报遗失的专用发票，如发现非法代开、虚开问题的，该纳税人应承担偷税、骗税的连带责任。

2．纳税人丢失专用发票后，必须按规定程序向当地主管税务机关、公安机关报失。各地税务机关对丢失专用发票的纳税人按规定进行处罚的同时，代收取"挂失登报费"，并将丢失专用发票的纳税人名称、发票份数、字轨号码、盖章与否等情况，统一传（寄）中国税务报社刊登"遗失声明"。传（寄）中国税务报社的"遗失声明"，必须经县（市）国家税务机关审核盖章、签署意见。

（二）关于对代开、虚开增值税专用发票的处理

代开发票是指为与自己没有发生直接购销关系的他人开具发票的行为，虚开发票是指在没有任何购销事实的前提下，为他人、为自己或让他人为自己或介绍他人开具发票的行

为。代开、虚开发票的行为都是严重的违法行为。对代开、虚开专用发票的,一律按票面所列货物的适用税率全额征补税款,并按《税收征收管理法》的规定按偷税给予处罚。对纳税人取得代开、虚开的增值税专用发票,不得作为增值税合法抵扣凭证抵扣进项税额。代开、虚开发票构成犯罪的,按全国人大常委会发布的《关于惩治虚开、伪造和非法出售增值税专用发票犯罪的决定》处以刑罚。

(三) 纳税人善意取得虚开的增值税专用发票处理

纳税人善意取得虚开的增值税专用发票是指购货方与销售方存在真实交易,且购货方不知取得的增值税专用发票是非法手段获得的。

1. 购货方与销售方交易真实,销售方使用的是其所在省(自治区、直辖市和计划单列市)的专用发票,专用发票注明的销售方名称、印章、货物数量、金额及税额等全部内容与实际相符,且没有证据表明购货方知道销售方提供的专用发票是以非法手段获得的,对购货方不以偷税或者骗取出口退税论处。但应按有关规定不予抵扣进项税款或者不予出口退税;购货方已经抵扣的进项税款或者取得的出口退税,应依法追缴。

2. 购货方能够重新从销售方取得合法、有效专用发票的,且取得了销售方所在地税务机关已经或者正在依法对销售方虚开专用发票行为进行查处证明的,购货方所在地税务机关应依法准予抵扣进项税款或者出口退税。

3. 如有证据表明购货方在进项税款得到抵扣或者获得出口退税前知道该专用发票是销售方以非法手段获得的,对购货方应按有关规定处理。

4. 按相关规定有下列情形之一的,无论购货方(受票方)与销售方是否进行了实际的交易,增值税专用发票所注明的数量、金额与实际交易是否相符,购货方向税务机关申请抵扣进项税款或者出口退税的,对其均应按偷税或者骗取出口退税处理。

(1) 购货方取得的增值税专用发票所注明的销售方名称、印章与其进行实际交易的销售方不符的。

(2) 购货方取得的增值税专用发票为销售方所在省(自治区、直辖市和计划单列市)以外地区的。

(3) 其他有证据表明购货方明知取得的增值税专用发票系销售方以非法手段获得的。

(四) 防伪税控系统增值税专用发票的管理

1. 税务机关专用发票管理部门在运用防伪税控发售系统进行发票入库管理或向纳税人发售专用发票时,要认真录入发票代码、号码,并与纸质专用发票进行仔细核对,确保发票代码、号码电子信息与纸质发票的代码、号码完全一致。

2. 纳税人在运用防伪税控系统开具专用发票时,应认真检查系统中的电子发票代码、号码与纸质发票是否一致。如发现税务机关错填电子发票代码、号码的,应持纸质专用发票和税控 IC 卡到税务机关办理退回手续。

3. 对税务机关错误录入代码或号码后又被纳税人开具的专用发票,按以下办法处理:

(1) 纳税人当月发现上述问题的,应按照专用发票使用管理的有关规定,对纸质专用发票和防伪税控开票系统中专用发票电子信息同时进行作废,并及时报主管税务机关。纳税人在以后月份发现的,应按有关规定开具负数专用发票。

（2）主管税务机关按照有关规定追究有关人员责任。同时将有关情况，如发生原因、主管税务机关名称、编号、纳税人名称、纳税人识别号、发票代码号码（包括错误的和正确的）、发生时间、责任人以及处理意见或请求等逐级上报至总局。

（3）对涉及发票数量多、影响面较大的，总局将按规定程序对"全国作废发票计算机"进行修正。

4．在未收回专用发票抵扣联及发票联，或虽已收回专用发票抵扣联及发票联，但购货方已将专用发票抵扣联报送税务机关认证的情况下，销货方一律不得作废已开具的专用发票。

5．从 2003 年 7 月开始，总局将对各地增值税专用发票计算机稽核系统因操作失误而形成的"属于作废发票"进行考核，按月公布考核结果。对问题严重地区将组织力量进行抽查并通报批评。

◆ 项目小结

增值税是以商品（含应税劳务）在流转过程中产生的增值额作为计税依据而征收的一种流转税。

1．理解相关概念。增值额、法定增值额、生产型增值税、收入型增值税、消费型增值税、销项税额、进项税额等基本概念。

（1）增值额，就是劳动者在生产过程中新创造的那一部分价值额，也就是企业或其他经营者从事生产经营（或提供劳务）在购入的商品（或取得的劳务）的价值额基础上新增加的价值额。

（2）法定增值额，是指各国政府根据各国的国情、政策要求，在增值税制度中人为确定的增值额。

（3）划分三种类型的增值税是以企业购入固定资产的已纳税金是否允许扣除为标准。生产型增值税不允许扣除购入固定资产的已纳税金。收入型增值税只允许扣除固定资产已提取的折旧费部分。消费型增值税允许将外购的用于生产的固定资产的已纳税金，在购入的当期一次性全部扣除。

（4）销项税额是纳税人销售货物或提供应税劳务，按销售额或提供应税劳务收入和规定的增值税税率计算，并向购买方收取的增值税额。

（5）进项税额是纳税人购进货物或者接受应税劳务所支付或者负担的增值税额。

2．增值税纳税人、征税范围和税率。

（1）增值税纳税人分为一般纳税人和小规模纳税人，并掌握划分两类的标准。

（2）增值税征税范围的一般规定包括销售货物、加工和修理修配劳务；征税范围的特殊规定包括 8 种视同销售行为、混合销售行为、兼营销售行为和特殊项目。

（3）税率有基本税率、低税率、零税率和征税率四种。

3．增值税应纳税额的计算。

（1）增值税应纳税额的计算有一般纳税人应纳税额的计算、小规模纳税人应纳税额的计算、进口货物应纳税额的计算这三种情况。重点是一般纳税人应纳税额的计算。

（2）一般纳税人应纳税额的计算关键点在于确定当期的销项税额和进项税额。

① 销项税额的计算。正确确定计税销售额是计算销项税额的关键。一般销售方式的销售额是指纳税人销售货物或者应税劳务向购买方收取的全部价款和价外费用以及四种特殊销售方式销售额的确定。计税销售额确定后，根据规定的税率即可计算出销项税额。

② 进项税额的计算。正确计算进项税额必须掌握准予从销项税额中抵扣的进项税额和不得从销项税额中抵扣的进项税额，并把握进项税申报抵扣的时间限定。

4. 出口货物退（免）税计算。

（1）出口退（免）税的基本政策。有出口免税并退税、出口免税不退税、出口不免税也不退税三种退税政策。

（2）出口货物退（免）的适用范围。

（3）出口货物退税率。退税率有 17％、16％、15％、14％、13％、9％、5％等。

（4）出口货物应退税额的计算。有"免、抵、退"法和"先征后退"法

5. 增值税的会计核算。

（1）会计科目的设置。一般纳税人增值税在"应交税费"科目下设置"应交增值税"和"未交增值税"两个明细科目，并在"应交增值税"下设九个专栏；小规模纳税人增值税在"应交税费"科目下设置"应交增值税"明细科目。

（2）增值税的会计处理。一般纳税人增值税的会计处理有进项税额、销项税额、进项税额转出和缴纳增值税的会计核算；小规模纳税人有购进货物、销售货物和缴纳税款的会计核算。

6. 增值税纳税申报。掌握增值税纳税义务发生时间、纳税期限、纳税地点和纳税申报表的填列。

7. 增值税专用发票的管理。

增值税专用发票既是商事凭证又是扣税凭证，增值税法律对发票的开票限额、使用范围、保管要求、不得开具的情形以及处罚有非常明确的规定。

项目四　消费税纳税实务

◆ 学习任务：了解消费税的概念；熟悉消费税的纳税义务发生时间、纳税期限、纳税地点、纳税环节；掌握消费税纳税义务人、征税范围、应纳税额的计算、会计处理和消费税纳税申报操作。

◆ 任务导入：B企业是从事卷烟生产并销售的企业，为增值税一般纳税人，2010年9月8日销售A种卷烟50标准箱，调拨价为每箱20 000元，成本为7 000元/箱。会计在交纳税款时既交了增值税，又交了消费税，而且交消费税时既按价格交，还要按"箱"来交。销售部经理认为这样对企业不公平，企业税负太重。那么什么是消费税？征税范围包括哪些？如何计算应纳消费税额？

任务一　认知消费税

一、消费税的概念

消费税是对在我国境内从事生产、委托加工和进口应税消费品的单位和个人，就其销售额或销售数量征收的一种税。简单地说，消费税是对特定消费品和消费行为征收的一种税。

消费税是世界各国广泛实行的税种。根据荷兰克劳森教授搜集的129个国家的资料，没有开征消费税的不到10个。

我国的消费税是1994年税制改革在流转税中新设置的一个税种，国务院于2008年11月5日修订通过了《中华人民共和国消费税暂行条例》，并于2009年1月1日起实施，目的是引导消费、调节收入、引导生产结构、增加财政收入。

二、消费税的纳税义务人

在中华人民共和国境内生产、委托加工和进口应税消费品的单位和个人，以及国务院确定的销售消费税条例规定的消费品的其他单位和个人，为消费税的纳税义务人。

具体来说，消费税的纳税义务人包括：生产应税消费品的单位和个人；进口应税消费品的单位和个人；委托加工应税消费品的单位和个人；国务院确定的销售应税消费品的单位和个人。

金银首饰、钻石及钻石饰品消费税的纳税人，为在我国境内从事商业零售金银首饰、钻石及钻石饰品的单位和个人。

三、消费税的征税范围

根据《消费税暂行条例》的规定，消费税的征收范围为指在中华人民共和国境内生产、委托加工、进口和国务院确定的销售条例规定的消费品。大体分为以下几个方面：

1. 过度消费会对人类健康、社会秩序、生态环境等方面造成危害的特殊消费品，如烟、酒、鞭炮、焰火等。

2. 奢侈品和非生活必需品，如贵重首饰、化妆品等。

3. 高能耗及高档消费品，如小汽车、摩托车等。

4. 不可再生和替代的石油类消费品，如汽油、柴油等。

5. 有一定财政意义的产品，如汽车轮胎等。

四、消费税的税目

根据《消费税暂行条例》的规定，2006年3月《财政部、国家税务总局关于调整和完善消费税政策的通知》的规定，确定征收消费税的只有烟、酒、化妆品等14个税目，有的税目还进一步划分了若干子目。具体的税目包括：

（一）烟

凡是以烟叶为原料加工生产的产品，不论使用何种辅料，均属于本税目的征收范围。本税目下设卷烟、雪茄烟、烟丝3个子目。

（二）酒及酒精

酒是酒精度在1度以上的各种酒类饮料。酒精又名乙醇，是指用蒸馏方法或合成方法生产的酒精度数在95度以上的无色透明液体。

本税目下设粮食白酒、薯类白酒、黄酒、啤酒、其他酒、酒精6个子目。

对饮食业、商业、娱乐业举办的啤酒屋（啤酒坊）利用啤酒生产设备生产的啤酒，应当征收消费税。

（三）化妆品

化妆品是日常生活中用于修饰美化人体表面的用品。本税目征收范围包括各类美容、修饰类化妆品，高档护肤类化妆品和成套化妆品。

舞台、戏剧、影视演员化妆用的上妆油、卸妆油、油彩、发胶和头发漂白剂等，不属于本税目征收范围。

高档护肤类化妆品征收范围另行制定。

（四）贵重首饰及珠宝玉石

本税目征收范围包括：凡以金、银、白金、宝石、珍珠、钻石、翡翠、珊瑚、玛瑙等高贵稀有物质以及其他金属、人造宝石等制作的各种纯金银首饰及镶嵌首饰和经采掘、打磨、加工的各种珠宝玉石。

对出国人员免税商店销售的金银首饰征收消费税。

（五）鞭炮、焰火

本税目征收范围包括各种鞭炮、焰火。

体育上用的发令纸，鞭炮药引线，不按本税目征收。

（六）成品油

本税目包括汽油、柴油、石脑油、溶剂油、航空煤油、润滑油、燃料油 7 个子目。

（七）汽车轮胎

汽车轮胎是指用于各种汽车、挂车、专用车和其他机动车上的内、外胎。

不包括农业拖拉机、收割机、手扶拖拉机的专用轮胎。

（八）摩托车

本税目征收范围包括轻便摩托车、摩托车。

对最大设计车速不超过 50 千米/时，发动机汽缸工作容量不超过 50 毫升的三轮摩托车不征收消费税。

（九）小汽车

小汽车是指由动力装置驱动，具有 4 个和 4 个以上车轮的非轨道无架线的、主要用于载送人员及其随身物品的车辆。

本税目征收范围包括含驾驶员座位在内最多不超过 9 个座位（含）的，在设计和技术特性上用于载运乘客和货物的各类乘用车和含驾驶员座位在内的座位数在 10～23 座（含 23 座）的在设计和技术特性上用于载运乘客和货物的各类中轻型商用客车。

用排气量小于 1.5 升（含）的乘用车底盘（车架）改装、改制的车辆属于乘用车征收范围。用排气量大于 1.5 升的乘用车底盘（车架）或用中轻型商用客车底盘（车架）改装、改制的车辆属于中轻型商用客车征收范围。

含驾驶员人数（额定载客）为区间值的（如 8～10 人，17～26 人）小汽车，按其区间值下限人数确定征收范围。对于购进乘用车或中轻型商用客车整车改装生产的汽车，应按规定征收消费税。

含驾驶员人数（额定载客）为区间值的（如 8～10 人，17～26 人）小汽车，按其区间值下限人数确定征收范围。

电动汽车不属于本税目征收范围。

车身长度大于 7 米（含），并且座位在 10～23 座（含）以下的商用客车，不属于中轻型商用客车征税范围，不征收消费税。

沙滩车、雪地车、卡丁车、高尔夫车不属于消费税征收范围，不征收消费税。

（十）高尔夫球及球具

高尔夫球及球具是指从事高尔夫球运动所需的各种专用装备，包括高尔夫球、高尔夫球杆及高尔夫球包（袋）等。

本税目征收范围包括高尔夫球、高尔夫球杆、高尔夫球包（袋）。高尔夫球杆的杆头、杆身和握把属于本税目的征收范围。

（十一）高档手表

高档手表是指销售价格（不含增值税）每只在 10 000 元（含）以上的各类手表。

本税目征收范围包括符合以上标准的各类手表。

（十二）游艇

游艇是指长度大于 8 米小于 90 米，船体由玻璃钢、钢、铝合金、塑料等多种材料制作，可以在水上移动的水上浮载体。按照动力划分，游艇分为无动力艇、帆艇和机动艇。

本税目征收范围包括艇身长度大于 8 米（含）小于 90 米（含），内置发动机，可以在水上移动，一般为私人或团体购置，主要用于水上运动和休闲娱乐等非营利活动的各类机动艇。

（十三）木制一次性筷子

木制一次性筷子，又称卫生筷子，是指以木材为原料经过锯段、浸泡、旋切、刨切、烘干、筛选、打磨、倒角、包装等环节加工而成的各类一次性使用的筷子。

本税目征收范围包括各种规格的木制一次性筷子。未经打磨、倒角的木制一次性筷子属于本税目征税范围。

（十四）实木地板

实木地板是指以木材为原料，经锯割、干燥、刨光、截断、开榫、涂漆等工序加工而成的块状或条状的地面装饰材料。实木地板按生产工艺不同，可分为独板（块）实木地板、实木指接地板、实木复合地板三类；按表面处理状态不同，可分为未涂饰地板（白坯板、素板）和漆饰地板两类。

本税目征收范围包括各类规格的实木地板、实木指接地板、实木复合地板及用于装饰墙壁、天棚的侧端面为榫、槽的实木装饰板。未经涂饰的素板属于本税目征税范围。

五、消费税的税率

消费税采用比例税率和定额税率两种形式，以适应不同应税消费品的实际情况，共设置了 14 个税目，在其中的部分税目下又设置了若干个子目。具体地，对黄酒、啤酒和成品油这 3 个税目采用定额税率，实行从量定额征收；其余的税目在税率设计上采用产品差别比例税率。消费税税目、税率的调整，由国务院决定。消费税税目税率（税额）表（见表 4-1）。

表 4-1　消费税税目税率（税额）表

税　目	计税单位	税　率
一、烟		
1. 卷烟		
（1）每标准条（200 支）对外调拨价在 70 元以上（含 70 元）	标准箱（5 万支）	56%；150 元
（2）每标准条（200 支）对外调拨价在 70 元以下（不含 70 元）	标准箱（5 万支）	36%；150 元
2. 雪茄烟		36%
3. 烟丝		30%
4. 卷烟批发环节		5%
二、酒及酒精		
1. 粮食白酒	斤或者 500 毫升	20%；0.5 元
2. 薯类白酒	斤或者 500 毫升	20%；0.5 元

税 目	计税单位	税 率
3. 黄酒	吨	240 元
4. 啤酒		
(1) 每吨出厂价格(含包装物及包装物押金)在 3 000 元(含 3 000 元,不含增值税)以上	吨	250 元
(2) 每吨出厂价格在 3 000 元(不含 3 000 元,不含增值税)以下	吨	220 元
(3) 娱乐业和饮食业自制的	吨	250 元
5. 其他酒		10%
6. 酒精		5%
三、化妆品		30%
四、贵重首饰及珠宝玉石		
1. 金银首饰、铂金首饰和钻石及钻石饰品		5%
2. 其他贵重首饰和珠宝玉石		10%
五、鞭炮、焰火		15%
六、成品油		
1. 汽油		
(1) 含铅汽油	升	1.0 元
(2) 无铅汽油	升	1.4 元
2. 柴油	升	0.8 元
3. 航空煤油	升	1.0 元
4. 石脑油	升	1.0 元
5. 溶剂油	升	1.0 元
6. 润滑油	升	0.8 元
7. 燃料油	升	0.8 元
七、汽车轮胎		3%
八、摩托车		
1. 气缸容量(排气量,下同)在 250 毫升(含 250 毫升)以下的		3%
2. 气缸容量在 250 毫升以上的		10%
九、小汽车		
1. 乘用车		
(1) 气缸容量(排气量,下同)在 1.0 升(含 1.0 升)以下的		1%
(2) 气缸容量在 1.0 升以上至 1.5 升(含 1.5 升)的		3%
(3) 气缸容量在 1.5 升以上至 2.0 升(含 2.0 升)的		5%
(4) 气缸容量在 2.0 升以上至 2.5 升(含 2.5 升)的		9%

续表 4 - 1

税 目	计税单位	税 率
(5)气缸容量在2.5升以上至3.0升(含3.0升)的		12%
(6)气缸容量在3.0升以上至4.0升(含4.0升)的		25%
(7)气缸容量在4.0升以上的		40%
2.中轻型商用客车		5%
十、高尔夫球及球具		10%
十一、高档手表		20%
十二、游艇		.10%
十三、木制一次性筷子		5%
十四、实木地板		5%

纳税人兼营不同税率的应税消费品,即生产销售两种税率以上的应税消费品时,应当分别核算不同税率应税消费品的销售额、销售数量;未分别核算销售额、销售数量,或者将不同税率的应税消费品组成成套消费品销售的,从高适用税率。

任务二 消费税应纳税额的计算

一、直接对外销售应纳消费税的计算

按照现行消费税的基本规定,消费税应纳税额的计算分为从价定率、从量定额和从价从量复合计征三种方法。

(一)实行从价定率计算方法

在从价定率计征办法下,应纳税额的计算取决于应税消费品的销售额和适用比例税率两个因素,其基本计算公式为:

应纳税额=应税消费品的销售额×比例税率

1.销售额的确定

应税消费品的销售额是指纳税人销售应税消费品向购买方收取的全部价款和价外费用。

价外费用,是指价外向购买方收取的手续费、补贴、基金、集资费、返还利润、奖励费、违约金、滞纳金、延期付款利息、赔偿金、代收款项、代垫款项、包装费、包装物租金、储备费、优质费、运输装卸费以及其他各种性质的价外收费,但下列项目不包括在内。

(1)同时符合以下条件的代垫运输费用:

① 承运部门的运输费用发票开具给购买方的。

② 纳税人将该项发票转交给购买方的。

(2)同时符合以下条件代为收取的政府性基金或者行政事业性收费:

① 由国务院或者财政部批准设立的政府性基金,由国务院或者省级人民政府及其财政、价格主管部门批准设立的行政事业性收费。

② 收取时开具省级以上财政部门印制的财政票据。

③ 所收款项全额上缴财政。

其他价外费用,无论是否属于纳税人的收入,均应并入销售额中计算纳税。

应税消费品连同包装物销售的,无论包装物是否单独计价,也不论在会计上如何核算,均应并入应税消费品的销售额中缴纳消费税。如果包装物不作价随同产品销售,而是收取押金,此项押金则不应并入应税消费品的销售额中征税。但对因逾期未收回的包装物不再退还的或者已收取的时间超过 12 个月的押金,应并入应税消费品的销售额,按照应税消费品的适用税率缴纳消费税。

对既作价随同应税消费品销售,又另外收取押金的包装物的押金,凡纳税人在规定的期限内没有退还的,均应并入应税消费品的销售额,按照应税消费品的适用税率缴纳消费税。

对酒类产品生产企业销售酒类产品而收取的包装物押金,无论押金是否返还及会计上如何核算,均应并入酒类产品销售额中征收消费税。但是,啤酒的包装物押金不包括供重复使用的塑料周转箱的押金。

包装物押金一般为含税收入,因此,在将包装物押金并入销售额征税时,应将这部分押金换算为不含增值税的收入。

纳税人销售的应税消费品,以人民币以外的货币结算销售额的,其销售额的人民币折合率可以选择销售额发生的当天或者当月 1 日的人民币汇率中间价。纳税人应在事先确定采用何种折合率,确定后 1 年内不得变更。

【例 4—1】 某摩托车厂销售摩托车 100 辆,出厂价格为 1 万元一辆,另收取包装物工料费 4.68 万元。请计算该厂家的应税销售额。

【答案】 应税销售额＝100×1＋4.68÷(1＋17%)＝104(万元)

2. 含税销售额的换算

应税消费品在缴纳消费税的同时,与一般货物一样,还应缴纳增值税。按规定,应税消费品的销售额,不包括向购货方收取的增值税税款。如果纳税人应税消费品的销售额中未扣除增值税税款,或者因不得开具增值税专用发票而发生价款和增值税税款合并收取的,在计算消费税时,应将含增值税的销售额换算为不含增值税税款的销售额,其换算公式为:

$$应税消费品的销售额＝含增值税的销售额÷(1＋增值税的税率或征收率)$$

【例 4—2】 某增值税为一般纳税人的化工厂,本月销售情况如下:销售化妆品给超市,开具增值税专用发票,取得不含税销售额 90 万元;销售化妆品给小商店,开具普通发票,取得销售额 11.7 万元。请计算该化妆品厂应缴纳的消费税和增值税。

【答案】 应纳消费税＝90×30%＋11.7÷(1＋17%)×30%＝30(万元)

应纳增值税＝90×17%＋11.7÷(1＋17%)×17%＝17(万元)

(二)实行从量定额计算方法

在从量计征办法下,应纳税额的计算取决于应税消费品的销售数量和单位税额两个因素,其基本计算公式为:

$$应纳税额＝应税消费品的销售数量×单位税额$$

1. 销售数量的确定

销售数量是指应税消费品的数量。具体地规定为：

（1）销售应税消费品的，为应税消费品的销售数量。

（2）自产自用的应税消费品，为应税消费品的移送使用数量。

（3）委托加工的应税消费品，为纳税人收回的应税消费品数量。

（4）进口的应税消费品，为海关核定的应税消费品进口征税数量。

2. 计量单位的换算

根据税法规定，黄酒、啤酒以吨为计税单位；成品油以升为计税单位。但在实际销售过程中，纳税人会把两种计量单位混用。为了规范不同产品的计量单位，以准确地计算应纳消费税额，税法规定了吨与升两个计量单位的换算标准：

啤酒 1 吨＝988 升   石脑油 1 吨＝1 385 升

黄酒 1 吨＝962 升   溶剂油 1 吨＝1 282 升

汽油 1 吨＝1 388 升   润滑油 1 吨＝1 126 升

柴油 1 吨＝1 176 升   燃料油 1 吨＝1 015 升

航空煤油 1 吨＝1 246 升

【例 4-3】 某啤酒厂当月销售啤酒 296 400 升，每吨啤酒出厂价格为 2 500 元（不含增值税），请计算该啤酒厂当月应纳的消费税。

【答案】 应纳消费税＝296 400÷988×220＝66 000（元）

（三）实行从价定率和从量定额复合计算方法

现行消费税的征税范围中，只有卷烟、白酒采用复合计算方法，其基本计算公式为：

$$应纳税额＝应税销售数量×定额税率＋应税销售额×比例税率$$

【例 4-4】 某酒厂以粮食为原料加工生产白酒，本月销售白酒 10 000 瓶，每瓶不含税价格 150 元，请计算该酒厂当月应纳的消费税。

【答案】 应纳消费税＝10 000×0.5＋150×10 000×20%＝305 000（元）

二、自产自用应税消费品应纳税额的计算

自产自用的应税消费品，是指纳税人生产应税消费品后，不是用于直接对外销售，而是用于自己连续生产应税消费品，或用于其他方面。自产自用的使用方向不同，消费税的纳税规定也不同。

（一）用于连续生产应税消费品

纳税人自产自用的应税消费品，用于连续生产应税消费品的，不纳税。这种自产自用的应税消费品是指，该消费品是作为生产最终应税消费品的直接材料，并构成最终产品实体的应税消费品。如果对中间产品和最终产品均征税，必然会出现重复计税的现象。因此，税法规定，对用于连续生产应税消费品的中间产品不征消费税，仅对最终产品征税。例如，卷烟厂用自己生产的烟丝加工成卷烟，烟丝和卷烟都是应税消费品，这种情况下，只对最终销售的卷烟征税，对自产自用的烟丝不征税。但是，如果将烟丝直接用于对外销售，应缴消费税。

（二）用于其他方面的应消费品

纳税人自产自用的应税消费品,用于其他方面的,于移送使用时纳税。用于其他方面的,是指纳税人用于生产非应税消费品、在建工程,管理部门,非生产机构,提供劳务、馈赠、赞助、集资、广告、样品、职工福利、奖励等方面的应税消费品。例如,生产企业将自产石脑油用于本企业连续生产汽油等应税消费品的,不缴纳消费税;用于连续生产乙烯等非应税消费品或其他方面的,于移送使用时缴纳消费税。

（三）组成计税价格的确定

纳税人自产自用的应税消费品,凡用于其他方面的,应当纳税。具体分以下两种情况:

1. 有同类消费品的销售价格的,按照纳税人生产的同类消费品的销售价格计算纳税,其应纳税额计算公式为:

$$应纳税额＝同类消费品销售单价×自产自用数量×适用税率$$

同类消费品的销售价格,是指纳税人当月销售的同类消费品的销售价格。如果当月同类消费品各期销售价格高低不同,应按销售数量加权平均计算。但纳税人销售的应税消费品有下列情况之一的,不得列入加权平均计算:

(1) 销售价格明显偏低又无正当理由的。

(2) 无销售价格的。

如果当月无销售或者当月未完结,应按照同类消费品上月或最近月份的销售价格计算纳税。

2. 没有同类消费品的销售价格的。

没有同类消费品的销售价格的,按照组成计税价格计算纳税。组成计税价格的计算公式如下。

(1) 实行从价定率办法计算纳税的组成计税价格计算公式:

$$组成计税价格＝(成本＋利润)÷(1－消费税税率)$$
$$＝成本×(1＋成本利润率)÷(1－消费税税率)$$

$$应纳税额＝组成计税价格×比例税率$$

(2) 实行复合计税办法计算纳税的组成计税价格计算公式:

$$组成计税价格＝(成本＋利润＋自产自用数量×定额税率)÷(1－比例税率)$$

$$应纳税额＝组成计税价格×比例税率＋自产自用数量×定额税率$$

公式中的"成本",是指应税消费品的产品生产成本;"利润",是指根据应税消费品的全国平均成本利润率计算的利润。

应税消费品全国平均成本利润率由国家税务总局统一规定。应税消费品全国成本利润率表(见表4－2)。

【例4－5】 某化妆品公司将一批自产的化妆品用作职工福利,这批化妆品的成本8 000元。计算该公司应纳的消费税。

【答案】 组成计税价格＝(成本＋利润)÷(1－消费税税率)
$$＝(8\,000＋8\,000×5\%)÷(1－30\%)＝12\,000(元)$$

应纳消费税税额＝12 000×30％＝3 600(元)

表4-2　平均成本利润率　　　　　　　　　　单位:%

应税消费品名称	成本利润率	应税消费品名称	成本利润率
甲类卷烟	10	贵重首饰及珠宝玉石	6
第二类卷烟	5	汽车轮胎	5
雪茄烟	5	摩托车	6
烟丝	5	高尔夫球及球具	10
粮食白酒	10	高档手表	20
薯类白酒	5	游艇	10
其他酒	5	木制一次性筷子	5
酒精	5	实木地板	5
化妆品	5	乘用车	8
鞭炮、焰火	5	中轻型商用客车	5

三、委托加工应税消费品应纳税额的计算

(一)委托加工应税消费品的界定

委托加工的应税消费品,是指由委托方提供原料和主要材料,受托方只收取加工费和代垫部分辅助材料加工的应税消费品。对于由受托方提供原材料生产的应税消费品,或者受托方先将原材料卖给委托方,然后再接受加工的应税消费品,以及由受托方以委托方名义购进原材料生产的应税消费品,不论在财务上是否作销售处理,都不得作为委托加工应税消费品,而应当按照销售自制应税消费品缴纳消费税。

(二)代收代缴税款的规定

1. 对于委托加工的应税消费品,税法规定,由受托方向委托方交货时代收代缴消费税。

2. 如果纳税人委托个体经营者加工应税消费品的,一律于委托方收回后在委托方所在地缴纳消费税。

3. 对于受托方没有按规定代收代缴税款的,委托方要补缴税款。同时,按照《税收征收管理法》的规定,对受托方处以应代收代缴税款50%以上3倍以下的罚款)。委托方补缴税款的计税依据为:

(1)已经直接销售的,按销售额计税。

(2)尚未销售或不能直接销售的(如收回后用于连续生产等),按组成计税价格计税。组成计税价格的计算公式与下列"(三)"组成计税价格相同。

(三)组成计税价格的确定

委托加工应税消费品组成计税价格的确定,根据不同的情况有两种确定方法:

1. 委托加工的应税消费品,按照受托方的同类消费品的销售价格计算纳税,同类消费品的销售价格,是指受托方(即代收代缴义务人)当月销售的同类消费品的销售价格。如果当月同类消费品各期销售价格高低不同,应按销售数量加权平均计算。但销售的应税消费

品有下列情况之一的,不得列入加权平均计算:

(1)销售价格明显偏低又无正当理由的。

(2)无销售价格的。

如果当月无销售或者当月未完结,应按照同类消费品上月或最近月份的销售价格计算纳税。

2. 没有同类消费品销售价格的,按组成计税价格计算纳税。组成计税价格的计算公式如下:

(1)实行从价定率办法计算纳税的组成计税价格计算公式:

$$组成计税价格=(材料成本+加工费)÷(1-消费税税率)$$

$$应纳税额=组成计税价格×比例税率$$

(2)实行复合计税办法计算纳税的组成计税价格计算公式:

$$组成计税价格=(材料成本+加工费+委托加工数量×定额税率)÷(1-比例税率)$$

$$应纳税额=组成计税价格×比例税率+委托加工数量×定额税率$$

公式中的"材料成本"是指委托方所提供加工材料的实际成本。按规定,委托加工应税消费品的纳税人,必须在委托加工合同上注明(或以其他方式提供)材料成本,凡未提供材料成本的,受托方主管税务机关有权核定其材料成本。

公式中的"加工费"是指受托方加工应税消费品向委托方所收取的全部费用(包括代垫辅助材料的实际成本),但不包括收取的增值税。

【例4-6】 增值税为一般纳税人的某化妆品厂,委托某工厂加工一批化妆品,提供原材料价值30 000元,委托方开具的增值税专用发票上注明加工费5 000元,该批加工产品已收回(受托方没有同类化妆品的销售价格)。计算该化妆品厂应缴纳的消费税。

【答案】 组成计税价格=(30 000 + 5 000)÷(1-30%)=50 000(元)

应纳消费税=50 000×30%=15 000(元)

(四)委托加工的应税消费品已纳税额的其他规定

1. 委托加工的应税消费品,受托方在交货时已代收代缴消费税,委托方收回后直接销售的,不再征收消费税。

2. 委托加工的应税消费品,委托方用于连续生产应税消费品的,其在委托加工环节已纳的消费税款准予从连续生产的应税消费品应纳消费税税额中扣除。按规定,下列应税消费品准予从应纳税额中扣除已纳消费税税款。

(1)以委托加工收回的已税烟丝为原料生产的卷烟。

(2)以委托加工收回的已税化妆品为原料生产的化妆品。

(3)以委托加工收回的已税珠宝玉石为原料生产的贵重首饰及珠宝玉石。

(4)以委托加工收回的已税的鞭炮焰火为原料生产的鞭炮焰火。

(5)以委托加工收回的已税汽车轮胎生产的汽车轮胎。

(6)以委托加工收回的已税摩托车生产的摩托车。

(7)以委托加工收回的已税杆头、杆身和握把为原料生产的高尔夫球杆。

(8)以委托加工收回的已税木制一次性筷子为原料生产的木制一次性筷子。

(9)以委托加工收回的已税实木地板为原料生产的实木地板。

（10）以委托加工收回的已税石脑油为原料生产的应税消费品。

（11）以委托加工收回的已税润滑油为原料生产的润滑油。

上述当期准予扣除委托加工收回的应税消费品已纳消费税税款的计算公式是：

当期准予扣除的委托加工应税消费品已纳税款＝期初库存的委托加工应税消费品已纳税款＋当期收回的委托加工应税消费品已纳税款－期末库存的委托加工应税消费品已纳税款

需要说明的是：纳税人用委托加工收回的已税珠宝、玉石原料生产的改在零售环节征收消费税的金银首饰，在计税时一律不得扣除委托加工收回的珠宝、玉石原料的已纳消费税税款。

【例4－7】 某卷烟厂发往B烟厂烟叶一批，委托B烟厂加工烟丝，发出烟叶成本20万元，支付加工费8万元，B烟厂没有同类烟丝销售价格，委托B烟厂加工的烟丝收回，一半出售，生产卷烟领用另一半。本月销售卷烟20标准箱，取得收入100万元。计算当月该卷烟厂应纳的消费税额。

【答案】 B烟厂代收代缴的消费税＝（200 000＋80 000）÷（1－30％）×30％
$$=120\,000（元）$$

当月销售的应纳消费税 ＝1 000 000×56％＋20×150＝453 000（元）

准予扣除的消费税＝120 000×50％＝60 000（元）

当月应纳的消费税＝453 000－60 000＝393 000（元）

四、进口应税消费品应纳税额的计算

（一）实行从价定率计征应纳税额的计算

组成计税价格＝（关税完税价格＋关税）÷（1－消费税税率）

应纳税额＝组成计税价格×比例税率

公式中的"关税完税价格"，是指海关核定的关税计税价格。

（二）实行从量定额计征应纳税额的计算

应纳税额＝应税消费品数量×定额税率

公式中的"应税消费品数量"，是指海关核定的应税消费品的进口数量。

（三）实行从价定率和从量定额复合计税办法应纳税额的计算

组成计税价格＝（关税完税价格＋关税＋进口数量×消费税定额税率）÷（1－消费税比例税率）

应纳税额＝组成计税价格×比例税率＋进口数量×定额税率

【例4－8】 某公司某月从国外进口一批化妆品，海关核定的关税完税价格为180万元。该批化妆品的进口关税税率为15％，适用的消费税税率为30％。计算该批化妆品应纳的消费税。

【答案】 该批化妆品的组成计税价格＝180×（1＋15％）÷（1－30％）
$$=295.71（万元）$$

该批化妆品应纳的消费税＝295.71×30％＝88.71（万元）

五、外购应税消费品已纳税款扣除的计算

由于某些应税消费品是用外购已缴纳消费税的应税消费品连续生产出来的,在对这些连续生产出来的应税消费品计征消费税时,税法规定可按当期生产领用数量计算准予扣除外购的应税消费品已纳的消费税税款。扣除范围包括:

1. 外购已税烟丝生产的卷烟。

2. 外购已税化妆品生产的化妆品。

3. 外购已税珠宝玉石生产的贵重首饰及珠宝玉石。

4. 外购已税鞭炮焰火生产的鞭炮焰火。

5. 外购已税汽车轮胎(内胎和外胎)生产的汽车轮胎。

6. 外购已税摩托车生产的摩托车。

7. 外购已税石脑油为原料生产的应税消费品。

8. 外购已税润滑油为原料生产的润滑油。

9. 外购已税杆头、杆身和握把为原料生产的高尔夫球杆。

10. 外购已税木制一次性筷子为原料生产的木制一次性筷子。

11. 外购已税实木地板为原料生产的实木地板。

上述当期准予以扣除的外购应税消费品已纳消费税税款的计算公式是:

当期准予扣除的外购应税消费品已纳税款＝当期准予扣除的外购应税消费品买价×外购应税消费品适用税率

当期准予扣除的外购应税消费品买价＝期初库存的外购应税消费品的买价＋当期购进的应税消费品的买价－期末库存的外购应税消费品的买价

外购已税消费品的买价是指购货发票上注明的销售额(不包括增值税税)

【例 4－9】 某高尔夫球杆生产企业(增值税一般纳税人)本月外购杆头 500 000 元用于生产高尔夫球杆,月初库存外购的杆头 270 000 元,月末库存外购的杆头 200 000 元。当月销售高尔夫球杆的销售额为 1 300 000 元(不含税),另收取随同产品出售但单独计价包装物价款 40 000 元。计算该企业当月应纳的消费税。

【答案】 准予扣除的消费税额＝(270 000＋500 000－200 000)×10％

＝57 000(元)

应纳消费税额＝[1 300 000＋40 000÷(1＋17％)]×10％－57 000

＝76 418.8(元)

需要说明的是:

(1)纳税人用外购的已税珠宝玉石生产的改在零售环节征收消费税的金银首饰(镶嵌首饰),在计税时一律不得扣除外购珠宝玉石的已纳税款。

(2)对自己不生产应税消费品,而只是购进后再销售应税消费品的工业企业,其销售的化妆品、鞭炮焰火和珠宝玉石,凡不能构成最终消费品直接进入消费品市场,而需进一步生产加工的,应当征收消费税,同时允许扣除上述外购应税消费品的已纳税款。

(3)允许扣除已纳税款的应税消费品只限于从工业企业购进的应税消费品和进口环节已缴纳消费税的应税消费品,对从境内商业企业购进应税消费品的已纳税款一律不得扣除。

六、出口应税消费品退(免)税的计算

按税法规定,纳税人出口的应税消费品,除国家限制出口的应税消费品外,免征消费税。

(一)出口应税消费品退(免)税政策

1. 出口免税并退税

适用这个政策的是有出口经营权的外贸企业购进应税消费品直接出口,以及外贸企业受其他外贸企业委托代理出口应税消费品。

2. 出口免税但不退税

适用这个政策的是有出口经营权的生产性企业自营出口,或者生产企业委托外贸企业代理出口自产的应税消费品。依据其实际出口数量免征消费税,不予办理退还消费税。免征消费税,是指对生产性企业按其实际出口数量免征生产环节的消费税。不予办理退还消费税,是指因已免征生产环节的消费税,该应税消费品出口时,已不含有消费税,所以也无须再办理退还消费税。

3. 出口不免税也不退税

适用这个政策的是除生产企业、外贸企业外的其他企业,具体是指一般商贸企业,这类企业委托外贸企业代理出口应税消费品一律不予退(免)税。

(二)出口退税率的规定

出口应税消费品应退消费税的税率或单位税额,依据《消费税暂行条例》所附《消费税税目税率(税额)表》执行。其退还消费税则按该应税消费品所适用的消费税税率计算。

办理出口退、免税的企业,应将出口的不同税率的应税消费品分开核算和申报,凡划分不清适用税率的,一律从低适用税率计算应退消费税税额。

(三)出口应税消费品退税额的计算

出口应税消费品应退税额的计算,分两种情况处理。

(1)实行从价定率计征消费税的应税消费品,应依照外贸企业从工厂购进货物时征收消费税的价格计算应退消费税税额,其计算退税的公式为:

$$应退消费税税款＝出口应税消费品的工厂销售额×适用税率$$

上述公式中出口应税消费品的工厂销售额,为不含增值税的销售额。

(2)实行从量定额计征消费税的应税消费品,应依照货物购进和报关出口的数量计算应退消费税税款,其计算退税的公式为:

$$应退消费税税额＝出口数量×单位税额$$

【例4-10】 某外贸企业从国内一生产厂家(增值税一般纳税人)购进化妆品5 000套全部出口,每套工厂销售价60元(含增值税),出口离岸价为168元。请计算该外贸企业当月应缴、应退的消费税。

【答案】 应退消费税＝60÷(1＋17%)×5 000×30%＝76 923(元)

(四)出口应税消费品办理退(免)税后的管理

出口的应税消费品办理退税后,发生退关或者国外退货,进口时予以免税的,报关出口

者必须及时向其机构所在地或者居住地主管税务机关申报补缴已退的消费税税款。

纳税人直接出口的应税消费品办理免税后，发生退关或者国外退货进口时已予以免税的，经机构所在地或者居住地主管税务机关批准，可暂不办理补税，待其转为国内销售时，再申报补缴消费税。

任务三 消费税的会计核算

一、会计科目的设置

（一）"应交税费"科目

为了正确核算消费税的有关纳税事项，需要缴纳消费税的企业，应在"应交税费"科目下设"应交消费税"明细科目进行消费税核算。该科目借方核算实际缴纳的消费税或待扣的消费税，贷方核算按规定应缴纳的消费税，贷方余额表示尚未缴纳的消费税，借方余额表示多缴纳的消费税或待扣的消费税。

（二）"营业税金及附加"科目

由于消费税属于价内税，也就是销售额中含有应负担的消费税额，因此，应通过损益类科目"营业税金及附加"扣除核算销售额中的价内税。其借方核算应由主营业务负担的价内流转税和应当上交的费用，贷方核算收到出口退税或减免退回的税金，期末将"营业税金及附加"账户余额转入"本年利润"账户，结转后该账户无余额。

二、会计处理

（一）生产销售应税消费品的会计处理

纳税人生产的需要缴纳消费税的消费品，在销售确认时，按照应缴消费税额借记"营业税金及附加"科目，贷记"应交税费——应交消费税"科目；实际缴纳消费税时，借记"应交税费——应交消费税"科目，贷记"银行存款"科目。

发生销货退回或退税时，作相反的会计分录。

【例4-11】 A公司为增值税一般纳税人，2010年10月，该公司销售自产摩托车100辆，增值税专用发票上注明不含税收入700 000元，款项已收到（消费税税率为10%）。计算应纳消费税时，其会计处理如下：

【答案】 A公司当月应纳消费税额＝700 000×10%＝70 000（元）

计提消费税时：

借：营业税金及附加　70 000

　　贷：应交税费——应交消费税　70 000

实际缴纳税款时：

借：应交税费——应交消费税　70 000

　　贷：银行存款　70 000

（二）自产自用应税消费品的会计处理

1. 用于连续生产应税消费品的会计处理

纳税人自产自用的应税消费品用于连续生产应税消费品的,不纳消费税,只进行实际成本的核算。

【例4-12】 某卷烟厂领用库存自产烟丝,用于连续生产卷烟,烟丝的实际成本为60 000元。其会计处理如下:

【答案】 借:生产成本　　　60 000

　　　　　　贷:自制半成品　　　60 000

2. 用于连续生产非应税消费品的会计处理

纳税人自产自用的应税消费品用于连续生产非应税消费品的,由于最终产品不属于应税消费品,所以应在移送使用环节纳税。在领用时借记"生产成本"等科目,贷记"自制半成品"、"应交税费——应交消费税"等科目。

【例4-13】 某汽车制造厂领用库存自产汽车轮胎,用于连续生产非应税消费品卡车10辆。汽车轮胎的成本70 000元,无同类应税消费品的销售价格。计算应纳消费税时,其会计处理如下:

【答案】 组成计税价格＝70 000×(1＋5%)÷(1－3%)＝75 773.2(元)

　　　　　　应纳消费税额＝75 773.2×3%＝2 273.2(元)

借:生产成本　　　　　　72 273.2

　　贷:自制半成品　　　　　　　70 000

　　　应交税费——应交消费税　　2 273.2

3. 用于其他方面的会计处理

纳税人将自产的应税消费品用于其他方面应视同销售,应于移送环节纳税,在按成本转账的同时按同类消费品的销售价格或组成计税价格和适用的税率计算增值税销项税额和消费税,借记"固定资产"、"在建工程"、"销售费用"、"应付职工薪酬"、"营业外支出"等科目,贷记"库存商品"、"应交税费——应交增值税(销项税额)"、"应交税费——应交消费税"科目。

【例4-14】 某卷烟厂为了开拓市场,赠送5箱卷烟给有关客户。已知该批卷烟的实际成本为80 000元,销售价格为90 000元。计算应纳消费税时,其会计处理如下:

【答案】 应纳增值税＝90 000×17%＝15 300(元)

　　　　　　应纳消费税＝90 000×56%＋5×150＝51 150(元)

借:营业外支出　　　　　146 450

　　贷:库存商品　　　　　　　　　　80 000

　　　应交税费——应交增值税(销项税额)　15 300

　　　　　　　　——应交消费税　　　　　51 150

【例4-15】"三八"妇女节,某公司将100盒新研制的化妆品发放给全体女职工,每盒生产成本80元,该公司同类化妆品的平均销售价格为每盒130元(不含增值税),消费税税率为30%。计算应纳消费税时,其会计处理如下:

【答案】 应纳增值税＝100×130×17%＝2 210(元)

　　　　　　应纳消费税＝100×130×30%＝3 900(元)

借:应付职工薪酬——职工福利　　146 450
　　贷:库存商品　　　　　　　　　　　　　　　80 000
　　　应交税费——应交增值税(销项税额)　　2 210
　　　　　　　　——应交消费税　　　　　　　3 900

注意:对纳税人将自产的应税消费品用于换取生产资料、消费资料、投资入股和抵偿债务等方面,应当以纳税人同类应税消费品的最高价格为计税依据计算应交增值税和消费税。

【例4-16】 某汽车公司以自产的汽车抵偿所欠A公司的债务100 000元,该汽车的当月最低售价50 000元,最高售价60 000元,增值税税率为17%,消费税率12%。计算应纳消费税时,其会计处理如下:

【答案】　应纳增值税=60 000×17%=10 200(元)
　　　　　应纳消费税=60 000×12%=7 200(元)

借:应付账款　　100 000
　　贷:主营业务收入　　　　　　　　　　　　60 000
　　　应交税费——应交增值税(销项税额)　　10 200
　　　应交税费——应交消费税　　　　　　　　7 200
　　　营业外收入——债务重组收益　　　　　　22 600

(三)委托加工应税消费品的会计处理

1. 委托方收回后直接用于销售的应税消费品的会计处理

委托方将委托加工应税消费品收回后直接用于销售的,在销售环节不再缴纳消费税,将受托方代收代缴的消费税和支付的加工费一并计入委托加工应税消费品的成本,借记"委托加工物资"、"自制半成品"、"生产成本"等科目,贷记"应付账款"、"银行存款"等科目。

【例4-17】 A企业委托B企业加工一批应税消费品,A企业为B企业提供原材料等,实际成本7 000元,支付B企业加工费2 000元。受托方无同类消费品销售价格,消费税税率为10%。支付代收代缴消费税时,其会计处理如下:

【答案】　支付加工费、消费税和增值税时:
组成计税价格=(7 000+2 000)÷(1-10%)=10 000(元)
应纳消费税=10 000×10%=1 000(元)
应纳增值税=2 000×17%=340(元)

借:委托加工物资　　　　　　　　　　　　　3 000
　　应交税费——应交增值税(进项税额)　　　340
　　贷:银行存款　　　　　　　　　　　　　　　3 340

2. 委托方收回后用于连续生产应税消费品的会计处理

如果委托方将委托加工的应税消费品收回后用于连续生产应税消费品,则应将受托方代收代缴的消费税计入"应交税费——应交消费税"科目的借方,在最终应税消费品计算缴纳消费税时予以抵扣。委托方在提货时,按应支付的加工费等借记"委托加工物资"等科目,按受托方代收代缴的消费税,借记"应交税费——应交消费税"科目,按支付加工费相应的增值税税额借记"应交税费——应交增值税(进项税额)"科目,按加工费与增值税、消费税之和贷记"银行存款"等科目;待加工成最终应税消费品销售时,按最终应税消费品应缴纳的消费税,借记"营业税金及附加"科目,贷记"应交税费——应交消费税"科目;"应交税费——应交消费税"科目中这两笔借贷方发生额的差额为实际应缴的消费税,缴纳时,借记"应交税费——应交消费税"科目,贷记"银行存款"科目。

【例4-18】 承[例4-1],该批加工物资收回后用于连续生产,并全部实现对外销售,不含税销售收入为12 000元,消费税税率为20%。有关消费税的会计处理如下:

【答案】 (1)支付加工费、消费税和增值税时:

借:委托加工物资　　　　　　　　　　　　2 000
　　应交税费——应交增值税(进项税额)　　340
　　　　　　——应交消费税　　　　　　　1 000
　　贷:银行存款　　　　　　　　　　　　　　　3 340

(2)对外销售时:

应纳消费税＝12 000×12%＝1 440(元)

应纳增值税＝12 000×17%＝2 040(元)

借:银行存款　　　　　　14 040
　　贷:主营业务收入　　　　　　　　12 000
　　　　应交税费——应交增值税(销项税额)　2 040

借:营业税金及附加　　1 440
　　贷:应交税费——应交消费税　　1 440

(3)缴纳当期消费税时:

当期应纳消费税＝1 440－1 000＝440(元)

借:应交税费——应交消费税　　440
　　贷:银行存款　　　　　　　440

(四)进口应税消费品的会计处理

进口的应税消费品应在进口时由进口者缴纳消费税,缴纳的消费税应计入进口应税消费品的成本。按应税消费品的进口成本连同消费税及不允许抵扣的增值税,借记"固定资产"、"库存商品"、"在途物资"等科目,按支付的允许抵扣的增值税,借记"应交税费——应交增值税(进项税额)"科目,贷记"银行存款"等科目。

【例4-19】 某公司进口化妆品一批,经海关核定,关税的完税价格54 000元,关税税率25%,消费税税率30%。计算应纳消费税时,其会计处理如下:

【答案】 组成计税价格＝(54 000＋54 000×25%)÷(1－30%)＝96 429(元)

应纳消费税＝96 429×30%＝28 928.7(元)

应纳增值税＝96 429×17%＝16 392.93(元)

借:库存商品　　　　　　　　　　125 357.7
　　应交税费——应交增值税(进项税额)　16 392.93
　　贷:银行存款　　　　　　　　　141 750.63

(五)出口应税消费品的会计处理

1. 生产企业直接出口应税消费品

生产企业直接出口应税消费品,可以在出口时,直接予以免税。以后发生退关或者国外退货,进口时已予以免税的,经机构所在地或者居住地主管税务机关批准,可暂不办理补税,待其转为国内销售时,再申报补缴消费税。

2. 生产企业委托外贸企业代理出口应税消费品

生产企业委托外贸企业出口应税消费品的,采用先征后退的办法,即由生产企业先缴纳消费税,待外贸企业办理报关出口后再向税务机关申请退税。发生退关,或者国外退货进口时予以免税的,外贸企业应按规定及时向其所在地主管税务机关申报补交已退的消费税税款。委托外贸企业代理出口应税消费品的生产企业,应在计算消费税时,按应交消费税额借记"应收账款"科目,贷记"应交税金——应交消费税"科目。应税消费品出口收到外贸企业退回的税金,借记"银行存款"科目,贷记"应收账款"科目。发生退关、退货而补交已退的消费税,作相反的会计分录。

【例4-20】 某建材公司2010年5月,委托某外贸公司出口实木地板一批,价款500 000元,适用税率5%。有关消费税的会计处理如下:

【答案】 委托外贸公司代理出口时:

借:应收账款　　525 000

　　贷:主营业务收入　　　　　　500 000

　　　应交税费——应交消费税　　25 000

收到外贸公司退回的消费税时:

借:银行存款　　25 000

　　贷:应收账款　　25 000

3. 外贸企业代理出口应税消费品的会计处理

代理出口应税消费品的外贸企业将应税消费品出口后,收到税务部门退回生产企业交纳的消费税,借记"银行存款"科目,贷记"应付账款"科目。将此项税金退还生产企业时,借记"应付账款"科目,贷记"银行存款"科目。发生退关、退货而补交已退的消费税,借记"应收账款——应收生产企业消费税"科目,贷记"银行存款"科目,收到生产企业退还的税款,作相反的会计分录。

【例4-21】 承[例4-20],外贸公司收到退税款25 000元,并退还给建材料公司。有关消费税的会计处理如下:

【答案】收到退税款时:

借:银行存款　　25 000

　　贷:应付账款　　25 000

退还退税款时:

借:应付账款　　25 000

　　贷:银行存款　　25 000

4. 外贸企业自营出口应税消费品

自营出口应税消费品的外贸企业,应在应税消费品报关出口后申请出口退税时,借记"应收出口退税"科目,贷记"主营业成本"科目。实际收到出口应税消费品退回的税金,借记"银行存款"科目,贷记"应收出口退税"科目。发生退关或退货而补交已退的消费税,作相反的会计分录。

【例 4 - 22】 某外贸公司组织商品自营出口，2010 年 5 月从某化妆品厂购进化妆品一批，不含税价格为 100 000 元，适用消费税税率为 30%，当月将该批化妆品出口 A 国，款项已收。有关消费税的账务处理如下：

【答案】申请退税时（只做消费税退税会计处理）：

借：应收出口退税　　　60 000

　　贷：主营业务成本　　　　60 000

收到退税款时：

借：银行存款　　　60 000

　　贷：应收出口退税　　　　60 000

任务四　消费税的申报缴纳

一、纳税义务发生时间

消费税纳税义务发生时间，以货款结算方式或行为发生时间分别确定。

1. 纳税人销售应税消费品的，其纳税义务发生时间：

（1）纳税人采取赊销和分期收款结算方式的，为书面合同约定的收款日期的当天，书面合同没有约定收款日期或者无书面合同的，为发出应税消费品的当天。

（2）纳税人采取预收货款结算方式的，为发出应税消费品的当天。

（3）纳税人采取托收承付和委托银行收款方式的，为发出应税消费品并办妥托收手续的当天。

（4）纳税人采取其他结算方式的，为收讫销售款或者取得索取销售款凭据的当天。

2. 纳税人自产自用应税消费品的，为移送使用的当天。

3. 纳税人委托加工应税消费品的，为纳税人提货的当天。

4. 纳税人进口应税消费品的，为报关进口的当天。

二、纳税期限

消费税的纳税期限分别为 1 日、3 日、5 日、10 日、15 日、1 个月或者 1 个季度。纳税人的具体纳税期限，由主管税务机关根据纳税人应纳税额的大小分别核定；不能按照固定期限纳税的，可以按次纳税。

纳税人以 1 个月或者 1 个季度为 1 个纳税期的，自期满之日起 15 日内申报纳税；以 1 日、3 日、5 日、10 日或者 15 日为 1 个纳税期的，自期满之日起 5 日内预缴税款，于次月 1 日起 15 日内申报纳税并结清上月应纳税款。

纳税人进口应税消费品，应当自海关填发海关进口消费税专用缴款书之日起 15 日内缴纳税款。

三、纳税地点

1. 纳税人销售的应税消费品，以及自产自用的应税消费品，除国务院财政、税务主管部门另有规定外，应当向纳税人机构所在地或者居住地的主管税务机关申报纳税。纳税人的总机构与分支机构不在同一县(市)的，应当分别向各自机构所在地的主管税务机关申报纳税；经财政部、国家税务总局或者其授权的财政、税务机关批准，可以由总机构汇总向总机构所在地的主管税务机关申报纳税。

2. 委托加工的应税消费品，除受托方为个人外，由受托方向机构所在地或者居住地的主管税务机关解缴消费税税款。委托个人加工的应税消费品，由委托方向其机构所在地或者居住地主管税务机关申报纳税。

3. 进口的应税消费品，应当向报关地海关申报纳税。进口的应税消费品，由进口人或者其代理人向报关地海关申报纳税。

4. 纳税人到外县(市)销售或者委托外县(市)代销自产应税消费品的，于应税消费品销售后，向机构所在地或者居住地主管税务机关申报纳税。

5. 纳税人销售的应税消费品，如因质量等原因由购买者退回时，经机构所在地或者居住地主管税务机关审核批准后，可退还已缴纳的消费税税款。

四、纳税环节

消费税的纳税环节是指应税消费品从生产到消费的流转过程中，应当在哪个环节发生纳税义务。我国现行消费税实行价内税，采用一次课征制，即只征一道税，一般选择在应税消费品的生产、委托加工或进口环节等缴纳。具体纳税环节的规定如下。

1. 生产环节

纳税人生产的应税消费品，由生产者于销售时纳税。自产自用的应税消费品，用于连续生产应税消费品的不纳税；用于其他方面的，于移送使用时纳税。

2. 委托加工环节

委托加工的应税消费品，由受托方在向委托方交货时代收代缴。但委托个体经营者加工应税消费品的，一律于委托方收回后在委托方所在地缴纳。委托加工收回的应税消费品用于连续生产应税消费品的，允许在计税时扣除其在委托加工环节缴纳的消费税税款；委托加工收回的应税消费品直接出售的，不再征收消费税。

3. 进口环节

进口应税消费品，由进口报关者于报关进口时纳税。

4. 批发环节

从 2009 年 5 月 1 日起，卷烟消费税除了生产环节征税外，增加一道批发环节。

5. 零售环节

金银首饰消费税的纳税环节在零售环节征收。如果消费者个人携带、邮寄进境的金银首饰，应在报关进口时纳税。经营单位进口的金银首饰，在进口时不缴纳消费税，待其在国内零售时再纳税。

五、纳税申报

消费税纳税人应按有关规定及时办理纳税申报，并如实填写《消费税申报表》。

为了在全国范围内统一、规范消费税纳税申报资料，加强消费税管理的基础工作，国家税务总局于 2008 年 3 月 14 日制定了《烟类应税消费品消费税纳税申报表》《酒及酒精消费税纳税申报表》《成品油消费税纳税申报表》《小汽车消费税纳税申报表》《其他应税消费品消费税纳税申报表》五种不同产品的纳税申报表，供不同的纳税人根据自身应税消费品的情况进行选择（见表 4-3 和表 4-4）。

表 4-3　其他应税消费品消费税纳税申报表

税款所属期：　　　年　月　日至　　　年　月　日

纳税人名称（公章）：

纳税人识别号：

填表日期：　　　　　年　　　月　　　日　　　　金额单位：元（列至角分）

项目　应税消费品名称	适用税率	销售数量	销售额	应纳税额
合　计	—	—	—	

本期准予抵减税额：
本期减（免）税额：
期初未缴税额：
本期缴纳前期应纳税额：
本期预缴税额：
本期应补（退）税额：
期末未缴税额：

（如果你已委托代理人申报，请填写）

授权声明

为代理一切税务事宜，现授权_____
_____（地址）_____为
本纳税人的代理申报人，任何与本申报表有关的往来文件，都可寄予此人。

授权人签章：

以下由税务机关填写

受理人（签章）：	受理日期：	受理税务机关（章）：	

填表说明

一、本表限化妆品、贵重首饰及珠宝玉石、鞭炮焰火、汽车轮胎、摩托车、高尔夫球及球具、高档手表、游艇、木制一次性筷子、实木地板等消费税纳税人使用。

二、本表"应税消费品名称"和"适用税率"按照以下内容填写：

化妆品：30%；贵重首饰及珠宝玉石：10%；金银首饰（铂金首饰、钻石及钻石饰品）：5%；鞭炮焰火：15%；汽车轮胎（除子午线轮胎外）：3%；汽车轮胎（限子午线轮胎）：3%（免税）；摩托车（排量＞250毫升）：10%；摩托车（排量≤250毫升）：3%；高尔夫球及球具：10%；高档手表：20%；游艇：10%；木制一次性筷子：5%；实木地板：5%。

三、本表"销售数量"为《中华人民共和国消费税暂行条例》、《中华人民共和国消费税暂行条例实施细则》及其他法规、规章规定的当期应申报缴纳消费税的应税消费品销售（不含出口免税）数量。计量单位是：汽车轮胎为套；摩托车为辆；高档手表为只；游艇为艘；实木地板为平方米；木制一次性筷子为万双；化妆品、贵重首饰及珠宝玉石（含金银首饰、铂金首饰、钻石及钻石饰品）、鞭炮焰火、高尔夫球及球具按照纳税人实际使用的计量单位填写并在本栏中注明。

四、本表"销售额"为《中华人民共和国消费税暂行条例》、《中华人民共和国消费税暂行条例实施细则》及其他法规、规章规定的当期应申报缴纳消费税的应税消费品销售（不含出口免税）收入。

五、根据《中华人民共和国消费税暂行条例》的规定，本表"应纳税额"计算公式如下：

应纳税额＝销售额×适用税率

六、本表"本期准予扣除税额"按本表附件一的本期准予扣除税款合计金额填写。

七、本表"本期减（免）税额"不含出口退（免）税额。

八、本表"期初未缴税额"填写本期期初累计应缴未缴的消费税额，多缴为负数。其数值等于上期"期末未缴税额"。

九、本表"本期缴纳前期应纳税额"填写本期实际缴纳入库的前期消费税额。

十、本表"本期预缴税额"填写纳税申报前已预先缴纳入库的本期消费税额。

十一、本表"本期应补（退）税额"计算公式如下，多缴为负数：

本期应补（退）税额＝应纳税额（合计栏金额）－本期准予扣除税额－本期减（免）税额－本期预缴税额

十二、本表"期末未缴税额"计算公式如下，多缴为负数：

期末未缴税额＝期初未缴税额＋本期应补（退）税额－本期缴纳前期应纳税额

十三、本表为A4竖式，所有数字小数点后保留两位。一式两份，一份纳税人留存，一份税务机关留存。

表 4-4　本期准予扣除税额计算表

税款所属期：　　　　年　月　日至　　　　年　月　日

纳税人名称(公章)：

纳税人识别号：

填表日期：　　　年　月　日　　　　　　　　金额单位：元(列至角分)

项目 \ 应税消费品名称					合计
当期准予扣除的委托加工应税消费品已纳税款计算	期初库存委托加工应税消费品已纳税款				—
	当期收回委托加工应税消费品已纳税款				—
	期末库存委托加工应税消费品已纳税款				—
	当期准予扣除委托加工应税消费品已纳税款				
当期准予扣除的外购应税消费品已纳税款计算	期初库存外购应税消费品买价				—
	当期购进应税消费品买价				—
	期末库存外购应税消费品买价				—
	外购应税消费品适用税率				—
	当期准予扣除外购应税消费品已纳税款				
本期准予扣除税款合计					

填表说明

一、本表作为《其他应税消费品消费税纳税申报表》的附报资料，由外购或委托加工收回应税消费品后连续生产应税消费品的纳税人填报。

二、本表"应税消费品名称"填写化妆品、珠宝玉石、鞭炮焰火、汽车轮胎、摩托车(排量>250毫升)、摩托车(排量≤250毫升)、高尔夫球及球具、木制一次性筷子、实木地板。

三、根据《国家税务总局关于用外购和委托加工收回的应税消费品连续生产应税消费品征收消费税问题的通知》(国税发[1995]94号)的规定，本表"当期准予扣除的委托加工应税消费品已纳税款"计算公式如下：

当期准予扣除的委托加工应税消费品已纳税款＝期初库存委托加工应税消费品已纳税款＋当期收回委托加工应税消费品已纳税款－期末库存委托加工应税消费品已纳税款

四、根据《国家税务总局关于用外购和委托加工收回的应税消费品连续生产应税消费品征收消费税问题的通知》(国税发[1995]94号)的规定，本表"当期准予扣除的外购应税消费品已纳税款"计算公式如下：

当期准予扣除的外购应税消费品已纳税款＝(期初库存外购应税消费品买价＋当期购进应税消费品买价－期末库存外购应税消费品买价)×外购应税消费品适用税率

五、本表"本期准予扣除税款合计"为本期外购及委托加工收回应税消费品后连续生产应税消费品准予扣除应税消费品已纳税款的合计数，应与《其他应税消费品消费税纳税申报表》中对应项目一致。

六、本表为A4竖式，所有数字小数点后保留两位。一式两份，一份纳税人留存，一份税务机关留存。

◆ 项目小结

消费税是对在我国境内生产、委托加工和进口应税消费品的单位和个人,以及国务院确定的销售应税消费品的其他单位和个人,就其销售额或销售数量征收的一种税。

1. 消费税的征税范围。我国消费税的征税范围主要包括烟、酒及酒精、化妆品、贵重首饰及珠宝玉石、鞭炮焰火、成品油、摩托车、小汽车、游艇等 14 个税目。

2. 消费税的纳税人。我国消费税的纳税人有三类:一是生产销售(包括自用)应税消费品的单位和个人;二是委托加工应税消费品的单位和个人;三是进口应税消费品的单位和个人。

3. 消费税的计算。确定计税销售额和销售数量是正确计算应纳税额的关键。实行从价定率征收的应税消费品的计税销售额同增值税的计税销售额相同,确定销售额时,对价外费用以及包装物押金的规定也同增值税相同;实行从量定额征收的,要正确确定销售数量;自产自用、委托加工应税消费品应纳税额的计算,有同类消费品的销售价格的,按照纳税人生产的同类消费品的销售价格计算纳税,没有同类消费品的销售价格的,按照组成计税价格计算纳税;进口的应税消费品,以组成计税价格或进口数量作为计税依据;出口应税消费品退(免)税,税法规定了三种退税政策。

4. 消费税的申报纳税。消费税对纳税义务时间、纳税地点和纳税期限的规定与增值税基本一致,应结合起来掌握。消费税的纳税环节大多在生产环节和进口环节,金银首饰消费税在零售环节,卷烟消费税除了生产环节外,还增加了批发环节。

项目五　营业税纳税实务

◆ 学习任务:了解营业税的概念;熟悉营业税的纳税义务发生时间、纳税期限、纳税地点、纳税环节;掌握营业税纳税义务人、征税范围、应纳税额的计算、会计处理和营业税纳税申报操作。

◆ 任务导入:某房地产开发公司于 2010 年 10 月自建 8 栋规格相同的商品房,其中向本单位职工分配 1 栋,用于职工年终福利和奖励,未取得任何收入,将 1 栋作为本单位的单身职工宿舍,将 1 栋捐赠给希望工程基金会,其余 5 栋销售并按规定缴纳营业税。上述自建商品房的建造成本为 200 万元/栋,成本利润率 10%。11 月 21 日,该房地产开发公司所在地税务机关接到举报说该房地产开发公司偷税。当税务机关进驻该房地产开发公司时,领导和财务人员都非常吃惊,他们认为已按照当期应税营业品的销售额合法纳税,没有任何偷税行为。税务稽查人员在查帐时发现三笔库存商品记录,税务机关认为用于赠送和职工福利,也应该申报缴纳营业税。

请问:用于赠送和职工福利,没有取得销售收入的应税营业品是否应当缴纳营业税?

任务一　认知营业税

一、营业税的概念

营业税是对在我国境内提供应税劳务、转让无形资产或销售不动产的单位和个人所取得的营业额征收的一种商品劳务税。

营业税是世界各国广泛实行的税种。我国于 1950 年开征,1994 年税制改革时规范了营业税制,2009 年为了适应经济形势发展和增值税转型改革的需要,对营业税暂行条例进行了修订,使营业税制度的规定更加规范和严谨。

二、营业税的纳税义务人与扣缴义务人

(一) 纳税义务人

1. 纳税义务人的一般规定

营业税的纳税义务人,是指在中华人民共和国境内提供应税劳务、转让无形资产、销售不动产的单位和个人。

(1) 在中华人民共和国境内是指实际税收行政管辖权的区域。具体情况为:

① 提供或者接受应税劳务的单位或者个人在境内。

② 所转让的无形资产(不含土地使用权)的接受单位或者个人在境内。

③ 所转让或者出租土地使用权的土地在境内。

④ 所销售或者出租的不动产在境内。

（2）应税劳务是指属于交通运输业、建筑业、金融保险业、邮电通信业、文化体育业、娱乐业和服务业税目征税范围。单位或个体工商户聘用的员工为本单位或雇主提供的劳务，不属于营业税的应税劳务。

（3）提供应税劳务、转让无形资产或者销售不动产是指有偿提供的应税劳务、有偿转让无形资产或者有偿销售不动产的行为。有偿是指取得货币、货物或其他经济利益。

2. 纳税义务人的特殊规定

（1）单位以承包、承租、挂靠方式经营的，承包人、承租人、挂靠人（以下统称承包人）发生应税行为，承包人以发包人、出租人、被挂靠人（以下统称发包人）名义对外经营并由发包人承担相关法律责任的，以发包人为纳税人；否则以承包人为纳税人。

（2）铁路运输纳税人

① 中央铁路运营业务的纳税人为铁道部。

② 合资铁路运营业务的纳税人为合资铁路公司。

③ 地方铁路运营业务的纳税人为地方铁路管理机构。

④ 基建临管线运营业务的纳税人为基建临管线管理机构。

（3）从事水路运输、航空运输、管道运输或其他陆路运输业务并负有营业税纳税义务的单位，为从事运输业务并计算盈亏的单位为纳税人。

（4）建筑安装业务实行分包或转包的，分包或转包者为纳税人。

（二）扣缴义务人

营业税的扣缴义务人主要有以下几种：

1. 境外的单位或者个人在境内提供应税劳务、转让无形资产或者销售不动产，在境内未设有经营机构的，以其境内代理人为扣缴义务人；在境内没有代理人的，以受让方或者购买方为扣缴义务人。

2. 委托金融机构发放贷款，以受托发放贷款的金融机构为扣缴义务人。

3. 建筑安装业务实行分包或转包的，以总承包人为扣缴义务人。

4. 个人转让专利权、非专利技术、商标权、著作权、商誉的，其应纳税款以受让方为扣缴义务人。

5. 单位或者个人进行演出由他人售票的，其应纳税款以售票者为扣缴义务人；演出经纪人为个人的，其办理演出业务的应纳税款也以售票者为扣缴义务人。

6. 分保险业务，以初保人为扣缴义务人。

7. 财政部规定的其他扣缴义务人。

三、营业税的征税范围

营业税的税目按照行业、类别的不同分别设置，现行营业税共设置了9个税目。

（一）交通运输业

交通运输业包括陆路运输、水路运输、航空运输、管道运输和装卸搬运5大类。

1. 陆路运输是指通过陆路（地上或地下）运送货物或旅客的运输业务，包括铁路运输、公路运输、缆车运输、索道运输及其他陆路运输。

2. 水路运输是指通过江、河、湖、川等天然、人工水道或海洋航道运送货物或旅客的运输业务。打捞，比照水路运输征税。

3. 航空运输是指通过空中航线运送货物或旅客的运输业务。通用航空业务、航空地面服务业务，比照航空运输征税。

4. 管道运输是指通过管道设施输送气体、液体、固体物资的运输业务。

5. 装卸搬运是指使用装卸搬运工具或人力、畜力将货物在运输工具之间、装卸现场之间或运输工具与装卸现场之间进行装卸和搬运的业务。

6. 对远洋运输企业从事程租、期租业务和航空运输企业从事湿租业务取得的收入，按服务业税目中的"交通运输业"征收营业税。

(二) 建筑业

建筑业是指建筑安装工程作业，包括建筑、安装、修缮、装饰和其他工程作业。

1. 建筑是指新建、改建、扩建各种建筑物、构筑物的工程作业，包括与建筑物相连的各种设备或支柱、操作平台的安装或装设工程作业，以及各种窑炉和金属结构工程作业在内。

2. 安装是指生产设备、动力设备、起重设备、运输设备、传动设备、医疗实验设备及其他各种设备的装配、安置工程作业，包括与设备相连的工作台、梯子、栏杆的装设工程作业和被安装设备的绝缘、防腐、保温、油漆等工程作业在内。

3. 修缮是指对建筑物、构筑物进行修补、加固、养护、改善，使之恢复原来的使用价值或延长其使用期限的工程作业。

4. 装饰是指对建筑物、构筑物进行修饰，使之美观或具有特定用途的工程作业。

5. 其他工程作业是指上列工程作业以外的各种工程作业，如代办电信工程，水利工程、道路修建、疏浚、钻井(打井)、拆除建筑物或构筑物、平整土地、搭脚手架、爆破等工程作业。

6. 管道煤气集资(初装费)业务。

(三) 金融保险业

金融保险业是指经营金融、保险的业务，包括金融业、保险业。

1. 金融是指经营货币资金融通活动的业务，包括贷款、融资租赁、金融商品转让、金融经纪业和其他金融业务。

贷款是指将资金贷与他人使用的业务，包括自有资金贷款和转贷。

融资租赁是指具有融资性质和所有权转移特点的设备租赁业务。

金融商品转让是指转让外汇、有价证券或非货物期货的所有权的行为。

金融经纪业是指受托代他人经营金融活动的业务。

其他金融业务是指上列业务以外的各项金融业务，如银行结算、票据贴现等。

2. 保险是指将通过契约形式集中起来的资金，用以补偿被保险人的经济利益的活动。

(四) 邮电通信业

邮电通信业是指专门办理信息传递的业务，包括邮政、电信。

邮政是指传递实物信息的业务，包括传递函件或包件、邮汇、报刊发行、邮务物品销售、邮政储蓄及其他邮政业务。

电信是指用各种电传设备传输电信号而传递信息的业务,包括电报、电传、电话、电话机安装、电信物品及其他电信业务。

（五）文化体育业

文化体育业是指经营文化、体育活动的业务,包括文化业和体育业。

文化业是指经营文化活动的业务,包括表演、播映、经营游览场所和各种展览、培训活动,举办文学、艺术、科技讲座、讲演、报告会,图书馆的图书和资料的借阅业务等。

体育业是指举办各种体育比赛和为体育比赛或体育活动提供场所的业务。

（六）娱乐业

娱乐业是指为娱乐活动提供场所和服务的业务,包括经营歌厅、舞厅、卡拉 OK 歌舞厅、音乐茶座、台球、高尔夫球、保龄球、网吧、游艺场等娱乐场所,以及娱乐场所为顾客进行娱乐活动提供服务的业务。娱乐场所为顾客提供的饮食服务及其他各种服务也按照娱乐业征税。

（七）服务业

服务业是指利用设备、工具、场所、信息或技能为社会提供服务的业务,包括代理业、旅店业、饮食业、旅游业、仓储业、租赁业、广告业和其他服务业。

对远洋运输企业从事光租业务和航空运输业务企业从事干租业务取得的收入,按"服务业"科目中的"租赁业"税目征收营业税。"光租"和"干租"是指在约定的时间内只提供船舶和飞机,不配备工业人员,不承担任何其他费用,只收取固定租赁费的业务。

自 2002 年 1 月 1 日起,福利彩票机构发行销售福利彩票取得的收入不征收营业税,但对福利彩票机构以外的代销单位销售福利彩票取得的手续费收入应按规定征收营业税。

单位和个人在旅游景点经营索道取得的收入按"服务业"税目"旅游业"项目征收营业税。

交通部门有偿转让高速公路收费权行为,属于营业征收范围,应按"服务业"税目中的"租赁"项目征收营业税。

无船承运业务应按照"服务业——代理业"税目征收营业税。无船承运业务是指无船承运业务经营者以承运人身份接受托运人的货载,签发自己的提单或其他运输单证,向托运人收取运费,通过国际船舶运输经营者完成国际海上货物运输,承担承运人责任的国际海上运输经营活动。

酒店产权式经营业主在约定的时间内提供房产使用权与酒店进行合作经营,如房产产权并未归属新的经济实体,业主按照约定取得的固定收入和分红收入均应视为租金收入,根据有关税收法律、行政法规的规定,应按照"服务业——租赁业"征收营业税。

（八）转让无形资产

转让无形资产是指转让无形资产的所有权或使用权的行为,包括转让土地使用权、转让商标权、转让专利权、转让非专利技术、转让著作权和转让商誉。

自 2003 年 1 月 1 日起,以无形资产投资入股,采用接受投资方的利润分配、共同承担投资风险的行为,不征收营业税。在投资后转让其股权的也不征收营业税。

（九）销售不动产

销售不动产是指有偿转让不动产所有权的行为,包括销售建筑物或构筑物、销售其他土地附着物。在销售不动产时连同不动产所占土地的使用权一并转让的行为,比照销售不动产征收营业税。

自 2003 年 1 月 1 日起,以不动产投资入股,参与接受投资方利润分配、共同承担投资风险的行为,不征收营业税。在投资后转让其股权的也不征收营业税。

单位或者个人将不动产或者土地使用权无偿赠送其他单位或者个人,视同发生应税行为按规定征收营业税;单位或者个人自己新建(以下简称自建)建筑物后销售,其所发生的自建行为,视同发生应税行为按规定征收营业税。

四、营业税的税率

按照行业、类别的不同分别采用了不同的比例税率。营业税率具体如表 5－1 所示。

表 5－1　营业税税目、税率表

序号	税　目	税率
1	交通运输业	3％
2	建筑业	3％
3	金融保险业	5％
4	邮电通信业	3％
5	文化体育业	3％
6	娱乐业	5％～20％
7	服务业	5％
8	转让无形资产	5％
9	销售不动产	5％

娱乐业执行 5％～20％ 的幅度税率,具体适用的税率,由各省、自治区、直辖市人民政府根据当地的实际情况在税法规定的幅度内决定。

五、营业税的税收优惠

（一）营业税的起征点规定

营业税起征点的规定适用于个人。纳税人营业额达到或超过起征点的全额计算应纳营业税,营业额低于起征点则免予征收营业税。具体起征点幅度规定如下:

按期纳税的,月营业额为 5 000～20 000 元;

按次纳税的,每次(日)营业额为 300～500 元。

各地起征点的具体标准由各省、自治区、直辖市国家税务局根据本地区的实际情况在上述规定的幅度内确定。

（二）营业税的免税规定

1. 托儿所、幼儿园、养老院、残疾人福利机构提供的育养服务，婚姻介绍，殡葬服务。

2. 残疾人员个人为社会提供的劳务。

3. 医院、诊所和其他医疗机构提供的医疗服务。

4. 学校和其他教育机构提供的教育劳务，学生勤工俭学提供的劳务。学校和其他教育机构指普通学校以及经地市级人民政府或同级教育行政主管部门批准成立、国家承认其学历的学校。

5. 农业机耕、排灌、病虫害防治、植保、农牧保险以及相关技术培训业务，家禽、牲畜、水生动物的配种和疾病防治。

6. 纪念馆、博物馆、文化馆、美术馆、展览馆、书画院、图书馆、文物保护单位举办文化活动的门票收入，宗教场所举办文化、宗教活动的门票收入。

7. 境内保险机构为出口货物提供的保险产品。

任务二 营业税应纳税额的计算

一、交通运输业

交通运输业的营业额为从事交通运输纳税人提供交通劳务所取得的全部运营价款和价外费用。

1. 纳税人将承揽的运输业务分给其他单位或者个人的，以其取得的全部价款和价外费用扣除其支付给其他单位或者个人的运输费用后的余额为营业额。

2. 运输企业自中华人民共和国境内运输旅客或者货物出境，在境外改由其他运输企业承运旅客或者货物，以全程运费减去付给该承运企业的运费后的余额为营业额。

3. 运输企业从事境内联运业务，以实际取得的营业额为计税依据，即以全程联运收入扣除付给对方联运单位的运费后的余额为营业额。

【例5-1】 我国某汽车货运公司，载运货物自我国境内运往A国，全程运费为50万元，在境外改由该国的运输公司运到目的地，付其运费18万元。请计算货运公司应缴纳的营业税。

【答案】 应纳税额＝(50-18)×3%＝0.96(万元)

二、建筑业

建筑业的营业额为向建设单位收取的工程价款及价外费用。

1. 建筑业的总承包人将建筑工程分包或者转包给他人，以工程的全部承包额减去付给分包人或者转包人的价款后的余额为营业额。

2. 纳税人提供建筑业劳务(不含装饰劳务)的，其营业额应当包括工程所用原材料、设备及其他物资和动力价款在内，但不包括建设方提供的设备的价款。从事安装工程作业，安装设备价值为安装产值的，营业额包括设备的价款。

3. 纳税人自建自用房屋,不征营业税;纳税人(包括个人自建自用住房销售)将自建房屋对外销售,其自建行为应按建筑业缴纳营业税;自售行为,再按销售不动产缴纳营业税。

4. 纳税人提供装饰劳务的,按照其向客户实际收取的人工费、管理费和辅助材料费等收入(不含客户自行采购的材料价款和设备价款)确认营业额。

5. 施工企业向建设单位收取的材料差价款、抢工费、全优工程奖和提前竣工奖,应并入营业额征收营业税。

6. 建筑安装企业向建设单位收取的临时设施费、劳动保护费和施工机构迁移费,不得从营业额中扣除。

三、金融保险业

金融保险业的营业额为纳税人从事金融保险业务向对方收取的全部收入。

1. 一般贷款业务,以贷款的利息收入全额为营业额(含加息、罚息)。

2. 融资租赁业务,以纳税人向承租人收取的全部价款和价外费用(包括残值)减去出租方承担的出租货物的实际成本后的余额以直线法折算出本期的营业额。

营业额=(全部价款和价外费用-实际成本)×(本期天数÷总天数)

实际成本=货物购入原价+关税+增值税+消费税+运杂费+安装费+保险费+付给境外的外汇借款利息支出和人民币借款利息支出

3. 金融商品转让业务,以卖出价减去买入价后的余额为营业额。卖出价和买入价均不包括交易过程中的各种费用和税金。

4. 金融经纪业务和中间业务,以手续费的全部收入为营业额。

5. 办理初保业务,以向被保险人收取的全部保险费为营业额。

6. 储金业务,以储金的利息为营业额。按照纳税人纳税期内的储金平均余额乘以中国人民银行公布的1年期存款的月利率计算。

7. 保险企业开展无赔偿奖励业务,以向投保人实际收取的保险为营业额

8. 境内保险人以境内标的物向境外再保险人办理分保业务,以全部保费收入减去分保保费后的余额为营业额。

【例5-3】 某银行第一季度吸收存款支付利息300万元,发放贷款取得利息收入500万元,加收的罚息60万元。请计算该银行应缴纳的营业税。

【答案】应纳营业税=(500+60)×5%=28(万元)

四、邮电通信业

邮电通信业的营业额为从事邮政、通信业务所取得的营业收入额。

电信部门以集中受理方式为集团客户提供跨省的出租电路业务,由受理地区的电信部门按取得的全部价款减除分割给参与提供跨省电信业务的电信部门的价款后的差额为营业额计征营业税;对参与提供跨省电信业务的电信部门,按各自取得的全部价款为营业额计征营业税。

电信单位与其他单位合作,共同为用户提供邮政电信业务及其他服务并由邮政电信单位统一收取价款的,以全部收入减去支付给合作方价款后的余额为营业额。

【例5-4】 某电信局2011年2月取得下列收入:电报、电传业务收入36 000元,电话费收入23 580 000元,电信物品销售收入890 000元,其他电信业务收入32 000元。请计算该电信局应缴纳的营业税。

【答案】 应纳营业税＝(36 000＋23 580 000＋890 000＋32 000)×3％
＝736 140(元)

五、文化体育业

单位和个人进行演出,以全部票价收入或包场收入减去付给提供演出场所的单位、演出公司或者经纪人的费用后的余额为营业额。

【例5-5】 某歌星举行个人演唱会,取得全部票价收入200 000元,付给演出公司120 000元。请计算该歌星应缴纳的营业税。

【答案】 应纳营业税＝(200 000－120 000)×3％＝2 400(元)

六、娱乐业

娱乐业以向顾客收取的全部价款和价外费用为营业额。包括门票费、台位费、点歌费、烟酒、饮料、茶水等收费及经营娱乐场所业的其他各项收费。

【例5-6】 某歌舞厅2月份取得门票收入为100 000元,出售饮料、烟酒收入为150 000元,收取卡拉OK点歌费50 000元。请计算该月该歌舞厅应缴纳的营业税。

【答案】 应纳营业税＝(100 000＋150 000＋50 000)×20％＝60 000(元)

七、服务业

服务业以纳税人从事各项服务业所取得的营业收入为营业额。

1. 一般代理业的营业额为纳税人从事代理业务向委托方实际收取的报酬。

2. 饮食业的营业额为纳税人提供饮食服务所收取的全部收入。

3. 旅游业的营业额为纳税人提供各种旅游服务而取得的收入。旅游企业组织旅游团在境内旅游的,以收取的旅游费减去替旅游者支付给其他单位的房费、用餐费、交通费、门票和其他代付费用后的余额为营业额;旅游企业组织旅游团到境外旅游,在境外改由其他旅游企业接团的,以全程旅游费减去付给该接团企业的旅游费后的余额为营业额。

4. 广告业的营业额为纳税人提供广告服务而取得的收入,包括广告的制作、设计、刊登、播映等项收入。对于代理广告业务,广告代理公司所取得的手续费,按其他代理服务征税。

【例5-7】 北京某旅行社组织50人的旅行团到拉萨五日游,每人收费7 800元,替每位旅客支付交通费2 500元,门票费1 200元,住房、餐饮费2 250元,计算组织此次旅行活动应纳营业税。

【答案】 应纳营业税＝(7 800－2 500－1 200－2 250)×50×5％＝4 625(元)

八、销售不动产

销售不动产的营业额为纳税人销售不动产而向不动产购买者收取的全部价款和价外

费用。

1. 纳税人销售或转让其购置的不动产,以全部收入减去不动产购置原价后的余额为营业额。

2. 纳税人销售或转让抵债所得的不动产,以全部收入减去抵债时该项不动产作价后的余额为营业额。

【例 5-8】 某公司 2010 年 1 月以一座写字楼作抵押,向银行贷款 1 000 万元,2010 年 7 月到期后本息合计 1 060 万元;因该公司无力归还贷款,银行将所抵押的房屋收归己有,经权威机构评估,该房屋价值 1 100 万元,银行和公司进行了价款结算,计算该公司应纳销售不动产的营业税

【答案】 应纳营业税＝1 100×5％＝55(万元)

九、转让无形资产

转让无形资产的营业额为转让无形资产所取得的转让额,具体包括无形资产受让方支付给转让方的全部货币、实物和其他经济利益。

1. 纳税人转让土地使用权,以全部收入减去土地使用权的购置或受让原价后的余额为营业额。

2. 纳税人转让抵债所得的土地使用权,以全部收入减去抵债时该项土地使用权作价后的余额为营业额。

十、核定营业额

纳税人提供劳务、转让无形资产或销售不动产价格明显偏低而无正当理由的,税务机关按下列顺序核定其营业额:

1. 按纳税义务人当月或最近期同类劳务或同类不动产的平均价格

2. 按组成计税价格＝计税营业成本或工程成本×(1＋成本利润率)÷(1－营业税税率)

成本利润率由各省级地方税务机关确定。

【例 5-9】 某房产开发企业自建 10 栋住宅楼后销售,每栋楼造价为 300 万元,税务机关核定成本利润率为 10％,出售时共取得价款 5 000 万元,请计算该企业应缴纳的营业税。

【答案】

(1) 计税价格＝300×(1＋10％)÷(1－3％)×10 ＝3 402.06(万元)

(2) 自建行为交纳的营业税＝3 402.06×3％ ＝102.07(万元)

(3) 出售住宅楼交纳的营业税＝5 000×5％＝250(万元)

(4) 该企业共交纳的营业税＝102.07＋250＝352.07(万元)

任务三　营业税的会计核算

一、会计科目的设置

企业按规定应交的营业税,应在"应交税费"科目下设"应交营业税"明细科目进行营业税核算,其借方登记已交纳的营业税,贷方登记应交纳的营业税,贷方余额表示尚未交纳的营业税。

营业税是一种价内税,企业计提的营业税,根据营业税征税对象的不同,应分别设置"营业税金及附加"、"固定资产清理"等科目。若应税行为属于企业主营活动,则对应的营业税应记入"营业税金及附加"科目;若属于固定资产处置应交营业税,应记入"固定资产清理"科目。

二、会计处理

(一)应交营业税的会计处理

1. 由企业主营业务收入负担的营业税

借:营业税金及附加

　　贷:应交税费——应交营业税

2. 应交其他业务收入负担的营业税

借:其他业务成本

　　贷:应交税费——应交营业税

3. 销售不动产(房地产开发企业除外)应交营业税

借:固定资产清理

　　贷:应交税费——应交营业税

4. 企业按规定代扣的营业税

借:应付账款

　　贷:应交税费——应交营业税

(二)缴纳营业税的会计处理

借:应交税费——应交营业税

　　贷:银行存款

【例5-10】 某邮政局2010年2月份取得报刊发行收入额为141 000元,出售各类邮政物品取得收入7 800元,经营其他邮政业务取得收入2 300元。则会计处理如下:

【答案】 应纳税额=(141 000+7 800+2 300)×3%=4 533(元)

借:营业税金及附加　　　　　　4 533

　　贷:应交税费——应交营业税　　　　4 533

【例5-11】 某企业委托金融企业发放贷款,额度1 200 000元,利息率7.5%,并收到委托贷款利息 90 000 元。则会计处理如下：

【答案】代扣代缴营业税＝1 200 000×7.5％×5％＝4 500(元)

借：应付账款——应付委托贷款利息 4 500

贷：应交税费——应交营业税　　　 4 500

任务四　营业税的申报缴纳

一、纳税义务发生时间

营业税纳税义务发生时间为纳税人收讫营业收入款项或者取得索取营业收入款项凭据的当天，为书面合同确定的付款日期的当天；未签订书面合同或者书面合同未确定付款日期的，为应税行为完成的当天。对一些具体项目进一步明确如下：

1. 纳税人转让土地使用权或者销售不动产，采取预收款方式的，其纳税义务发生时间为收到预收款的当天。

2. 纳税人提供建筑业或者租赁业劳务，采取预收款方式的，其纳税义务发生时间为收到预收款的当天。

3. 纳税人将不动产或者土地使用权无偿赠送其他单位或者个人的，其纳税义务发生时间为不动产所有权、土地使用权转移的当天。

4. 纳税人发生自建行为的，其纳税义务发生时间为销售自建建筑物，并收讫营业收入款项或者取得索取营业收入款项凭据的当天。

营业税扣缴义务发生时间为纳税人营业税纳税义务发生的当天。

二、纳税期限

营业税的纳税期限，分别为 5 日、10 日、15 日、1 个月或 1 个季度。纳税人的具体纳税期限，由主管税务机关根据纳税人应纳税额的大小分别核定；不能按照固定期限纳税的，可以按次纳税。

1. 纳税人以 1 个月或 1 个季度为纳税期的，自期满之日起 15 日内申报纳税；以 5 日、10 日或 15 日为纳税期的，自期满之日起 5 日内预缴税款，于次月 1 日起 15 日内申报纳税，并结清上月应纳税款。

2. 扣缴义务人解缴税款期限，比照上述规定执行。

3. 银行、财务公司、信托投资公司、信用社、外国企业常驻代表机构的纳税期限为 1 个季度，自纳税期满之日起 15 日内申报纳税。

4. 保险业的纳税期限为 1 个月。

三、纳税地点

营业税的纳税地点原则上采取属地征收管理，即纳税人在经营行为发生地缴纳税款。具体主要有以下几种情况：

1. 纳税人提供应税劳务应当向其机构所在地或者居住地的主管税务机关申报纳税。但是,纳税人提供的建筑业劳务以及国务院财政、税务主管部门规定的其他应税劳务,应当向应税劳务发生地的主管税务机关申报纳税。

2. 纳税人转让无形资产应当向其机构所在地或者居住地的主管税务机关申报纳税。但是,纳税人转让、出租土地使用权,应当向土地所在地的主管税务机关申报纳税。

3. 纳税人销售、出租不动产应当向不动产所在地的主管税务机关申报纳。

4. 扣缴义务人应当向其机构所在地或者居住地的主管税务机关申报缴纳其扣缴的税款。

纳税人应当向应税劳务发生地、土地或者不动产所在地的主管税务机关申报纳税而自应当申报纳税之月起超过 6 个月没有申报纳税的,由其机构所在地或者居住地的主管税务机关补征税款。

四、纳税申报

纳税人申报缴纳营业税,应填写《营业税纳税申报表》;有代扣代缴义务的,应填写《营业税扣缴报告表》并在规定的期限内向主管税务机关申报纳税。

◆ 项目小结

营业税是对在我国境内提供应税劳务、转让无形资产或销售不动产的单位和个人所取得的营业额征收的一种商品劳务税。

1. 营业税的纳税人

营业税的纳税义务人是指在中华人民共和国境内提供应税劳务、转让无形资产、销售不动产的单位和个人。同时应掌握营业税纳税人的特殊规定和营业税扣缴义人务的规定。

2. 营业税的征税范围

营业税的税目按照行业、类别的不同分别设置,现行营业税共设置了交通运输业、建筑业、金融保险业、邮电通信业、文化体育业、娱乐业、服务业、转让无形资产和销售不动产 9 个税目。

3. 营业税的税率

按照行业、类别的不同分别采用了不同的比例税率,幅度为 3‰～5‰不等。娱乐业执行 5‰～20‰的幅度税率,具体适用的税率,由各省、自治区、直辖市人民政府根据当地的实际情况在税法规定的幅度内决定。

4. 营业税应纳税额的计算

营业额的计算有按营业收入全额计算、按营业收入差额计算和按税务机关核定的营业额三种形式。

应纳税额＝营业额×税率

应纳税额＝(营业额－不征税项目或减除项目金额)×税率

应纳税额＝核定的计税价格×税率

5. 营业税的会计核算

6. 营业税的申报纳税

营业税纳税义务发生时间为纳税人收讫营业收入款项或取得索取营业收入款项凭据的当天,此项基本规定与增值税、消费税相同。营业税纳税地点原则上采取属地征收方法,即在应税项目发生地纳税,只有运输业务、转让土地使用权以外的其他无形资产、跨省承包工程、航空公司所属分公司、电信、设计、工程监理、网络服务等,纳税地点为纳税人机构所在地。

项目六 关税纳税实务

◆ 学习任务：了解关税的概念；熟悉关税的纳税义务发生时间、纳税期限、纳税地点、纳税环节；掌握关税纳税义务人、征税范围、应纳税额的计算和关税纳税申报操作。

◆ 任务导入：有进出口经营权的某外贸公司，2011年10月经批准从境外进口小轿车20辆，每辆小轿车货价22.5万元，运抵我国海关前发生的运输费用、保险费用无法确定，经海关查实其他运输公司相同业务的运输费用占货价的比例为2％。向海关缴纳了相关税款，并取得了完税凭证。请计算该公司进口环节应缴纳的关税。

任务一 认知关税

一、关税的概念

关税是海关对进出境的货物、物品征收的一种税。所谓"境"指关境，又称"海关境域"或"关税领域"，是国家《海关法》全面实施的领域。通常情况下一个国家的关境与国境是一致的，但若一国境内存在自由贸易港、自由贸易区时，则会使关境小于国境；而若几个国家结成关税同盟，实施统一的关税法令和海关进出口税则，又会使关境大于国境。

二、关税的纳税义务人

进口货物的收货人、出口货物的发货人、进出境物品的所有人，为关税的纳税义务人。进出口货物的收、发货人是依法取得对外贸易经营权，并进口或者出口货物的法人或者其他社会团体。进出境物品的所有人包括该物品的所有人和推定为所有人的人。一般情况下，对于携带进境的物品，推定其携带人为所有人；对分离运输的行李，推定相应的进出境旅客为所有人；对以邮递方式进境的物品，推定其收件人为所有人；以邮递或其他运输方式出境的物品，推定其寄件人或托运人为所有人。

三、关税的征税对象

关税的征税对象为准许进出境的货物和物品。货物是指贸易性商品；物品指入境旅客随身携带的行李物品、个人邮递物品、各种运输工具上的服务人员携带进口的自用物品、馈赠物品以及其他方式进境的个人物品。

四、关税的税率

我国现行关税的税率包括进口税率、出口税率和特殊关税三部分。

（一）进口税率

进口关税以货物原产地为标准，设有最惠国税率、协定税率、特惠税率、普通税率、关税配额税率等五种税率形式。对进口货物在一定期限内可以实行暂定税率。

1. 最惠国税率适用原产于与我国共同适用最惠国待遇条款的 WTO 成员国或地区的进口货物，或原产于与我国签订有相互给予最惠国待遇条款的双边贸易协定的国家或者地区的进口货物，以及原产于我国境内的进口货物。

2. 协定税率适用原产于我国参加的含有关税优惠条款的区域性贸易协定有关缔约方的进口货物，目前对原产于韩国、斯里兰卡、和孟加拉国三个曼谷协定成员的 739 个税目进口商品实行协定税率（即曼谷协定税率）。

3. 特惠税率适用原产于与我国签订有特殊优惠关税协定的国家或者地区的进口货物，目前对原产于孟加拉国的 18 个税目进口商品实行特惠税率（即曼谷协定特惠税率）。

4. 普通税率适用原产于上述以外国家或者地区的进口货物，以及原产地不明的进口货物。

5. 对部分进口农产品和化肥产品实行关税配额，关税配额内的，适用税率较低的配额内税率；关税配额外的，适用税率较高的配额外税率。

适用普通税率的进口货物，经国务院税则委员会特批，可以适用最惠国税率。

我国原产地规定基本上采用了"全部产地生产标准"、"实质性加工标准"两种国际上通行的标准。"全部产地生产标准"是指进口货物完全在一个国家内生产或制造，生产或制造国即为该货物原产国。"实质性加工标准"是指经过几个国家加工、制造的货物，以最后一个对货物进行经济上可以视为实质性加工的国家作为货物的原产国。"实质性加工"是指产品加工后，在进出口税则中四位数税号一级的税则归类已经有了改变，或者加工增值部分所占新产品总值的比例已超过 30% 及以上。

（二）出口税率

我国出口税则为一栏税率，即出口税率。目前我国仅对少数资源性产品及易于竞相杀价，盲目进口，需要规范出口秩序的半制成品征收出口关税。现行税则对 36 种商品计征出口关税，主要有鳗鱼苗、部分有色金属矿及其精矿、生锑、苯、磷、部分铁合金等，其中 16 种实行零关税，真正征收出口关税的只 20 种商品，税率也较低。

与进口税率一样，对出口货物在一定期限内可以实行暂定税率。适用出口税率的出口货物有暂定税率的，应当适用暂定税率。未订有出口税率的货物，不征出口关税。

（三）特殊税率

1. 特别关税。为了对付别国对我国出口货物的歧视，任何国家或者地区如对进口原产于我国的货物征收歧视性关税或者给予其他歧视性待遇的，海关可以对原产于该国家或者地区的进口货物征收特别关税。

特别关税包括报复性关税、反倾销税与反补贴税、保障性关税。

（1）报复性关税。是指报复他国对我国出口货物的关税歧视或其他歧视性待遇，而对相关国家的进口货物征收的一种进口附加税。

（2）反倾销税与反补贴税。是指进口国海关对外国的倾销商品，在征收关税的同时附加征收的一种特别关税,其目的在于抵消他国的补贴,征收期限一般不超过 5 年。

(3)保障性关税。是指当某类货物进口量剧增,对我国相关产业带来巨大威胁或损害时,采取的一般保障措施,主要是采取提高关税的形式。

2.暂定税率。根据经济发展需要,国家对部分进口原材料、零部件、农药原药和中间体、乐器及生产设备实行暂定税率。暂定税率优先适用于优惠税率或最惠国税率,按普通税率进口的货物不适用暂定税率。暂定税率由国务院关税税则委员会负责制定。

五、关税的税收优惠

关税减免分为法定减免税、特定减免税和临时减免税。

(一)法定减免税

法定减免税是《海关法》和《进出口条例》中明确列出的减免税。目前,我国法定减免税的项目有:

1.关税税额在人民币 50 元以下的一票货物,可免征关税。

2.无商业价值的广告品和货样,可免征关税。

3.外国政府、国际组织无偿赠送的物资,可免征关税。

4.进出境运输工具装载的途中必需的燃料、物料和饮食用品,可予免税。

5.经海关核准暂时进境或者暂时出境,并在 6 个月内复运出境或者复运进境的货样、展览品、施工机械、工程车辆、工程船舶、供安装设备时使用的仪器和工具、电视或者电影摄制器械、盛装货物的容器以及剧团服装道具,在货物收发货人向海关缴纳相当于税款的保证金或者提供担保后,可予暂时免税。

6.为境外厂商加工、装配成品和为制造外销产品而进口的原材料、辅料、零件、部件、配套件和包装物料,海关按照实际加工出口的成品数量免征进口关税;或者对进口料、件先征进口关税,再按照实际加工出口的成品数量予以退税。

7.因故退还的中国出口货物,经海关审查属实,可予免征进口关税,但已征收的出口关税不予退还。

8.因故退还的境外进口货物,经海关审查属实,可予免征出口关税,但已征收的进口关税不予退还。

9.进口货物如有以下情形,经海关查明属实,可酌情减免进口关税:

(1)在境外运输途中或者在起卸时,遭受损坏或者损失的。

(2)起卸后海关放行前,因不可抗力遭受损坏或者损失的。

(3)海关查验时已经破漏、损坏或者腐烂,经证明不是保管不慎造成的。

10.无代价抵偿货物,即进口货物在征税放行后,发现货物残损、短少或品质不良,而由国外承运人、发货人或保险公司免费补偿或更换的同类货物,可以免税。但有残损或质量问题的原进口货物如未退运国外,其进口的无代价抵偿货物应依法征税。

11.我国缔结或者参加的国际条约规定减征、免征关税的货物、物品,按照规定予以减免关税。

12.法律规定减征、免征的其他货物。

（二）特定减免税

特定减免税也称政策性减免税，是在法定减免税之外，国家按照国际通行规则和我国实际情况，对特定地区、企业和用途的进出口货物制定发布的减免税规定。对特定减免税的进出口货物，海关需要进行后续管理，也需要进行减免税统计。

（三）临时减免税

临时减免税一般由国务院根据《海关法》对某个单位、某类商品、某个项目或某批进出口货物的特殊情况，给予特别照顾，一案一批，专文下达的减免税。

任务二　关税应纳税额的计算

一、关税完税价格的计算

（一）一般进口货物的完税价格

1. 成交价格为基础的完税价格

进口货物的完税价格包括货物的货价、货物运抵我国境内输入地起卸前的运输及其相关费用、保险费。进口货物的成交价格是指买方为进口该货物，并按《完税价格办法》有关规定调整后向卖方实际支付的或应当支付的价款。

（1）下列费用或价值若未包括在进口货物的实付或者应付价格中，应在完税价格核定时调整计入：

① 由买方负担的除购货佣金以外的佣金和经纪费。"购货佣金"指买方为购买进口货物向自己的采购代理人支付的劳务费用。"经纪费"指买方为购买进口货物向代表买卖双方利益的经纪人支付的劳务费用。

② 由买方负担的与该货物视为一体的容器费用。

③ 由买方负担的包装材料和包装劳务费用。

④ 与该货物的生产和向中华人民共和国境内销售有关的，由买方以免费或者以低于成本的方式提供并可以按适当比例分摊的料件、工具、模具、消耗材料及类似货物的价款，以及在境外开发、设计等相关服务的费用。

⑤ 与该货物有关并作为卖方向我国销售该货物的一项条件，应当由买方直接或间接支付的特许权使用费。"特许权使用费"指买方为获得与进口货物相关的、受著作权保护的作品、专利、商标、专有技术和其他权利的使用许可而支付的费用。但是在估定完税价格时，进口货物在境内的复制权费不得计入该货物的实付或应付价格之中。

⑥ 卖方直接或间接从买方对该货物进口后转售、处置或使用所得中获得的收益。

（2）下列费用，如能与纳税人进口货物实付或应付价格区分的，不得计入完税价格：

① 厂房、机械、设备等货物进口后的基建、安装、装配、维修和技术服务的费用。

② 货物运抵境内输入地点之后的运输费用、保险费和其他相关费用。

③ 进口关税及其他国内税收。

2. 海关估定的完税价格

《完税价格办法》规定,进口货物的价格不符合成交条件或者成交价格不能确定的,由海关估定完税价格。

(1) 相同或类似货物成交价格方法

相同或类似货物成交价格方法,即以与被估的进口货物同时或大约同时(在海关接受申报进口之日的前后各45天以内)进口的相同或类似货物的成交价格为基础,估定完税价格。

(2) 倒扣价格方法

倒扣价格方法,即以被估的进口货物、相同或类似进口货物在境内销售的价格为基础估定完税价格。

(3) 计算价格方法

计算价格方法,即按下列各项的总和计算出的价格估定完税价格。有关项为:生产该货物所使用的原材料价值和进行装配或其他加工的费用;与向境内出口销售同等级或同种类货物的利润、一般费用相符的利润和一般费用;货物运抵境内输入地点起卸前的运输及相关费用、保险费。

(4) 其他合理方法

使用其他合理方法时,应当根据《完税价格办法》规定的估价原则,以在境内获得的数据资料为基础估定完税价格。

(二) 特殊进口货物的完税价格

1. 加工贸易进口料件及其制成品

加工贸易进口料件及其制成品需征税或内销补税的,海关按照一般进口货物的完税价格规定,审定其完税价格。其中:

(1) 进口时需征税的进料加工进口料件,以该料件申报进口时的价格估定。

(2) 内销的进料加工进口料件或其制成品(包括残次品、副产品),以料件原进口时的价格估定。

(3) 内销的来料加工进口料件或其制成品(包括残次品、副产品),以料件申报内销时的价格估定。

(4) 出口加工区内的加工企业内销的制成品(包括残次品、副产品),以制成品申报内销时的价格估定。

(5) 保税区内的加工企业内销的进口料件或其制成品(包括残次品、副产品),分别以料件或制成品申报内销时的价格估定。如果内销的制成品中含有从境内采购的料件,则以所含从境外购入的料件原进口时的价格估定。

(6) 加工贸易加工过程中产生的边角料,以申报内销时的价格估定。

2. 保税区、出口加工区货物

从保税区或出口加工区销往区外、从保税仓库出库内销的进口货物(加工贸易进口料件及其制成品除外),以海关审定的价格估定完税价格。对经审核销售价格不能确定的,海关应当按照一般进口货物估价办法的规定,估定完税价格。如销售价格中未包括在保税区、出口加工区或保税仓库中发生的仓储、运输及其他相关费用的,应当按照客观量化的数据资料予以计入。

3. 运往境外修理的货物

运往境外修理的机械器具、运输工具或其他货物，出境时已向海关报明，并在海关规定期限内复运进境的，应当以海关审定的境外修理费和料件费，以及该货物复运进境的运输及其相关费用、保险费估定完税价格。

4. 运往境外加工的货物

运往境外加工的货物，出境时已向海关报明，并在海关规定期限内复运进境的，应当以海关审定的境外加工费和料件费，以及该货物复运进境的运输及其相关费用、保险费估定完税价格。

5. 暂时进境货物

对于经海关批准的暂时进境的货物，应当按照一般进口货物估价办法的规定，估定完税价格。

6. 租赁方式进口货物

租赁方式进口的货物中，以租金方式对外支付的租赁货物，在租赁期间以海关审定的租金作为完税价格；留购的租赁货物，以海关审定的留购价格作为完税价格；承租人申请一次性缴纳税款的，经海关同意，按照一般进口货物估价办法的规定估定完税价格。

7. 留购的进口货样等

对于境内留购的进口货样、展览品和广告陈列品，以海关审定的留购价格作为完税价格。

8. 予以补税的减免税货物

减税或免税进口的货物需予补税时，应当以海关审定的该货物原进口时的价格，扣除折旧部分价值作为完税价格，其计算公式为：

完税价格＝海关审定的该货物原进口时的价格×[1－申请补税时实际已使用的时间（月）÷（监管年限×12）]

9. 以其他方式进口的货物

以易货贸易、寄售、捐赠、赠送等其他方式进口的货物，应当按照一般进口货物估价办法的规定，估定完税价格。

（三）出口货物的完税价格

1. 以成交价格为基础的完税价格

出口货物的完税价格，由海关以该货物向境外销售的成交价格为基础审查确定，并应包括货物运至我国境内输出地点装载前的运输及其相关费用、保险费，但其中包含的出口关税税额、离境口岸至境外口岸之间的运输、保险费的，应当扣除。

出口货物的成交价格，是指该货物出口销售到我国境外时买方向卖方实付或应付的价格。出口货物的成交价格中含有支付给境外的佣金的，如果单独列明应当扣除。

2. 以海关估价为基础的完税价格

出口货物的成交价格不能确定时，其完税价格由海关依次使用下列方法估定：

（1）同时或大约同时向同一国家或地区出口的相同货物的成交价格。

（2）同时或大约同时向同一国家或地区出口的类似货物的成交价格。

（3）根据境内生产相同或类似货物的成本、利润和一般费用、境内发生的运输及其相关费用、保险费计算所得的价格。

（4）按照合理方法估定的价格。

（四）进出口货物完税价格中运输及相关费用、保险费的计算

1. 以一般陆运、空运、海运方式进口的货物

海运进口货物，计算至该货物运抵境内的卸货口岸；陆运进口货物，计算至该货物运抵境内的第一口岸或目的地口岸；空运进口货物，计算至该货物运抵境内的第一口岸或目的地口岸。

陆、海、空运进口货物的运费和保险费，应当按照实际支付的费用计算。如果进口货物的运费无法确定或未实际发生，海关应当按照该货物进口同期运输行业公布的运费率（额）计算运费；按照"货价加运费"的3‰计算保险费。

2. 他方式进口的货物

邮运的进口货物，应当以邮费作为运输及其相关费用、保险费；以境外边境口岸价格条件成交的铁路或公路运输进口货物，海关应当按照货价的1%计算运输及其相关费用、保险费；作为进口货物的自驾进口的运输工具，海关在审定完税价格时，可以不另行计入运费。

3. 货物

出口货物的销售价格如果包括离境口岸至境外口岸之间的运输、保险的，该运费、保险费应当扣除。

（五）完税价格的审定

1. 进出口货物的收发货人应当向海关如实申报进出口货物的成交价格，提供包括发票、合同、装箱清单及其他证明申报价格真实、完整的单证、书面资料和电子数据。海关认为必要时，纳税人还应当向海关补充申报反映买卖双方关系和成交活动的情况，以及其他与成交价格有关的资料。

2. 海关为审查申报价格的真实性和准确性，可以查阅、复制与进出口货物有关的合同、发票、账册、结付汇凭证、单据、业务函电及其他反映买卖双方关系及交易活动的书面资料和电子数据；可以向进出口货物的收发货人及与其有资金往来或有其他业务往来的公司、企业调查与进出口货物价格有关的问题；可以对进出口货物进行查验或提取货样进行检验或化验；可以进入进出口货物收发货人的生产经营场所、货物存放场所，检查与进出口活动有关的货物和生产经营情况；可以向有关金融机构或税务部门，查询了解与进出口货物有关的收付汇资料或缴纳国内税的情况。

3. 海关对申报价格的真实性或准确性有疑问时，应当书面将怀疑的理由告知进出口货物的收发货人，要求其以书面形式作进一步说明，提供资料或其他证据，证明其申报价格是真实、准确的。自海关书面通知发出之日起15日内，进出口货物的收发货人未能提供进一步说明，或海关审核所提供的资料或证据后，仍有理由怀疑申报价格的真实性或准确性时，海关可以不接受其申报价格，并按照一般进口货物海关估价方法估定完税价格。

4. 海关有理由认为买卖双方之间的特殊关系影响成交价格时，应当书面将怀疑的理由告知进出口货物的收发货人，要求其以书面形式作进一步说明，提供资料或其他证据，证明双方之间的关系未影响成交价格。自海关书面通知发出之日起15日内，进口货物的收货

人未能提供进一步说明,或海关审核所提供的资料或证据后,仍有理由认为买卖双方的关系影响成交价格时,海关可以不接受其申报价格,并按照一般进口货物海关估价方法估定完税价格。

5. 海关不接受申报价格,按照相同货物或类似货物成交价格的规定估定完税价格时,为获得合适的相同或类似进出口货物的成交价格,可以与进出口货物的纳税义务人进行价格磋商。

6. 进出口货物的收发货人可以提供书面申请,要求海关就如何确定其进出口货物的完税价格作出书面说明。

7. 海关为确定进出口货物的完税价格需要推迟作出估价决定时,进出口货物的收发货人可以在依法向海关提供担保后,先行提取货物。海关对于实行担保放行的货物,应当自具保之日起 90 天内核查完毕,并将核查结果通知进出口货物收发货人。

二、关税应纳税额的计算

(一)从价关税应纳税额的计算

关税税额＝应税进(出)口货物数量×单位完税价格×税率

(二)从量关税应纳税额的计算

关税税额＝应税进(出)口货物数量×单位货物税额

(三)复合关税应纳税额计算

关税税额＝应税进(出)口货物数量×单位货物税额
　　　　　＋应税进(出)口货物数量×单位完税价格×税率

(四)滑准关税应纳税额的计算

关税税额＝应税进(出)口货物数量×单位完税价格×滑准税税率

【例6-1】 某进出口公司从法国进口一批货物,该批货物的法国离岸价格为 1 000 万元,运抵我国关境内输入地点起卸前的包装费、运输费、保险费和其他劳务费用共计 50 万元,支付货物运抵境内输入地点之后的运输费用 8 万元,技术服务费 6 万元。海关核定该批货物适用的进口关税税率为 10%。请计算该进出口公司应纳的进口关税。

【答案】应纳关税＝(1 000＋50)×10%＝105(万元)

任务三　关税的会计核算

一、自营进口业务关税的会计处理

企业自营进口商品,将应支付的进口货物价款、进口关税、国外运费和保险费和国内费用一并直接计入进口货物成本,借记"材料采购"等科目;贷记"银行存款"、"应付账款"科目等。

【例 6 - 2】 某工业企业为增值税一般纳税人,本月进口 A 材料 100 000 美元,约定货到付款以人民币结算。货到当日外汇牌价 1:7,应付进口关税 40 000 元。代征增值税税率 17%。会计处理如下:

【答案】 A 材料采购成本＝700 000＋40 000＝740 000(元)

应支付增值税＝740 000×17%＝125 800(元)

借:原材料——A 材料　　　　　740 000

　应交税费——应交增值税(进项税额)125 800

　贷:银行存款　　　　　　　　　　　　　865 800

二、自营出口业务关税的会计处理

工业企业出口产品应缴纳的出口关税,支付时可直接借记"营业税金及附加"科目,贷记"银行存款"、"应付账款"等科目。

【例 6 - 3】 某铁合金厂向日本出口一批铬铁,国内港口 FOB 价格折合人民币为 2 800 000 元,铬铁出口关税税率为 40%,关税以支票付讫。会计处理如下:

【答案】 出口关税税额＝2 800 000/(1＋40%)×40%＝800 000(元)

借:应收账款 2 800 000

　贷:主营业务收入　　　2 800 000

借:营业税金及附加 800 000

　贷:银行存款　　　　　800 000

三、代理进出口业务关税的会计处理

代理进出口业务,对受托方来说,一般不垫付货款,大多以收取手续费形式为委托方提供代理服务。因此,由于进出口而计缴的关税均由委托单位负担,受托单位即使向海关缴纳了关税,也只是代垫或代付,日后仍要从委托方收回。

代理进出口业务所计缴的关税,在会计核算上可以通过设置"应交税费——应交出口关税"科目来核算,其对应科目是"应付账款"、"应收账款"、"银行存款"等;也可以不通过"应交税费——应交出口关税"科目核算,直接通过"应付账款"、"应收账款"、"银行存款"科目核算。

【例 6 - 4】 某进出口公司代理某工厂出口一批商品。我国口岸 FOB 价折合人民币为 1 200 000 元,出口关税税率为 20%,手续费为 30 000 元。计算应缴出口关税如下:

1 200 000/(1＋20%)×20%＝200 000(元)

计缴出口关税时:

借:应收账款——××单位 200 000

　贷:银行存款　　　　　200 000

计算应收手续费时:

借:应收账款——××单位 30 000

　贷:主营业务收入——手续费　　30 000

收到委托单位付来的税款及手续费时:

借:银行存款 230 000
　　贷:应收账款——××单位 230 000

任务四　关税的申报缴纳

一、纳税期限

进口货物自运输工具申报进境之日起 14 日内,出口货物在货物运抵海关监管区后装货的 24 小时以前,由进出口货物的纳税义务人向货物进(出)境地海关申报,海关根据税则归类和完税价格计算应缴纳的关税和进口环节代征税,并填发税款缴款书。

纳税义务人应当自海关填发税款缴款书之日起 15 日内,向指定银行缴纳税款。如关税缴纳期限的最后 1 日是周末或法定节假日,则关税缴纳期限顺延至周末或法定节假日过后的第一个工作日。

关税纳税义务人因不可抗力或者在国家税收政策调整的情形下,不能按期缴纳税款的,经海关总署批准可以延期缴纳税款,但最长不得超过 6 个月。

二、关税的强制执行

纳税义务人未在关税缴纳期限内缴纳税款,即构成关税滞纳。海关要对滞纳关税的纳税义务人实施强制执行的措施。

(一)征收关税滞纳金

滞纳金自关税缴纳期限届满之日起,至纳税义务人缴纳关税之日止,按滞纳税款万分之五的比例按日征收,周末或法定节假日不予扣除,具体计算公式为:

$$关税滞纳金金额 = 滞纳关税税额 \times 滞纳金征收比率 \times 滞纳天数$$

(二)强制征收

如纳税义务人自海关填发缴款书之日起 3 个月仍未缴纳税款,经海关关长批准,海关可以从纳税义务人在开户银行或者其他金融机构的存款中强制扣缴税款,或将应税货物依法变卖,以变卖所得抵缴税款。

三、关税退还

根据《海关法》规定,海关实际征收的关税若多于纳税人实际应缴的关税,称为"溢征",海关发现后应立即退还。

如有下列情形之一的,进出口货物的纳税义务人可以自缴纳税款之日起 1 年内,书面声明理由,连同原纳税单据向海关申请退税,并加算银行同期活期存款利息,逾期不予受理:因海关误征,多纳税款的;海关核准免验进口的货物,在完税后,发现有短卸情形,经海关审查认可的;已征出口关税的货物,因故未将其运出口,申报退关,经海关查验属实的。

对已征出口关税的出口货物和已征进口关税的进口货物,因货物品种或规格原因(非其他原因)原状复运进境或出境的,经海关查验属实的,也应退还已征关税。海关应当自受理退税申请之日起 30 日内,作出书面答复并通知退税申请人。

四、关税补征和追征

海关征收因纳税人违反海关规定造成短征关税的,称为"追征",海关征收非因纳税人违反海关规定造成短征关税的,称为"补征"。根据《海关法》规定,进出境货物和物品放行后,海关发现少征或者漏征税款,应当自缴纳税款或者货物、物品放行之日起 1 年内,向纳税义务人补征;因纳税义务人违反规定而造成的少征或者漏征的税款,自纳税义务人应缴纳税款之日起 3 年以内可以追征,并从缴纳税款之日起按日加收少征或者漏征税款万分之五的滞纳金。

◆ 项目小结

关税是海关对进出关境的货物和物品征收的一种税。

1. 关税的征税范围。我国关税的征税对象为进出国境或关境的应税货物和物品。货物是指贸易性商品;物品指入境旅客随身携带的行李物品、个人邮递物品、各种运输工具上的服务人员携带进口的自用物品、馈赠物品以及其他方式进境的个人物品。

2. 关税的纳税人。进口货物的收货人、出口货物的发货人、进出境物品的所有人,为关税的纳税义务人。

3. 关税的计算。我国现行进口关税针对不同的进口货物,采用了从价税、从量税、复合税、滑准税四种不同的计税方法,其具体计算方法也有所不同。我国目前出口关税均采用从价税的形式征收。

项目七　企业所得税纳税实务

◆ 学习任务：了解企业所得税的概念；熟悉企业所得税的征收方式、纳税期限、纳税地点；掌握企业所得税纳税义务人、征税范围、应纳税额的计算、会计处理和纳税申报操作。

◆ 任务导入：甲企业 2009 年全年销售产品收入 1 000 000 元，产品成本 510 000 元，有关费用及税金合计 300 000 元，其中包括业务招待费 55 000 元，被税务机关处罚的滞纳金、罚款共计 10 000 元，也计入费用。该企业在申报纳税时，认为 2009 年所得税的应纳税所得额为 90 000 元。其理由是 2009 年产品销售收入 1 000 000 元减去成本、费用、税金以及开办费用共计 910 000 元，得余额为 90 000 元。请问企业计算的应纳税所得额是否正确？如不正确，应如何计算应纳税所得额？

任务一　认知企业所得税

一、企业所得税的概念

企业所得税是对我国境内的企业和其他取得收入的组织的生产经营所得和其他所得征收的一种税。它具有调节收入分配、促进公平竞争、筹集财政收入等作用，是国家进行宏观经济调控的一个重要经济杠杆。

二、企业所得税的纳税人

企业所得税的纳税人为在中华人民共和国境内的企业和其他取得收入的组织（以下统称企业）。除个人独资企业、合伙企业不征收企业所得税外，其他企业均为企业所得税的纳税人。

按照国际惯例，我国选择了地域管辖权和居民管辖权的双重管辖权标准，将企业所得税纳税人分为居民企业和非居民企业。

（一）居民企业

居民企业，是指依法在中国境内成立，或者依照外国（地区）法律成立但实际管理机构在中国境内的企业。实际管理机构，是指对企业的生产经营、人员、账务、财产等实施实质性全面管理和控制的机构。如在我国注册成立的宝洁（中国）公司是我国的居民企业；在百慕大群岛注册的华晨中国汽车控股有限公司，其实际管理机构在我国境内，也是我国的居民企业。

（二）非居民企业

非居民企业，是指依照外国（地区）法律成立且实际管理机构不在中国境内，但在中国境内设立机构、场所的,或者在中国境内未设立机构、场所,但有来源于中国境内所得的企业。如在我国设立有代表处及其他分支机构的外国企业。

机构、场所,是指在中国境内从事生产经营活动的机构、场所,包括:

1. 管理机构、营业机构、办事机构。

2. 工厂、农场、开采自然资源的场所。

3. 提供劳务的场所。

4. 从事建筑、安装、装配、修理、勘探等工程作业的场所。

5. 其他从事生产经营活动的机构、场所。

非居民企业委托营业代理人在中国境内从事生产经营活动的,包括委托单位或者个人经常代其签订合同,或者储存、交付货物等,该营业代理人视为非居民企业在中国境内设立的机构、场所。

对在中国境内未设立机构、场所的非居民企业,或者虽然设立机构、场所但取得的所得与其所设机构、场所没有实际联系的,其来源于中国境内的所得应缴纳的所得税,实行源泉扣缴,以支付人为扣缴义务人。税款由扣缴义务人在每次支付或者到期应支付时,从支付或者到期应支付的款项中扣缴。对非居民企业在中国境内取得工程作业和劳务所得应缴纳的所得税,税务机关可以指定工程价款或者劳务费的支付人为扣缴义务人。

三、企业所得税的征税对象

企业所得税的征税对象,是企业的生产经营所得、其他所得和清算所得。

(一)居民企业的征税对象

居民企业应当就其来源于中国境内、境外的所得缴纳企业所得税。

(二)非居民企业的征税对象

非居民企业在中国境内设立机构、场所的,应当就其所设机构、场所取得的来源于中国境内的所得,以及发生在中国境外但与其所设机构、场所有实际联系的所得,缴纳企业所得税。非居民企业在中国境内未设立机构、场所的,或者虽设立机构、场所但取得的所得与其所设机构、场所没有实际联系的,应当就其来源于中国境内的所得缴纳企业所得税。

(三)所得来源的确定

判断所得是于中国境内、境外的所得时,应当按照以下原则确定:

1. 销售货物所得,按照交易活动发生地确定。

2. 提供劳务所得,按照劳务发生地确定。

3. 转让财产所得,包括:(1)不动产转让所得按照不动产所在地确定;(2)动产转让所得按照转让动产的企业或者机构、场所所在地确定;(3)权益性投资资产转让所得按照被投资企业所在地确定。

4. 股息、红利等权益性投资所得,按照分配所得的企业所在地确定。

5. 利息所得、租金所得、特许权使用费所得,按照负担、支付所得的企业或者机构、场所所在地确定,或者按照负担、支付所得的个人的住所地确定。

6. 其他所得,由国务院财政、税务主管部门确定。

四、企业所得税的税率

（一）基本税率

企业所得税的税率为 25％。

（二）优惠税率

1. 非居民企业在中国境内未设立机构、场所的，或者虽设立机构、场所但取得的所得与其所设机构、场所没有实际联系的，其来源于中国境内的所得按 20％ 缴纳企业所得税，但实际征税时减半按 10％ 征收。

2. 符合条件的小型微利企业，减按 20％ 的税率征收企业所得税。

小型微利企业是指从事国家非限制和禁止行业，并符合下列条件的企业：工业企业，年度应纳税所得额不超过 30 万元，从业人数不超过 100 人，资产总额不超过 3 000 万元；其他企业，年度应纳税所得额不超过 30 万元，从业人数不超过 80 人，资产总额不超过 1 000 万元。

3. 国家需要重点扶持的高新技术企业，减按 15％ 的税率征收企业所得税。

五、企业所得税的税收优惠

企业所得税的税收优惠方式包括免税、减税、加计扣除、加速折旧、减计收入、税额抵免等。

1. 免征与减征优惠

企业的下列所得，可以免征、减征企业所得税；企业如果从事国家限制和禁止发展的项目，不得享受企业所得税优惠：

（1）从事农、林、牧、渔业项目的所得。花卉、茶以及其他饮料作物、香料作物的种植、海水养殖、内陆养殖减半征收，其他农、林、牧、渔业项目免征企业所得税。

（2）从事国家重点扶持的公共基础设施项目投资经营的所得。企业从事《公共基础设施项目企业所得税优惠目录》规定的港口码头、机场、铁路、公路、城市公共交通、电力、水利等国家重点扶持的公共基础设施项目的投资经营的所得，自该项目取得第一笔生产经营收入所属纳税年度起，第 1～3 年免征企业所得税，第 4～6 年减半征收企业所得税。

企业从事承包经营、承包建设和内部自建自用，不得享受规定的企业所得税优惠。

（3）从事符合条件的环境保护、节能节水项目的所得。企业从事公共污水处理、公共垃圾处理、沼气综合开发利用、节能减排技术改造、海水淡化等环境保护、节能节水项目的所得，自该项目取得第一笔生产经营收入所属纳税年度起，第 1～3 年免征企业所得税，第 4～6 年减半征收企业所得税。

（4）符合条件的技术转让所得。一个纳税年度内，居民企业技术转让所得不超过 500 万元的部分，免征企业所得税；超过 500 万元的部分，减半征收企业所得税。

（5）非居民企业在中国境内未设立机构、场所的，或者虽设立机构、场所但取得的所得与其所设机构、场所没有实际联系的，其来源于中国境内的所得。减按 10％ 的税率征收企业所得税。

2. 符合条件的小型微利企业,减按 20％的税率征收企业所得税。

3. 对国家需要重点扶持的高新技术企业,减按 15％的税率征收企业所得税。

4. 民族自治地方的自治机关对本民族自治地方的企业应缴纳的企业所得税中属于地方分享的部分,可以决定减征或者免征。自治州、自治县决定减征或者免征的,须报省、自治区、直辖市人民政府批准。

5. 加计扣除

(1) 开发新技术、新产品、新工艺发生的研究开发费用。企业为开发新技术、新产品、新工艺发生的研究开发费用,未形成无形资产计入当期损益的,在按照规定据实扣除的基础上,按照研究开发费用的 50％加计扣除;形成无形资产的,按照无形资产成本的 150％摊销。

(2) 安置残疾人员及国家鼓励安置的其他就业人员所支付的工资。企业安置残疾人员的,在按照支付给残疾职工工资据实扣除的基础上,按照支付给残疾职工工资的 100％加计扣除。企业安置国家鼓励安置的其他就业人员所支付的工资的加计扣除办法,由国务院另行规定。

6. 抵扣应纳税所得额。创业投资企业采取股权投资方式投资于未上市的中小高新技术企业 2 年以上的,可以按照其投资额的 70％在股权持有满两年的当年抵扣该创业投资企业的应纳税所得额;当年不足抵扣的,可以在以后纳税年度结转抵扣。如甲创业投资企业 2008 年 1 月 1 日向乙企业(未上市的中小高新技术企业)投资 100 万元,股权持有到 2009 年 12 月 31 日。甲创业投资企业 2009 年度可抵扣的应纳税所得额为 70 万元。

7. 加速折旧。企业由于技术进步,产品更新换代较快的固定资产和常年处于强震动、高腐蚀状态的固定资产,可以按《企业所得税法》规定最短折旧年限的 60％缩短折旧年限;也可采取双倍余额递减法或年数总和法等加速折旧方法。

8. 减计收入。企业综合利用资源,以《资源综合利用企业所得税优惠目录》规定的资源作为主要原材料,生产国家非限制和禁止并符合国家和行业相关标准的产品取得的收入,减按 90％计入收入总额。

9. 税额抵免。企业购置并实际使用环境保护、节能节水、安全生产等专用设备的,该专用设备的投资额的 10％可以从企业当年的应纳税额中抵免;当年不足抵免的,可以在以后 5 个纳税年度结转抵免。企业购置上述专用设备在 5 年内转让、出租的,停止享受企业所得税优惠,并补缴已经抵免的企业所得税税款。

企业所得税优惠目录,由国务院财政、税务主管部门商国务院有关部门制定,报国务院批准后公布施行。

企业同时从事适用不同企业所得税待遇的项目的,其优惠项目应当单独计算所得,并合理分摊企业的期间费用;没有单独计算的,不得享受企业所得税优惠。

任务二　企业所得税应纳税额的计算

一、应纳税所得额的确定

企业所得税的计税依据为应纳税所得额。应纳税所得额是指纳税人每一纳税年度的收

入总额,减除不征税收入、免税收入、各项扣除以及允许弥补的以前年度亏损后的余额,其计算公式为:

应纳税所得额＝收入总额—不征税收入—免税收入—各项扣除—允许弥补的以前年度亏损

(一) 收入总额

收入总额包括以货币形式和非货币形式从各种来源于取得的收入,具体有:

1. 销售货物收入,指企业销售商品、产品、原材料、包装物、低值易耗品以及其他存货取得的收入。

2. 提供劳务收入,指企业从事建筑安装、修理修配、交通运输、仓储租赁、金融保险、邮电通信、咨询经纪、文化体育、科学研究、技术服务、教育培训、餐饮住宿、中介代理、卫生保健、社区服务、旅游、娱乐、加工以及其他劳务服务活动取得的收入。

3. 转让财产收入,指企业转让固定资产、生物资产、无形资产、股权、债权等财产取得的收入。

4. 股息、红利等权益性投资收益,指企业因权益性投资从被投资方取得的收入,按照被投资方做出利润分配决定的日期确认收入的实现。

5. 利息收入,指企业将资金提供他人使用但不构成权益性投资,或者因他人占用本企业资金取得的收入,包括存款利息、贷款利息、债券利息、欠款利息等收入,按照合同约定的债务人应付利息的日期确认收入的实现。

6. 租金收入,指企业提供固定资产、包装物或者其他有形资产的使用权取得的收入,按照合同约定的承租人应付租金的日期确认收入的实现。

7. 特许权使用费收入,指企业提供专利权、非专利技术、商标权、著作权以及其他特许权的使用权取得的收入,按照合同约定的特许权使用人应付特许权使用费的日期确认收入的实现。

8. 接受捐赠收入,指企业接受的来自其他企业、组织或者个人无偿给予的货币性资产和非货币性资产,按照实际收到捐赠资产的日期确认收入的实现。

9. 其他收入,指企业取得的除上述各项收入外的其他收入,包括企业资产溢余收入、逾期不退的包装物押金收入、确实无法支付的应付款项、已作坏账损失处理后又收回的应收款项、债务重组收入、补贴收入、违约金收入、汇兑损益等。

企业的下列生产经营业务可以分期确认收入的实现:

(1) 以分期收款方式销售货物的,按照合同约定的收款日期确认收入的实现。

(2) 企业受托加工制造大型机械设备、船舶、飞机,以及从事建筑、安装、装配工程业务或者提供其他劳务等,持续时间超过 12 个月的,按照纳税年度内完工进度或者完成的工作量确认收入的实现。

(3) 采取产品分成方式取得收入的,按照企业分得产品的日期确认收入的实现,其收入额按照产品的公允价值确定。

(4) 企业发生非货币性资产交换,以及将货物、财产、劳务用于捐赠、偿债、赞助、集资、广告、样品、职工福利或者利润分配等用途的,应当视同销售货物、转让财产或者提供劳务,但国务院财政、税务主管部门另有规定的除外。

（二）不征税收入

企业的下列收入为不征税收入：

1. 财政拨款，是指各级人民政府对纳入预算管理的事业单位、社会团体等组织拨付的财政资金。但国务院和国务院财政、税务主管部门另有规定的除外。

2. 依法收取并纳入财政管理的行政事业性收费、政府性基金。行政事业性收费是指依照法律法规等有关规定，按照国务院规定程序批准，在实施社会公共管理，以及在向公民、法人或者其他组织提供特定公共服务过程中，向特定对象收取并纳入财政管理的费用。政府性基金是指企业依照法律、行政法规等有关规定，代政府收取的具有专项用途的财政资金。

3. 国务院规定的其他不征税收入，是指企业取得的，由国务院财政、税务主管部门规定专项用途并经国务院批准的财政性资金。

（三）免税收入

企业的下列收入为免税收入：

1. 国债利息收入。

2. 符合条件的居民企业之间的股息、红利等权益性投资收益，是指居民企业直接投资于其他居民企业取得的投资收益。

3. 在中国境内设立机构、场所的非居民企业从居民企业取得与该机构、场所有实际联系的股息、红利等权益性投资收益。所称股息、红利等权益性投资收益，不包括连续持有居民企业公开发行并上市流通的股票不足 12 个月取得的投资收益。

4. 符合条件的非营利组织的收入。

符合条件的非营利组织，是指同时符合下列条件的组织：

（1）依法履行非营利组织登记手续。

（2）从事公益性或者非营利性活动。

（3）取得的收入除用于与该组织有关的、合理的支出外，全部用于登记核定或者章程规定的公益性或者非营利性事业。

（4）财产及其孳息不用于分配。

（5）按照登记核定或者章程规定，该组织注销后的剩余财产用于公益性或者非营利性目的，或者由登记管理机关转赠给与该组织性质、宗旨相同的组织，并向社会公告。

（6）投入人对投入该组织的财产不保留或者享有任何财产权利。

（7）工作人员工资福利开支控制在规定的比例内，不变相分配该组织的财产。

非营利组织的认定管理办法由国务院财政、税务主管部门会同国务院有关部门制定。

（四）准予扣除项目

企业实际发生的与取得收入有关的、合理的支出，包括成本、费用、税金、损失和其他支出，准予在计算应纳税所得额时扣除。

1. 准予扣除项目的范围

（1）成本，是指企业在生产经营活动中发生的销售成本、销货成本、业务支出以及其他耗费。

（2）费用，是指企业在生产经营活动中发生的销售费用、管理费用和财务费用，已经计入成本的有关费用除外。

（3）税金，是指企业发生的除企业所得税和允许抵扣的增值税以外的各项税金及其附加。

（4）损失，是指企业在生产经营活动中发生的固定资产和存货的盘亏、毁损、报废损失，转让财产损失，呆账损失，坏账损失，自然灾害等不可抗力因素造成的损失以及其他损失。

（5）其他支出。

2. 准予扣除项目的标准

在计算应纳税所得额时，下列项目可按实际发生额或规定的标准扣除。

（1）工资、薪金支出

企业发生的合理工资薪金支出，可以据实扣除。工资、薪金，是指企业每一纳税年度支付给在本企业任职或者受雇的员工的所有现金形式或者非现金形式的劳动报酬，包括基本工资、奖金、津贴、补贴、年终加薪、加班工资，以及与任职或者受雇有关的其他支出。

合理工资薪金，是指企业按照股东大会、董事会、薪酬委员会或相关管理机构制定的工资薪金制度规定实际发放给员工的工资薪金。税务机关在对工资薪金进行合理性确认时，可按以下原则掌握：

① 企业制定了较为规范的员工工资薪金制度。

② 企业所制定的工资薪金制度符合行业及地区水平。

③ 企业在一定时期所发放的工资薪金是相对固定的，工资薪金的调整是有序进行的。

④ 企业对实际发放的工资薪金，已依法履行了代扣代缴个人所得税义务。

⑤ 有关工资薪金的安排，不以减少或逃避税款为目的。

（2）职工福利经费、工会经费、职工教育经费

企业发生的职工福利费支出，不超过工资薪金总额14%的部分，准予扣除。企业拨缴的职工工会经费支出，不超过工资薪金总额2%的部分，准予扣除。除国务院财政、税务主管部门另有规定外，企业发生的职工教育经费支出，不超过工资薪金总额2.5%的部分，准予扣除；超过部分，准予在以后纳税年度结转扣除。

（3）社会保险费

企业按照国务院有关主管部门或者省级人民政府规定的范围和标准为职工缴纳的基本养老保险费、基本医疗保险费、失业保险费、工伤保险费、生育保险费等基本社会保险费和住房公积金，准予扣除。

企业为其投资者或者职工支付的补充养老保险费、补充医疗保险费，在国务院财政、税务主管部门规定的范围和标准内，准予扣除。

除企业按照国家有关规定为特殊工种职工支付的人身安全保险费和国务院财政、税务主管部门规定可以扣除的其他商业保险费外，企业为其投资者或者职工支付的商业保险费，不得扣除。

企业参加财产保险，按照规定缴纳的保险费，准予扣除。

（4）借款费用

企业在生产经营活动中发生合理的不需要资本化的借款费用，准予扣除。其中企业在生产、经营活动中发生的利息费用，按下列规定扣除：

① 非金融企业向金融企业借款的利息支出、金融企业的各项存款利息支出和同业拆借利息支出、企业经批准发行债券的利息支出可据实扣除。

② 非金融企业向非金融企业借款的利息支出,不超过按照金融企业同期同类贷款利率计算的数额的部分可据实扣除,超过部分不许扣除。

【例 7—1】 某企业向银行借款 200 万元,利率 6%,同时向非银行金融机构借款 500 万元,利率 8%,利息均列支,计算多列利息数额。

【答案】 准予扣除利息支出 =(200+500)×6% = 42(万元)

多列利息支出 = 200×6%+500×8%−42 = 10(万元)

企业为购置、建造固定资产、无形资产和经过 12 个月以上的建造才能达到预定可销售状态的存货发生借款的,在有关资产购建、建造期间发生的合理的借款费用,应作为资本性支出计入有关资产的成本,不得在发生当期直接扣除。有关资产交付使用后发生的借款费用,在发生当期准予扣除。

【例 7—2】 2008 年度,某企业财务费用累计 30 万元,其中因扩建厂房向银行借款而发生的利息 10 万元。扩建厂房工程 2008 年底尚未完工。分析该企业 2008 年允许扣除的财务费用金额。

【答案】 准予扣除的财务费用 = 30−10 = 20(万元)

(5)汇兑损失

企业在货币交易中,以及纳税年度终了将人民币以外的货币性资产、负债按照期末即期人民币汇率中间价折算为人民币时产生的汇兑损失,除已经计入有关资产成本以及与向所有者进行利润分配相关的部分外,准予扣除。

(6)业务招待费支出

企业发生的与生产经营活动有关的业务招待费支出,凭有效凭证和资料,按照发生额的 60% 扣除,但最高不得超过当年销售(营业)收入的 5‰。

【例 7—3】 某企业全年销售净额 7 200 万元,全年发生业务招待费 90 万元,计算准予扣除的业务招待费。

【答案】 业务招待费扣除限额 = 7 200×5‰ = 36(万元)

准予扣除业务招待费 = 90×60% = 54(万元)

该企业当年可以扣除的业务招待费为 36 万元。

(7)广告费和业务宣传费

企业发生的符合条件的广告费和业务宣传费支出,除国务院财政、税务主管部门另有规定外,不超过当年销售(营业)收入 15% 的部分,准予扣除;超过部分,准予在以后纳税年度结转扣除。

【例 7—4】 某家电企业年销售收入 1 000 万元,全年列支的广告费支出为 200 万元,其他业务宣传费支出 10 万元。计算当年准予扣除的广告费和业务宣传费。

【答案】 当年准予扣除的广告费和业务宣传费 = 1 000×15% = 150(万元)

多列支广告费和业务宣传费 =(200+10)−150 = 60(万元)

多列支的 60 万元广告费可以结转以后年度扣除。

(8)环境保护专项资金

企业依照法律、行政法规有关规定提取的用于环境保护、生态恢复等方面的专项资金,准予扣除。但提取后又改变用途的,不得扣除,已扣除的应计入当期的应纳税所得额。

(9)租赁费

企业根据生产经营经营活动的需要租入固定资产支付的租赁费,按照以下方法扣除:

① 以经营租赁方式租入固定资产发生的租赁费支出,按照租赁期限均匀扣除。

② 以融资租赁方式租入固定资产发生的租赁费支出,按照规定构成融资租入固定资产价值的部分应当提取折旧费用,分期扣除。但承租方支付的手续费,以及固定资产安装交付使用后的利息等,可在支付时直接扣除。

(10)公益性捐赠支出

公益性捐赠,是指企业通过公益性社会团体或者县级以上人民政府及其部门,用于《中华人民共和国公益事业捐赠法》规定的公益事业的捐赠。

企业发生的公益性捐赠支出,不超过年度利润总额12%的部分,准予扣除。

(11)劳动保护费

企业发生的合理的劳动保护支出,准予扣除。

(12)总机构管理费

企业之间支付的管理费、企业内营业机构之间支付的租金和特许权使用费,以及非银行企业内营业机构之间支付的利息,不得扣除。

非居民企业在中国境内设立的机构、场所,就其中国境外总机构发生的与该机构、场所生产经营有关的费用,能够提供总机构出具的费用汇集范围、定额、分配依据和方法等证明文件,并合理分摊的,准予扣除。

(13)有关资产的费用

企业转让各类固定资产发生的费用,允许扣除。企业按规定计算的固定资产折旧费、无形资产和递延资产的摊销费,准予扣除。

(14)资产损失

企业当期发生的固定资产和流动资产盘亏、毁损净损失,由其提供清查盘存资料经主管税务机关审核后,准予扣除;企业因存货盘亏、毁损、报废等原因不得从销项税金中抵扣的进项税金,应视同企业财产损失,准予与存货损失一起在所得税前按规定扣除。

(15)依照有关法律、行政法规和国家有关税法规定准予扣除的其他项目。

(五)不得扣除项目的确定

在计算应纳税所得额时,下列项目不得扣除:

1. 向投资者支付的股息、红利等权益性投资收益款项。

2. 企业所得税税款。

3. 税收滞纳金,是指纳税人违反税收法规,被税务机关处以的滞纳金。

4. 罚金、罚款和被没收财物的损失,是指纳税人违反国家有关法律、法规,被有关部门处以的罚金、罚款,以及被没收财物的损失。

5. 超过国家规定允许扣除的公益性捐赠。

6. 赞助支出,是指企业发生的与生产经营活动无关的各种非广告性质支出。

7. 未经核定的准备金支出,是指不符合国务院财政、税务主管部门规定的各项资产减值准备、风险准备等准备金支出。

8. 与取得收入无关的其他支出。

（六）亏损弥补

亏损，是指企业依照《中华人民共和国企业所得税法》及其暂行条例的规定，将每一纳税年度的收入总额减除不征税收入、免税收入和各项扣除后小于零的数额。

企业纳税年度发生的亏损，可以用以后年度的所得弥补，但延续弥补年限最长不得超过五年。自亏损次年起，不论是盈利或亏损，都连续 5 年不间断地计算。连续发生年度亏损时，也必须从第一个亏损年度算起，先亏先补。企业发生年度亏损，必须在年度终了后 45 天内，将本年度纳税申报表和财务决算报表，报送当地主管税务机关，主管税务机关依法认真审核，以确保税前弥补数额的准确。

企业境外业务同一国家之间的业务的盈亏可以互相弥补，但企业境内外之间的盈亏不得相互弥补。

【例 7 - 5】 某企业 2002 年至 2008 年度的盈亏情况如表 7 - 1 所列，试分析企业亏损弥补的方法。

表 7 - 1　2002 年至 2008 年度盈亏情况表

年度	2002	2003	2004	2005	2006	2007	2008
应税所得（万元）	-150	-70	20	30	40	50	90

【答案】 该企业 2002 年度亏损 150 万元，按照税法可以申请用 2003～2007 年度的应税所得弥补。虽然该企业 2003 年也发生了亏损，但仍应作为计算 2002 年度亏损弥补的第一年。所以，2002 年度的亏损实际上是用 2004～2007 年度的应税所得 140 万元来弥补，尚未弥补完的 10 万元亏损不能再用以后年度的税前利润弥补。2003 年的亏损 70 万元按税法可以申请用 2004～2008 年度的应税所得弥补，由于 2003～2007 年度的所得已用于弥补 2002 年的亏损，所以 2003 年度的亏损只能用 2008 年度的所得弥补。2008 年应税所得 90 万元，其中 70 万元用于弥补 2003 年度的亏损，剩余的 20 万元应按税法规定缴纳企业所得税。

二、资产的税务处理

企业的各项资产，包括固定资产、生物资产、无形资产、长期待摊费用、投资资产、存货等，以历史成本为计税基础。

企业持有各项资产期间资产增值或者减值，除国务院财政、税务主管部门规定可以确认损益外，不得调整该资产的计税基础。

（一）固定资产的税务处理

固定资产，是指企业为生产产品、提供劳务、出租或者经营管理而持有的、使用时间超过 12 个月的非货币性资产，包括房屋、建筑物、机器、机械、运输工具以及其他与生产经营活动有关的设备、器具、工具等。

未作为固定资产管理的工具、器具等作为低值易耗品,可以一次或分次扣除。

1. 固定资产的计税基础

(1) 外购的固定资产,以购买价款和支付的相关税费以及直接归属于使该资产达到预定用途发生的其他支出(如包装费、运杂费、安装费)为计税基础。

(2) 自行建造的固定资产,以竣工结算前发生的支出为计税基础。

(3) 融资租入的固定资产,以租赁合同约定的付款总额和承租人在签订租赁合同过程中发生的相关费用为计税基础,租赁合同未约定付款总额的,以该资产的公允价值和承租人在签订租赁合同过程中发生的相关费用为计税基础。

(4) 盘盈的固定资产,以同类固定资产的重置完全价值为计税基础。

(5) 通过捐赠、投资、非货币性资产交换、债务重组等方式取得的固定资产,以该资产的公允价值和支付的相关税费为计税基础。

(6) 改建的固定资产,除已足额提取折旧的固定资产改建支出和租入固定资产的改建支出外,以改建过程中发生的改建支出增加计税基础。

2. 固定资产的折旧范围

计算应纳税所得额时,企业按照规定计算的固定资产折旧,准予扣除。下列固定资产不得计算折旧扣除:

(1) 房屋、建筑物以外未投入使用的固定资产。

(2) 以经营租赁方式租入的固定资产。

(3) 以融资租赁方式租出的固定资产。

(4) 已足额提取折旧仍继续使用的固定资产。

(5) 与经营活动无关的固定资产。

(6) 单独估价作为固定资产入账的土地。

(7) 其他不得计算折旧扣除的固定资产。

3. 提取折旧的方法

(1) 固定资产按照直线法计算的折旧,准予扣除。

(2) 企业的固定资产应当从投入使用月份的次月起计提折旧;停止使用的固定资产,应当从停止使用月份的次月起停止计提折旧。

(3) 企业应当根据固定资产的性质和使用情况,合理确定固定资产的预计净残值。固定资产的预计净残值一经确定,不得变更。

4. 固定资产计提折旧的年限

除国务院财政、税务主管部门另有规定外,固定资产计算折旧的最低年限如下:

(1) 房屋、建筑物,为 20 年。

(2) 飞机、火车、轮船、机器、机械和其他生产设备,为 10 年。

(3) 与生产经营活动有关的器具、工具、家具等,为 5 年。

(4) 飞机、火车、轮船以外的运输工具,为 4 年。

(5) 电子设备,为 3 年。

【例 7-6】 公司 10 月投入使用生产设备一台,价值 120 万元,残值率 5%。为加速折旧,企业将折旧年限定为 5 年,而税法规定为 10 年。

【答案】 准许扣除的折旧＝120×(1－5％)÷10＝11.4(万元)

实际提取折旧＝120×(1－5％)÷5＝22.8(万元)

应调增应纳税所得额＝22.8－11.4＝11.4(万元)

(二) 生产性生物资产的税务处理

生产性生物资产是指企业为生产农产品、提供劳务或者出租等而持有的生物资产,包括经济林、薪炭林、产畜和役畜等。

1. 生产性生物资产的计税基础

(1) 外购的生产性生物资产,以购买价款和支付的相关税费为计税基础。

(2) 通过捐赠、投资、非货币性资产交换、债务重组等方式取得的生产性生物资产,以该资产的公允价值和支付的相关税费为计税基础。

2. 生产性生物资产的折旧

(1) 生产性生物资产按照直线法计算的折旧,准予扣除。

(2) 企业应当自生产性生物资产投入使用月份的次月起计算折旧;停止使用的生产性生物资产,应当自停止使用月份的次月起停止计算折旧。

(3) 企业应当根据生产性生物资产的性质和使用情况,合理确定生产性生物资产的预计净残值。生产性生物资产的预计净残值一经确定,不得变更。

(4) 生产性生物资产的最低折旧年限:

① 林木类生产性生物资产,为 10 年。

② 畜类生产性生物资产,为 3 年。

(三) 无形资产的税务处理

无形资产是指企业为生产产品、提供劳务、出租或者经营管理而持有的、没有实物形态的非货币性长期资产,包括专利权、商标权、著作权、土地使用权、非专利技术、商誉等。

1. 无形资产的计税基础

(1) 外购的无形资产,以购买价款和支付的相关税费以及直接归属于使该资产达到预定用途发生的其他支出为计税基础。

(2) 自行开发的无形资产,以开发过程中该资产符合资本化条件后至达到预定用途前发生的支出为计税基础。

(3) 通过捐赠、投资、非货币性资产交换、债务重组等方式取得的无形资产,以该资产的公允价值和支付的相关税费为计税基础。

2. 无形资产的摊销范围

计算应纳税所得额时,企业按照规定计算的无形资产摊销费用,准予扣除。下列无形资产不得计算摊销费用扣除:

(1) 自行开发的支出已在计算应纳税所得额时扣除的无形资产。

(2) 自创商誉。

(3) 与经营无关的无形资产。

3. 无形资产摊销方法和年限

(1) 无形资产按照直线法计算的摊销费用,准予扣除。

（2）无形资产的摊销年限不得低于 10 年。

（3）作为投资或者受让的无形资产，有关法律规定或者合同约定了使用年限的，可以按照规定或者约定的使用年限分期摊销。

（4）外购商誉的支出，在企业整体转让或者清算时，准予扣除。

（四）长期待摊费用的税务处理

1. 长期待摊费用的范围

长期待摊费用是指企业发生的摊销期限在 1 年以上的费用。在计算应纳税所得额时，企业发生的下列支出作为长期待摊费用，按照规定摊销的，准予扣除。

（1）已足额提取折旧的固定资产的改建支出。

（2）租入固定资产的改建支出。

（3）固定资产的大修理支出。

（4）其他应当作为长期待摊费用的支出。

固定资产的改建支出，是指改变房屋或者建筑物结构、延长使用年限等发生的支出。

固定资产的大修理支出，是指同时符合下列条件的支出：

（1）修理支出达到取得固定资产时的计税基础 50％以上。

（2）修理后固定资产的使用年限延长 2 年以上。

2. 长期待摊费用的摊销

（1）已足额提取折旧的固定资产的改建支出，按照固定资产预计尚可使用年限分期摊销。

（2）租入固定资产的改建支出，按照合同约定的剩余租赁期限分期摊销。

（3）固定资产的大修理支出，按照固定资产尚可使用年限分期摊销。

（4）其他应当作为长期待摊费用的支出，自支出发生月份的次月起，分期摊销，摊销年限不得低于 3 年。

（五）投资资产的税务处理

投资资产是指企业对外进行权益性投资和债权性投资形成的资产。

1. 投资资产的成本

投资资产按照以下方法确定成本：

（1）通过支付现金方式取得的投资资产，以购买价款为成本。

（2）通过支付现金以外的方式取得的投资资产，以该资产的公允价值和支付的相关税费为成本。

2. 投资资产成本的扣除方法

企业对外投资期间，投资资产的成本在计算应纳税所得额时不得扣除，企业在转让或者处置投资资产时，投资资产的成本，准予扣除。

（六）存货的税务处理

存货是指企业持有以备出售的产品或者商品、处在生产过程中的在产品、在生产或者提供劳务过程中耗用的材料和物料等。

1. 存货的计税基础

（1）通过支付现金方式取得的存货，以购买价款和支付的相关税费为成本。

（2）通过支付现金以外的方式取得的存货，以该存货的公允价值和支付的相关税费为成本。

（3）生产性生物资产收获的农产品，以产出或者采收过程中发生的材料费、人工费和分摊的间接费用等必要支出为成本。

2. 存货的计算方法

企业使用或者销售的存货的成本计算方法，可以在先进先出法、加权平均法、个别计价法中选用一种。计价方法一经选用，不得随意变更。

三、应纳所得税额的计算

（一）查账征收所得税应纳税额的计算

1. 平时预缴所得税额的计算

企业所得税实行按年计征、分期预缴、年终汇算清缴、多退少补的办法。实行查账征收方式申报企业所得税的居民纳税人及在中国境内设立机构的非居民纳税人在月（季）度预缴企业所得税时可采用以下方法计算缴纳。

（1）按会计利润预缴

月（季）预缴税额＝企业利润总额×适用税率－减免所得税额－已累计预缴的所得税额

企业利润总额是指纳税人按会计制度核算的利润总额。平时预缴时，先按会计利润计算，暂不作纳税调整，待会计年度终了再作纳税调整。

减免所得税额是指纳税人当期实际享受的减免所得税额，包括享受减免税优惠过渡期的税收优惠、小型微利企业的税收优惠、高新技术企业的税率优惠以及经税务机关审批或备案的其他减免税优惠。

（2）按上一年度应纳税所得额的平均额预缴

月（季）预缴税额＝上年应纳税所得额×1/12（或 1/4）×适用税率

除了上述两种方法计算预缴所得税外，还可以采用税务机关确定的其他方法。

2. 年终汇算清缴的所得税的计算

全年应纳所得税额＝全年应纳税所得额×适用税率

多退少补所得税额＝全年应纳所得税额－月（季）已预缴所得税额

【例 7-7】 经税务机关核定，某企业上年度生产经营情况为：产品销售收入 3 000 万元，清理固定资产盘盈收入 30 万元，销售成本 2 600 万元，销售费用 100 万元，缴纳增值税 50 万元，缴纳消费税、城建税和教育费附加等 40 万元，发生财务费用 60 万元，发生管理费用 18 万元（其中业务招待费 15 万元）。根据上述资料，计算该企业上年度应纳企业所得税额。

【答案】 （1）收入总额＝3 000＋30＝3 030（万元）

（2）业务招待费的扣除限额＝3 000×5‰＝15（万元）

准予扣除的业务招待费＝15×60%＝9（万元）

（3）应纳税所得额＝3 000＋30－2 600－100－40－60－[18－（15－9）]＝221（万元）

（4）应纳税额＝221×25%＝55.25（万元）

【例7-8】 某国有企业2010年亏损100万元,2011年实现利润300万元,经查实,该企业购买国债利息收入20万元列入投资收益,被工商部门罚款5万元列入营业外支出,擅自多提折旧30万元,其2011年1~12月已预缴企业所得税28万元。已知企业所得税税率为25%。计算该企业年终汇算清缴时应补交的企业所得税税额。

【答案】 (1) 纳税调整增加额＝5＋30＝35(万元)

(2) 纳税调整减少额＝100＋20＝120(万元)

(3) 应纳税所得额＝300＋35－120＝215(万元)

(4) 全年应纳税额＝215×25%＝53.75(万元)

(5) 应补交所得税税额＝53.75－28＝25.75(万元)

【例7-9】 某企业2011年经营情况如下:

(1) 销售收入5 000万,销售成本3 000万,缴纳增值税700万,缴纳消费税、城建税、教育附加费共100万。

(2) 销售费用500万,其中含广告费400万。

(3) 管理费用500万,其中研发费用100万元。

(4) 财务费用100万,其中含非金融机构借款50万,年息为10%(银行同期存款利率为6%)。

(5) 营业外支出200万,其中公益性捐赠100万,企业所得税税率为25%。要求:计算该企业当年应纳所得税额。

【答案】 利润总额＝5 000－3 000－100－500－500－200－100＝600(万元)

纳税调整:

(1) 广告扣除限额＝5 000×15%＝750(万元)(不需调整)

(2) 研发费用扣除限额＝100×150%＝150(万元)

少列费用:150－100＝50(万元)　(调减)

(3) 财务费用扣除限额＝50×6%＝3(万元)

多列费用:50×10%－3＝2(万元)(调增)

(4) 捐赠扣除限额＝600×12%＝72(万元)

多列费用:100－72＝28(万元)(调增)

应纳税所得额＝600－50＋2＋28＝580(万元)

应纳所得税额＝580×25%＝145(万元)

(二)核定征收所得税应纳税额的计算

如果企业不能提供完整、准确的收入和成本费用核算资料,不能正确计算应纳税所得额,为了保证国家的税收收入,税务机关将按规定采用核定征收的方式征收企业所得税。

1. 核定征收的范围

纳税人有下列情形之一的,应采取核定征收方式征收企业所得税:

(1) 依照法律、行政法规的规定可以不设置账簿的。

(2) 依照法律、行政法规的规定应当设置但未设置账簿的。

(3) 擅自销毁账簿或者拒不提供纳税资料的。

(4) 虽设置账簿,但账目混乱或者成本资料、收入凭证、费用凭证残缺不全,难以查账的。

（5）发生纳税义务，未按照规定的期限办理纳税申报，经税务机关责令限期申报，逾期仍不申报的。

（6）申报的计税依据明显偏低，又无正当理由的。

2. 核定征收的方式

核定征收方式包括定额征收和核定应税所得率征收。

（1）核定应纳所得税额

核定应纳所得税额是指税务机关按照一定的标准、程序和方法，直接核定纳税人年度应纳企业所得税额，由纳税人按规定进行申报缴纳的办法。

（2）核定应税所得率

核定应税所得率是指税务机关按照一定的标准、程序和方法，预先核定纳税人的应税所得率，由纳税人根据纳税年度内的收入总额或成本费用等项目的实际发生额，按预先核定的应税所得率（见表7-2）计算缴纳企业所得税的办法。实行核定应税所得率征收办法的，应纳所得税额的计算公式为：

应纳所得税额＝应纳税所得额×适用税率

应纳税所得额＝收入总额×应税所得率

或

应纳税所得额＝成本费用支出额÷（1－应税所得率）×应税所得率

表7-2 应税所得率表

行 业	应税所得率
农、林、牧、渔业	3%～10%
制造业	5%～15%
批发和零售贸易业	4%～15%
交通运输业	7%～15%
建筑业	8%～20%
饮食业	8%～25%
娱乐业	15%～30%
其他行业	10%～30%

【例7-10】 某商品生产企业全年收入总额为20万元，成本费用则不清楚，核定应税所得率为7%，适用所得税税率为20%，计算该企业应纳企业所得税额。

【答案】 应纳税额＝20×7%×20%＝0.28（万元）

四、境外所得已纳税额的抵免

纳税人来源于我国境外的所得，在境外实际缴纳的所得税款，准予在汇总纳税时，从其应纳税额中抵免。但抵免限额不得超过其境外所得按我国企业所得税规定计算的应纳税额。

（一）可抵免的外国税收范围

企业取得的下列所得已在境外缴纳的所得税税额，汇总缴纳时，可以从其当期应纳税额中抵免：

1. 居民企业来源于中国境外的应税所得。

2. 非居民企业在中国境内设立机构、场所，取得发生在中国境外但与该机构、场所有实际联系的应税所得。

已在境外缴纳的所得税额，是指企业来源于中国境外税收法律以及相关规定应当缴纳并且已经实际缴纳的企业所得税性质的税款。

（二）税收抵免的限额

抵免限额，是指企业来源于中国境外的所得，依据企业所得税法和本条例的计算出的应纳税额。除国务院财政、税务主管部门另有规定外，该抵免限额应当分国（地区）不分项计算，计算公式为：

税收抵免限额＝境内、境外所得按税法计算的应纳税总额×（来源于某国的所得额÷境内、境外所得总额）

（三）抵免不足部分的处理

纳税人来源于境外所得实际缴纳的所得税款，如果低于按规定计算出的扣除限额，可以从应纳税额中如数扣除其在境外实际缴纳的所得税税款；如果超过扣除限额，其超过部分不得在本年度作为税额扣除，也不得列为费用支出，但可以用以后年度税额扣除不超过限额的余额补扣，补扣期限最长不得超过 5 年。

【例 7-11】 我国某公司当年其境内应纳税所得额为 300 万元，该公司适用 25％的所得税税率，其在 A 国分支机构取得的应纳税所得额为 100 万元，A 国所得税税率为 20％，已在 A 国缴纳 20 万元税款；在 B 国分支机构取得的应纳税所得额为 100 万元，B 国所得税税率 30％，已在 B 国缴纳 30 万元税款。假设 A、B 两国分支机构按国内税法计算的应纳税所得额与国外的一致，问其向我国税务机关如何纳税？

【答案】 （1）按我国税法计算境内、境外所得应缴纳的税款：

应纳税额＝（300＋100＋100）×25％＝125（万元）

（2）计算 A、B 两国扣除限额：

A 国扣除限额＝（300＋100＋100）×25％×100÷500＝25（万元）

B 国扣除限额＝（300＋100＋100）×25％×100÷500＝25（万元）

（3）计算该公司实际向我国税务机关缴纳的税款：

实际应纳税额＝125－20－25＝80（万元）

任务三 企业所得税的会计核算

一、会计科目的设置

1. "所得税费用"科目，核算企业按规定从当期损益中扣除的所得税费用，借方反映当期所得税费用，贷方反映当期结转的所得税费用。本科目结转后期末无余额。

2. "应交税费——应交所得税"科目,核算企业按税法规定计算应交所得税。贷方反映实际应纳所得税,借方反映实际已纳所得税,余额反映欠交所得税。

3. "递延所得税资产"科目,核算企业确认的可抵扣暂时性差异产生的递延所得税资产。根据税法规定可用以后年度税前利润弥补的亏损及税款抵减产生的所得税资产,也在本科目核算。借方反映确认的各类递延所得税资产,贷方反映当企业确认递延所得税资产的可抵扣暂时性差异情况发生回转时转回的所得税影响额,余额反映尚未转回的递延所得税资产。

4. "递延所得税负债"科目,核算企业由于应税暂时性差异确认的递延所得税负债。贷方反映确认的各类递延所得税负债,借方反映当企业确认递延所得税负债的应税暂时性差异情况发生回转时转回的所得税影响额,余额反映尚未转回的递延所得税负债。

二、会计处理

(一)当期所得税费用的会计处理

【例7-12】 某企业本年度利润总额400万元,无应纳税暂时性差异和可抵扣暂时性差异,适用的所得税税率为25%。则会计处理如下:

(1)计算应缴所得税时

借:所得税费用 1 000 000

　　贷:应交税费——应交所得税 1 000 000

(2)实际缴纳所得税时

借:应交税费——应交所得税 1 000 000

　　贷:银行存款 1 000 000

(二)应纳税暂时性差异的会计处理

【例7-13】 某企业2010年12月31日购入价值5 000万元的设备。预计使用年限5年,无残值。会计规定采用直线法计提折旧,税法规定采用双倍余额递减法计提折旧。2011年度的利润总额为11 000万元,适用税率为25%。则2011年的有关所得税的会计处理:

2011年年末该设备的账面价值=5 000-1 000=4 000(万元)

2011年年末该设备的计税基础=5 000-2 000=3 000(万元)

则产生1000万元的应纳税暂时性差异

借:所得税费用 2 750万

　　贷:应交税费——应交所得税 2 500万

　　　　递延所得税负债 250万

(三)可抵扣暂时性差异的会计处理

【例7-14】 某企业2010年12月31日购入价值5 000万元的设备。预计使用年限5年,无残值。会计规定采用双倍余额递减法计提折旧,税法规定直线法采用计提折旧。2011年度的利润总额为11 000万元,适用税率为25%。则2011年的有关所得税的会计处理:

2011年年末该设备的账面价值=5 000-2 000=3 000(万元)

2011年年末该设备的计税基础=5 000-1 000=4 000(万元)

则产生 1000 万元的可抵扣暂时性差异

借：所得税费用　　　　　　2 750 万

　　递延所得税资产　　　　　250 万

　　贷：应交税费——应交所得税　　　3 000 万

（四）亏损弥补的所得税会计处理

【例 7 - 15】　企业在 2009～2012 年每年应税收益分别为：－100 万元、40 万元、20 万元、50 万元，适用税率始终为 25％，假设无其他暂时性差异。则有关所得税的会计处理如下：

2009 年确认递延所得税资产时：

借：递延所得税资产　　　　250 000

　　贷：所得税费用　　　　　　　　250 000

2010 年递延所得税资产转回时：

借：所得税费用　　　　　　100 000

　　贷：递延所得税资产　　　　　　100 000

2011 年递延所得税资产转回时：

借：所得税费用.　　　　　　50 000

　　贷：递延所得税资产　　　　　　50 000

2012 年递延所得税资产转回时：

借：所得税费用　　　　　　100 000

　　贷：递延所得税资产　　　　　　100 000

借：所得税费用　　　　　25 000

　　贷：应交税费——应交所得税　　　25 000

任务四　企业所得税纳税申报缴纳

一、征收方式

企业所得税征收方式有两种，一种是查账征收，另一种是核定征收。核定征收又分为核定应纳所得税额和核定应税所得率两种方式。

企业所得税征收方式鉴定工作每年进行一次，时间为当年的 1～3 月底。当年新办企业应在领取税务登记证后 3 个月内鉴定完毕。企业所得税征收方式一经确定，一般在一个纳税年度内不做变更。

企业在每年第一季度应填列"企业所得税征收方式鉴定表"一式三份，报主管税务机关审核，以确定其企业所得税的征收方式。

二、纳税期限

（一）纳税年度

企业所得税按纳税年度计算。纳税年度自公历 1 月 1 日起至 12 月 31 日止。

企业在一个纳税年度中间开业，或者终止经营活动，使该纳税年度的实际经营期不足 12 个月的，应当以其实际经营期为 1 个纳税年度。

企业依法清算时，应当以清算期间作为 1 个纳税年度。企业应当在办理注销登记前，就其清算所得向税务机关申报并依法缴纳企业所得税。

（二）预缴和汇算清缴

企业所得税分月（季）预缴，由税务机关具体核定。

企业应当自月（季）度终了之日起 15 日内，向税务机关报送预缴企业所得税纳税申报表，预缴税款。

企业应当自年度终了之日起 5 个月内，向税务机关报送年度企业所得税纳税申报表，并汇算清缴，结清应缴应退税款。

三、纳税地点

除税收法律、行政法规另有规定外，居民企业以企业登记注册地为纳税地点；但登记注册地在境外的，以实际管理机构所在地为纳税地点。

居民企业在中国境内设立不具有法人资格的营业机构的，应当汇总计算并缴纳企业所得税。

非居民企业在中国境内设立机构、场所的，其所设机构、场所取得的来源于中国境内的所得，以及发生在中国境外但与其所设机构、场所有实际联系的所得，以机构、场所所在地为纳税地点。非居民企业在中国境内设立两个或者两个以上机构、场所的，经税务机关审核批准，可以选择由其主要机构、场所汇总缴纳企业所得税。

非居民企业在中国境内未设立机构、场所的，或者虽设立机构、场所但取得的所得与其所设机构、场所没有实际联系的，其来源于中国境内的所得，以扣缴义务人所在地为纳税地点。

四、纳税申报

1. 月（季）度申报，按月（季）预缴的，应当自月份或者季度终了之日起 15 日内，向税务机关报送预缴企业所得税纳税申报表，预缴税款。

2. 年度申报，企业应当自年度终了之日起 5 个月内，报送年度企业所得税纳税申报表，并汇算清缴，结清应缴应退税款。

3. 清算所得申报，对企业进行清算的，要以企业宣布清算之日视同企业终止经营，以清算期间单独作为一个纳税年度，在办理注销登记前，就其清算所得向税务机关申报纳税。如表 7-3 和表 7-4 所列。

表 7-3　中华人民共和国企业所得税年度纳税申报表（A 类）

税款所属期间：　　　年　月　日至　　年　月　日

纳税人名称：

纳税人识别号：□□□□□□□□□□□□□□□　　　　　　金额单位：元（列至角分）

类别	行次	项目	金额
利润总额计算	1	一、营业收入（填附表一）	
	2	减：营业成本（填附表二）	
	3	营业税金及附加	
	4	销售费用（填附表二）	
	5	管理费用（填附表二）	
	6	财务费用（填附表二）	
	7	资产减值损失	
	8	加：公允价值变动收益	
	9	投资收益	
	10	二、营业利润	
	11	加：营业外收入（填附表一）	
	12	减：营业外支出（填附表二）	
	13	三、利润总额（10＋11－12）	
应纳税所得额计算	14	加：纳税调整增加额（填附表三）	
	15	减：纳税调整减少额（填附表三）	
	16	其中：不征税收入	
	17	免税收入	
	18	减计收入	
	19	减、免税项目所得	
	20	加计扣除	
	21	抵扣应纳税所得额	
	22	加：境外应税所得弥补境内亏损	
	23	纳税调整后所得（13＋14－15＋22）	
	24	减：弥补以前年度亏损（填附表四）	
	25	应纳税所得额（23－24）	

续表 7 - 3

类别	行次	项目	金额
应纳税额计算	26	税率(25%)	
	27	应纳所得税额(25×26)	
	28	减:减免所得税额(填附表五)	
	29	减:抵免所得税额(填附表五)	
	30	应纳税额(27-28-29)	
	31	加:境外所得应纳所得税额(填附表六)	
	32	减:境外所得抵免所得税额(填附表六)	
	33	实际应纳所得税额(30+31-32)	
	34	减:本年累计实际已预缴的所得税额	
	35	其中:汇总纳税的总机构分摊预缴的税额	
	36	汇总纳税的总机构财政调库预缴的税额	
	37	汇总纳税的总机构所属分支机构分摊的预缴税额	
	38	合并纳税(母子体制)成员企业就地预缴比例	
	39	合并纳税企业就地预缴的所得税额	
	40	本年应补(退)的所得税额(33-34)	
附列资料	41	以前年度多缴的所得税额在本年抵减额	
	42	上年度应缴未缴在本年入库所得税额	

纳税人公章: 经办人: 申报日期:年月日	代理申报中介机构公章: 经办人及执业证件号码: 代理申报日期: 年 月 日	主管税务机关受理专用章: 受理人: 受理日期:年月日

填报说明:

一、适用范围

本表适用于实行查账征收的企业所得税居民纳税人(以下简称纳税人)填报。

二、填报依据及内容

根据《中华人民共和国企业所得税法》及其实施条例、相关税收政策,以及国家统一会计制度(企业会计制度、企业会计准则、小企业会计制度、分行业会计制度、事业单位会计制度和民间非营利组织会计制度)的规定,填报计算纳税人利润总额、应纳税所得额、应纳税额和附列资料等有关项目。

三、有关项目填报说明

(一)表头项目

1.“税款所属期间”:正常经营的纳税人,填报公历当年 1 月 1 日至 12 月 31 日;纳税人年度中间开业的,填报实际生产经营之日的当月 1 日至同年 12 月 31 日;纳税人年度中间发生合并、分立、破产、停业等情况的,填报公历当年1月1日至实际停业或法院裁定并宣告破产之日的当月月末;纳税人年度中间开业且年度中间又发生合并、分立、破产、停业等情况的,填报实际生产经营之日的当月1日至实际停业或法院裁定并宣告破产之日的当月月末。

2."纳税人识别号":填报税务机关统一核发的税务登记证号码。

3."纳税人编码":填报地税机关核发的纳税人编码号码。

4."纳税人名称":填报税务登记证所载纳税人的全称。

(二)表体项目

本表是在企业会计利润总额的基础上,加减纳税调整额后计算出"纳税调整后所得"(应纳税所得额)。会计与税法的差异(包括收入类、扣除类、资产类等差异)通过纳税调整明细表(附表三)集中体现。

本表包括利润总额的计算、应纳税所得额的计算、应纳税额的计算和附列资料四个部分。

1."利润总额的计算"中的项目,按照国家统一会计制度口径计算填报。实行企业会计准则的纳税人,其数据直接取自损益表;实行其他国家统一会计制度的纳税人,与本表不一致的部分,按照其利润表项目进行分析填报。

利润总额部分的收入、成本、费用明细项目,一般工商企业纳税人,通过附表一(1)《收入明细表》和附表二(1)《成本费用明细表》相应栏次填报;金融企业纳税人,通过附表一(2)《金融企业收入明细表》、附表二(2)《金融企业成本费用明细表》的相应栏次填报;事业单位、社会团体、民办非企业单位、非营利组织等纳税人,通过附表一(3)《事业单位、社会团体、民办非企业单位收入项目明细表》和附表一(3)《事业单位、社会团体、民办非企业单位支出项目明细表》相应栏次填报。

2."应纳税所得额的计算"和"应纳税额的计算"中的项目,除根据主表逻辑关系计算出的指标外,通过附表相应栏次填报。

3."附列资料"填报用于税源统计分析的上一年度税款在本纳税年度抵减或入库金额。

(三)行次说明

1.第1行"营业收入":填报纳税人主要经营业务和其他业务取得的收入总额。本行根据"主营业务收入"和"其他业务收入"科目的数额计算填报。一般工商企业纳税人,通过附表一(1)《收入明细表》计算填列;金融企业纳税人,通过附表一(2)《金融企业收入明细表》计算填列;事业单位、社会团体、民办非企业单位、非营利组织等纳税人,通过附一(3)《事业单位、社会团体、民办非企业单位收入明细表》计算填报。

2.第2行"营业成本"项目,填报纳税人经营主要业务和其他经营业务发生的成本总额。本行根据"主营业务成本"和"其他业务成本"科目的数额计算填报。一般工商企业纳税人,通过附表二(1)《成本费用明细表》计算填报;金融企业纳税人,通过附表二(2)《金融企业成本费用明细表》计算填报;事业单位、社会团体、民办非企业单位、非营利组织等纳税人,通过附表一(3)《事业单位、社会团体、民办非企业单位收入明细表》和附表二(3)《事业单位、社会团体、民办非企业单位支出明细表》计算填报。

3.第3行"营业税金及附加":填报纳税人经营活动发生的营业税、消费税、城市维护建设税、资源税、土地增值税和教育费附加等相关税费。本行根据"营业税金及附加"科目的数额计算填报。

4. 第4行"销售费用"：填报纳税人在销售商品和材料、提供劳务的过程中发生的各种费用。本行根据"销售费用"科目的数额分析填报。

5. 第5行"管理费用"：填报纳税人为组织和管理生产经营发生的管理费用。本行根据"管理费用"科目的数额分析填报。

6. 第6行"财务费用"：填报纳税人为筹集生产经营所需资金等而发生的筹资费用。本行根据"财务费用"科目的数额分析填报。

7. 第7行"资产减值损失"：填报纳税人计提各项资产发生的减值损失。本行根据"资产减值损失"科目的数额分析填报。

8. 第8行"公允价值变动收益"：填报纳税人交易性金融资产、交易性金融负债，以及采用公允价值模式计量的投资性房地产、衍生工具、套期保值业务等公允价值变动形成的应计入当期损益的利得或损失。本行根据"公允价值变动损益"科目的数额分析填报。

9. 第9行"投资收益"：填报纳税人以各种方式对外投资所取得的收益或发生的损失。本行根据"投资收益"科目的数额计算填报。

10. 第10行"营业利润"：填报纳税人当期的营业利润。根据上述项目计算填列。

11. 第11行"营业外收入"：填报纳税人发生的与其经营活动无直接关系的各项收入。本行根据"营业外收入"科目的数额计算填报。一般工商企业纳税人，通过附表一（1）《收入明细表》相关项目计算填报；金融企业纳税人，通过附表一（2）《金融企业收入明细表》相关项目计算填报；事业单位、社会团体、民办非企业单位、非营利组织等纳税人，通过附表一（3）《事业单位、社会团体、民办非企业单位收入明细表》计算填报。

12. 第12行"营业外支出"：填报纳税人发生的与其经营活动无直接关系的各项支出。本行根据"营业外支出"科目的数额计算填报。一般工商企业纳税人，通过附表二（1）《成本费用明细表》相关项目计算填报；金融企业纳税人，通过附表二（2）《金融企业成本费用明细表》相关项目计算填报；事业单位、社会团体、民办非企业单位、非营利组织等纳税人，通过附表一（3）《事业单位、社会团体、民办非企业单位支出明细表》计算填报。

13. 第13行"利润总额"：填报纳税人当期的利润总额。

14. 第14行"纳税调整增加额"：填报纳税人会计处理与税收规定不一致，进行纳税调整增加的金额。本行通过附表三《纳税调整项目明细表》"调增金额"列计算填报。

15. 第15行"纳税调整减少额"：填报纳税人会计处理与税收规定不一致，进行纳税调整减少的金额。本行通过附表三《纳税调整项目明细表》"调减金额"列计算填报。

16. 第16行"其中：不征税收入"：填报纳税人计入利润总额但属于税收规定不征税的的财政拨款、依法收取并纳入财政管理的行政事业性收费、政府性基金、以及国务院规定的其他不征税收入。本行通过附表一（3）《事业单位、社会团体、民办非企业单位收入明细表》计算填报。

17. 第17行"免税收入"：填报纳税人计入利润总额但属于税收规定免税的收入或收益，包括国债利息收入；符合条件的居民企业之间的股息、红利等权益性投资收益；从居民企业取得与该机构、场所有实际联系的股息、红利等权益性投资收益；符合条件的非营利组织的收入。本行通过附表五《税收优惠明细表》第 1 行计算填报。

18. 第 18 行"减计收入"：填报纳税人以《资源综合利用企业所得税优惠目录》规定的资源作为主要原材料，生产销售国家非限制和禁止并符合国家和行业相关标准的产品取得收入 10% 的数额。本行通过附表五《税收优惠明细表》第 6 行计算填报。

19. 第 19 行"减、免税项目所得"：填报纳税人按照税收规定减征、免征企业所得税的所得额。本行通过附表五《税收优惠明细表》第 14 行计算填报。

20. 第 20 行"加计扣除"：填报纳税人开发新技术、新产品、新工艺发生的研究开发费用，以及安置残疾人员和国家鼓励安置的其他就业人员所支付的工资，符合税收规定条件的准予按照支出额的一定比例，在计算应纳税所得额时加计扣除的金额。本行通过附表五《税收优惠明细表》的 9 行计算填报。

21. 第 21 行"抵扣应纳税所得额"：填报创业投资企业采取股权投资方式投资于未上市的中小高新技术企业 2 年以上的，可以按照其投资额的 70% 在股权持有满 2 年的当年抵扣该创业投资企业的应纳税所得额。当年不足抵扣的，可以在以后纳税年度结转抵扣。本行通过附表五《税收优惠明细表》的 39 行计算填报。

22. 第 22 行"境外应税所得弥补境内亏损"：填报纳税人根据税收规定，境外所得可以弥补境内亏损的数额。

23. 第 23 行"纳税调整后所得"：填报纳税人经过调整后的所得额。当本表第 23 行＜0 时，即为可结转以后年度弥补的亏损额；当本表第 23 行＞0 时，继续计算应纳税所得额。

24. 第 24 行"弥补以前年度亏损"：填报纳税人按税收规定可在税前弥补的以前年度亏损额。

本行通过附表四《企业所得税弥补亏损明细表》第 6 行第 10 列填报。但不得超过本表第 23 行"纳税调整后所得"。

25. 第 25 行"应纳税所得额"：金额等于本表第 23—24 行。

本行不得为负数，本表第 23 行或者依照上述行次顺序计算结果本行为负数，本行金额填零。

26. 第 26 行"税率"：填报税法规定的税率 25%。

27. 第 27 行"应纳所得税额"：金额等于本表第 25×26 行。

28. 第 28 行"减免所得税额"：填列纳税人按税收规定实际减免的企业所得税额。包括小型微利企业、国家需要重点扶持的高新技术企业、享受减免税优惠过渡政策的企业，其法定税率与实际执行税率的差额，以及其他享受企业所得税减免税的数额。本行通过附表五《税收优惠明细表》第 33 行计算填报。

29. 第 29 行"抵免所得税额"：填列纳税人购置用于环境保护、节能节水、安全生产等专用设备的投资额，其设备投资额的 10% 可以从企业当年的应纳税额中抵免的金额；当年不足抵免的，可以在以后 5 个纳税年度结转抵免。本行通过附表五《税收优惠明细表》第 40 行计算填报。

30. 第 30 行"应纳税额"：金额等于本表第 27—28—29 行。

31. 第 31 行"境外所得应纳所得税额"：填报纳税人来源于中国境外的所得，按照企业所得税法及其实施条例，以及相关税收规定计算的应纳所得税额。

32. 第 32 行"境外所得抵免所得税额":填报纳税人来源于中国境外的依照中国境外税收法律以及相关规定应缴纳并实际缴纳的企业所得税性质的税款,准予抵免的数额。

企业已在境外缴纳的所得税额,小于抵免限额的,"境外所得抵免所得税额"按其在境外实际缴纳的所得税额填报;大于抵免限额的,按抵免限额填报,超过抵免限额的部分,可以在以后五个年度内,用每年度抵免限额抵免当年应抵税额后的余额进行抵补。

33. 第 33 行"实际应纳所得税额":填报纳税人当期的实际应纳所得税额。

34. 第 34 行"本年累计实际已预缴的所得税额":填报纳税人按照税收规定本纳税年度已在月(季)累计预缴的所得税额。

35. 第 35 行"汇总纳税的总机构分摊预缴的税额":填报汇总纳税的总机构按照税收规定已在月(季)度在总机构所在地累计预缴的所得税款。

附报《中华人民共和国企业所得税汇总纳税分支机构企业所得税分配表》。

36. 第 36 行"汇总纳税的总机构财政调库预缴的税额":填报汇总纳税的总机构按照税收规定已在月(季)度在总机构所在地累计预缴在财政调节专户的所得税款。

附报《中华人民共和国企业所得税汇总纳税分支机构企业所得税分配表》。

37. 第 37 行"汇总纳税的总机构所属分支机构分摊的预缴税额":填报分支机构已在月(季)度在分支机构所在地累计分摊预缴的所得税款。

附报《中华人民共和国企业所得税汇总纳税分支机构企业所得税分配表》。

38. 第 38 行"合并纳税(母子体制)成员企业就地预缴比例":填报经国务院批准的实行合并纳税(母子体制)的成员企业按照税收规定就地预缴税款的比例。

39. 第 39 行"合并纳税企业就地预缴的所得税额":填报合并纳税的成员企业已在月(季)度累计预缴的所得税款。

40. 第 40 行"本年应补(退)的所得税额":填报纳税人当期应补(退)的所得税额。

41. 第 41 行"以前年度多缴的所得税额在本年抵减额":填报纳税人以前年度汇算清缴多缴的税款尚未办理退税的金额,并在本纳税年度抵缴的所得税额。

42. 第 42 行"上年度应缴未缴在本年入库所得额":填报纳税人以前纳税年度损益调整税款、上一年度第四季度预缴税款和汇算清缴的税款,在本纳税年度入库所得税额。

表7－4　中华人民共和国企业所得税年度纳税申报表(B类)

税款所属期间：　　年　月　日至　　年　月　日

纳税人识别号：□□□□□□□□□□□□□□□

纳税人名称：　　　　　　　　　　　金额单位：人民币元(列至角分)

项　目			行次	金额
应纳税所得额的计算	按收入总额核定应纳税所得额	核定征收的应税收入额	1	
		税务机关核定的应税所得率(％)	2	
		应纳税所得额(1行×2行)	3	
	按成本费用核定应纳税所得额	成本费用总额	4	
		税务机关核定的应税所得率(％)	5	
		应纳税所得额[4行÷(1－5行)×5行]	6	
	按经费支出换算应纳税所得额	经费支出总额	7	
		税务机关核定的应税所得率(％)	8	
		换算的收入额[7行÷(1－8行)]	9	
		应纳税所得额(8行×9行)	10	
应纳所得税额的计算		非日常经营性项目应纳税所得额	11	
		应纳所得税额合计(3行＋11行,6行＋11行或10行×11行)	12	
		税率(25％)	13	
		应纳所得税额	14	
		减免所得税额	15	
应补(退)所得税额的计算		已预缴所得税额	16	
		应补(退)所得税额(12行－13行－14行)	17	
谨声明：此纳税申报表是根据《中华人民共和国企业所得税法》、《中华人民共和国企业所得税法实施条例》和国家有关税收规定填报的,是真实的、可靠的、完整的。 　　　　　　　法定代表人(签字)：　　　　　年　月　日				
纳税人公章： 会计主管： 填表日期：　年　月　日	代理申报中介机构公章： 经办人： 经办人执业证件号码： 代理申报日期：　年　月　日		主管税务机关受理专用章： 受理人： 受理日期：　年　月　日	

填报说明：

一、本表为按照核定征收管理办法中核定应税所得率和核定应纳所得税额方式缴纳企业所得税的居民纳税人在年度申报缴纳企业所得税时使用。核定应税所得率的纳税人按收入总额核定、按成本费用核定、按经费支出换算分别填写。

二、本表表头项目：

1. "税款所属期间"：为公历1月1日至12月31日。

纳税人年度中间开业的纳税人填报的"税款所属期间"为实际生产经营之日的当月1日

至 12 月 31 日。

纳税人年度中间发生合并、分立、破产、停业等情况的,填报公历当年 1 月 1 日至实际停业或法院裁定并宣告破产之日的当月月末。

纳税人年度中间开业且年度内中间又发生合并、分立、破产、停业等情况的,填报实际生产经营之日的当月 1 日至实际停业或法院裁定并宣告破产之日的当月月末。

2. "纳税人识别号":填报税务机关核发的税务登记证号码(15 位)。

3. "纳税人名称":填报税务登记证中的纳税人全称。

三、具体项目填报说明

1. 第 1 行"收入总额":按照收入总额核定应税所得率的纳税人填报此行。填写本年度累计取得的各项收入金额,其中纳税人按照税法规定可享受的不征税收入、免税收入、减计收入从该行中减除后填报。

2. 第 2 行"税务机关核定的应税所得率":填报主管税务机关核定的应税所得率。

3. 第 3 行"应纳税所得额":填报计算结果,其中纳税人按照税法规定可享受所得减免优惠的金额在本行中减除后填报。

4. 第 4 行"成本费用总额":按照成本费用核定应税所得率的纳税人填报此行。填写本年度累计发生的各项成本费用金额。

5. 第 5 行"税务机关核定的应税所得率":填报主管税务机关核定的应税所得率。

6. 第 6 行"应纳税所得额":填报计算结果,其中纳税人按照税法规定可享受所得减免优惠的金额在本行中减除后填报。

7. 第 7 行"经费支出总额":按照经费支出换算收入方式缴纳所得税的纳税人填报此行。填报累计发生的各项经费支出金额。

8. 第 8 行"经税务机关核定的应税所得率":填报主管税务机关核定的应税所得率。

9. 第 9 行"换算的收入额":填报计算结果

10. 第 10 行"应纳税所得额":填报计算结果,其中纳税人按照税法规定可享受所得减免优惠的金额在本行中减除后填报。

11. 第 13 行"税率":填写《中华人民共和国企业所得税法》第四条规定的 25% 税率。经济特区企业按照国税发[2007]39 号文规定的税率填写。

12. 第 14 行"应纳所得税额"

按照收入总额核定应税所得率的纳税人,应纳所得税额=第 3 行"应纳税所得额"×第 13 行"税率"

按照成本费用核定应税所得率的纳税人,应纳所得税额=第 6 行"应纳税所得额"×第 13 行"税率"

按照经费支出换算应纳税所得额的纳税人,应纳所得税额=第 12 行"应纳税所得额"×第 13 行"税率"

实行核定税额征收的纳税人,填报纳税人按照实际经营额计算的实际税额或税务机关核定的应纳所得税额。

13. 第 15 行"减免所得税额":填报当期实际享受的减免所得税额,包括享受减免税优惠过渡期的税收优惠、小型微利企业优惠、高新技术企业优惠及经税务机关审批或备案的其他减免税优惠。

14. 第 16 行"已预缴的所得税额"：填报当年累计已预缴的企业所得税额。

15. 第 17 行"应补（退）所得税额"：填报计算结果。

◆ 项目小结

企业所得税是指对我国境内的企业或其他取得收入的组织的生产、经营所得和其他所得征收的一种税。

1. 企业所得税纳税人。企业所得税纳税人为在中华人民共和国境内的企业和其他取得收入的组织。按地域管辖权和居民管辖权的双重管辖权标准，将企业所得税纳税人分为居民企业和非居民企业。

2. 应纳税所得额的计算。企业所得税的计税依据为应纳税所得额。应纳税所得额是指纳税人每一纳税年度的收入总额，减除不征税收入、免税收入、各项扣除以及允许弥补的以前年度亏损后的余额，其计算公式为：

应纳税所得额＝收入总额－不征税收入－免税收入－各项扣除－允许弥补的以前年度亏损

3. 应纳税额的计算

（1）查账征收方式下，其计算公式为：

$$应纳税额＝应纳税所得额×适用税率$$

（2）核定征收方式下采用应税所得率计算时，其计算公式为：

$$应纳税额＝（收入总额×应税所得率）×适用税率$$

或

$$应纳税额＝成本费用支出额÷（1－应税所得率）×应税所得率×适用税率$$

4. 纳税申报。企业所得税实行按年计征、分期预缴、年终汇算清缴、多退少补的办法。

项目八　个人所得税纳税实务

◆ 学习任务:了解个人所得税的概念;熟悉个人所得税的征税方式、纳税地点;掌握个人所得税纳税义务人、征税对象、应纳税额的计算、会计处理和个人所得税纳税申报操作。

◆ 任务导入:某研究所科技工作者杨某 2011 年 10 月从单位领取工资 3 800 元,应邀讲学取得酬金 1 500 元,接受技术咨询收费 5 000 元,从出版社领取论文集稿酬 5 400 元,国家科委寄来发明奖金 3 000 元,从银行取得国库券利息 500 元,出租个人住房收取租赁费10 000 元。请问:杨某当月应缴多少个人所得税?

任务一　认知个人所得税

一、个人所得税的概念

个人所得税是对个人(即自然人)取得的各项应税所得所征收的一种税。

二、个人所得税的纳税人

我国个人所得税的纳税人根据住所和居住时间标准分为两类,即居民纳税人和非居民纳税人。

(一)居民纳税人

居民纳税人是指在我国境内有住所,或者无住所而在境内居住满 1 年的个人。居民纳税人承担无限纳税义务,应就其来源于我国境内和境外的全部所得,依法缴纳个人所得税。

在中国境内有住所的个人,是指因户籍、家庭、经济利益关系而在中国境内习惯性居住的个人。习惯性居住,是指个人因学习、工作、探亲等原因消失以后,没有理由在其他地方继续居留时,所要回到的地方,而不是指实际居住或在某一特定时期内的居住地。

在我国境内居住满 1 年是指在一个纳税年度(即公历 1 月 1 日起至 12 月 31 日止)内在我国境内居住 365 日。如果临时离境,即在一个纳税年度中一次离境不超过 30 日且或多次离境累计不超过 90 日,也视同在我国居住,不扣减天数。

(二)非居民纳税人

非居民纳税人是指在我国境内无住所又不居住,或者无住所而在境内居住不满 1 年的个人。非居民纳税人承担有限纳税义务,仅就其来源于我国境内的所得,缴纳个人所得税。

个人独资企业和合伙企业合伙人是自然人的,缴纳个人所得税。

三、个人所得税的征税对象

个人所得税的征税对象为个人的应税所得,包括以下 11 个税目。

（一）工资、薪金所得

工资、薪金所得是指个人因任职或受雇而取得的工资、薪金、奖金、年终加薪、劳动分红、津贴、补贴以及与任职或者受雇有关的其他所得。

对于一些不属于工资、薪金性质的补贴、津贴或者不属于纳税人本人工资、薪金所得项目的收入，不予征税。这些项目包括：

1．独生子女补贴。

2．执行公务员工资制度未纳入基本工资总额的补贴、津贴差额和家属成员的副食品补贴。

3．托儿补助费。

4．差旅费津贴、误餐补助。其中，误餐补助是指按财政部规定，个人因公在城区、郊区工作，不能在工作单位或返回就餐的，根据实际误餐顿数，按规定的标准领取的误餐费。单位以误餐补助名义发给职工的补助、津贴不包括在内。

（二）个体工商户的生产、经营所得

1．个体工商户从事工业、手工业、建筑业、交通运输业、商业、饮食业、服务业、修理业以及其他行业取得的所得。

2．个人经政府有关部门批准，取得执照，从事办学、医疗、咨询以及其他有偿服务活动取得的所得。

3．上述个体工商户和个人取得的与生产、经营有关各项应税所得。

4．其他个人从事个体工商业生产、经营取得的所得。

5．个人独资企业和合伙企业投资者的生产、经营所得，比照"个体工商户的生产、经营所得"应税项目，征收个人所得税。

（三）对企事业单位的承包经营、承租经营所得

对企事业单位的承包经营、承租经营所得是指个人承包经营、承租经营以及转包、转租取得的所得，包括个人按月或者按次取得的工资、薪金性质的所得。

（四）劳务报酬所得

劳务报酬所得是指个人独立从事设计、装潢、安装、制图、化验、测试、医疗、法律、会计、咨询、讲学、新闻、广播、翻译、审稿、书画、雕刻、影视、录音、录像、演出、表演、广告、展览、技术服务、介绍服务、经纪服务、代办服务以及其他劳务取得的所得。

如何区分劳务报酬所得和工薪所得，主要是看是否存在雇佣与被雇佣关系。

（五）稿酬所得

稿酬所得是指个人因其作品以图书、报刊形式出版、发表而取得的所得。

任职、受雇于报刊、杂志等单位的记者、编辑等专业人员，因在本单位的报刊、杂志上发表作品取得的所得，属于因任职、受雇而取得的所得，应与其当月工资收入合并，按"工资、薪金所得"项目征收个人所得税。

出版社的专业作者撰写、编写或翻译的作品，由本社以图书形式出版而取得的稿费收入，应按"稿酬所得"项目计算缴纳个人所得税。

146

（六）特许权使用费所得

特许权使用费所得是指个人提供专利权、商标权、著作权、非专利技术以及其他特许权的使用权取得的所得。

对于作者将自己的文字作品手稿原件或复印件公开拍卖（竞价）取得的所得，属于提供著作权的使用所得，故应按"特许权使用费所得"项目征收个人所得税。

（七）财产租赁所得

财产租赁所得是指个人出租建筑物、土地使用权、机器设备、车船以及其他财产取得的所得。

（八）财产转让所得

财产转让所得是指个人转让有价证券、股权、建筑物、土地使用权、机器设备、车船以及其他财产取得的所得。

（九）利息、股息、红利所得：利息、股息、红利所得是指个人拥有债权、股权而取得的利息、股息、红利所得

（十）偶然所得

偶然所得是指个人得奖、中奖、中彩以及其他偶然性质的所得。

（十一）经国务院财政部门确定征税的其他所得

个人取得的所得，难以界定应纳税所得项目的，由主管税务机关确定。

四、个人所得税的税率

（一）七级超额累进税率

工资、薪金所得适用3%～45%的七级超额累进税率（见表8-1）。

表8-1　工资、薪金所得个人所得税税率表

级数	含税级距	税率/%	速算扣除数
1	不超过1 500元的	3	0
2	超过1 500元至4 500元的部分	10	105
3	超过4 500元至9 000元的部分	20	555
4	超过9 000元至35 000元的部分	25	1 005
5	超过35 000元至55 000元的部分	30	2 755
6	超过55 000元至80 000元的部分	35	5 505
7	超过80 000元的部分	45	13 505

（二）五级超额累进税率

个体工商户（个人独资企业、合伙企业）的生产、经营所得和对企事业单位的承包经营、承租经营所得，适用5%～35%的五级超额累计进税率（见表8-2）。

表 8－2　个体工商户的生产、经营所得和对企事业单位的
承包经营、承租经营所得个人所得税税率表

级数	含税级距	税率/%	速算扣除数
1	不超过 15 000 元的	5	0
2	超过 15 000 元至 30 000 元的部分	10	750
3	超过 30 000 元至 60 000 元的部分	20	3 750
4	超过 60 000 元至 100 000 元的部分	30	9 750
5	超过 100 000 元的部分	35	14 750

　　企事业单位承包经营、承租经营所得,如果承包方仅需上缴一定的承包费用,剩下的所得由承包人所有,按承租、承包经营所得征税;如果经营所得要全部上缴企业,承包人只是从企业规定取得固定的承包收入,按工资、薪金所得项目征税。

(三) 比例税率

　　除上述三项以外,其他八项所得均适用 20％的比例税率。具体运用时有些项目加成,有些项目要减征,具体处理如下:

　　1. 减征规定

　　对稿酬所得按其应纳税额减征 30％,即实际税率为 14％。

　　2. 加征规定

　　对劳务报酬所得一次收入畸高的,规定在适用 20％税率征税的基础上,实行加成征税办法。对应纳税所得税超过 20 000 元不超过 50 000 元的部分,依照税法规定计算应纳税额后再按照税额加征五成;超过 50 000 元部分,加征十成。因此,劳务报酬所得实际上适用 20％～40％的三级超额累进税率(见表 8－3)。

表 8－3　劳务报酬所得税率

级次	每次应纳税所得额	税率/%	速算扣除数
1	不超过 20 000 元的部分	20	0
2	超过 20 000 不超过 50 000 元的部分	30	2 000
3	超过 50 000 元的部分	40	7 000

五、个人所得税的税收优惠

　　1. 免收项目

　　(1) 省级政府、国务院部委和解放军以上单位以及外国组织、国际组织颁发的科学、教育、技术、文化、卫生、体育、环境保护等方面的奖金。

　　(2) 国债和国家发行的金融债券利息。

　　(3) 按国家统一规定发给的补贴、津贴。这是指按照国务院规定发给的政府特殊津贴、院士津贴、资深院士津贴和国务院规定免纳个人所得税的补贴、津贴。

　　(4) 福利费、抚恤金、救济金。

（5）保险赔款。

（6）军人的转业、复员费。

（7）按照国家统一规定发给干部、职工的安家费、退职费、退休工资、离休工资、离休生活补助费。

（8）各国驻华使馆、领事馆的外交代表、领事官员和其他人员的所得。

（9）单位和个人按照省级以上政府规定的比例提取并缴付养老保险费、基本医疗保险费、失业保险费、住房公积金，以及个人领取原提存的基本养老保险费、基本医疗保险费、失业保险费、住房公积金。

（10）发给见义勇为者的奖金。乡、镇以上政府或经县以上政府主管部门批准成立的有机构、有章程的见义勇为基金或类似性质组织，奖励见义勇为者的奖金或奖品，经主管税务机关核准，免征个人所得税。

（11）经国务院财政部门批准免税的其他所得。

2．暂免征税项目

（1）个人举报、协查各种违法、犯罪行为而获得的奖金。

（2）个人办理代扣代缴税手续，按规定取得的扣缴手续费。

（3）个人转让自用达 5 年以上，并且是唯一的家庭生活用房取得的所得。

（4）个人购买福利彩票、体育彩票，凡 1 次中奖收入不超过 1 万元的。

（5）对符合国家有关政策精神，达到离休、退休年龄，但却因工作需要，适当延长离休、退休年龄的高级专家（指享受国家发放的政府津贴的专家、学者），其在延长离休、退休期间的工资、薪金所得，视同退休工资、薪金所得，视同退休工资、离休工资。

（6）对个人转让上市公司股票的所得，暂免征收个人所得税。

（7）对个人投资应从上市公司取得的股息红利所得，暂按 50％计入个人应纳税所得额。

（8）对储蓄存款利息所得暂免征收个人所得税。

3．减税规定

（1）残疾、孤老人员和烈属的所得。

（2）因严重自然灾害造成重大损失的。

（3）其他经国务院、财政部门批准减税的。

任务二　个人所得税应纳税额的计算

一、工资、薪金所得应纳税额的计算

（一）应纳税所得额的计算

工资、薪金所得应纳税所得额的计算公式为：

$$应纳税所得额＝月工资、薪金收入－费用扣除（3\,500 元或 4\,800 元）$$

税法规定，每人每月费用扣除标准为 3 500 元，3 500 元是国家根据目前社会平均消费水平确定的作为纳税人本人及其赡养家属的生活费用和其他必要的费用。对以下纳税义务

人,税法规定每月再附加减除费用1 300元:

(1)在中国境内的外商投资企业和外国企业中工作取得工资、薪金所得的外籍人员。

(2)应聘在中国境内的企业、事业单位、社会团体、国家机关中工作取得工资、薪金所得的外籍专家。

(3)在中国境内有住所而在中国境外任职或者受雇取得工资、薪金所得的个人。

(4)财政部确定的取得工资、薪金所得的其他人员。

华侨和香港、澳门、台湾同胞参照上述附加减除费用标准执行。

按照国家规定,个人缴付的基本养老保险费、基本医疗保险费、失业保险费、工伤保险费、生育保险费等基本社会保险和住房公积金,可以从纳税人的应纳所得额中扣除。

(二)应纳税额的计算

工资、薪金所得适用七级超额累进税率,其应纳税额按每月确定的应纳税所得额和适用的税率进行计算。计算公式为:

$$应纳税额=应纳税所得额×适用税率-速算扣除数$$

【例8-1】 假定某纳税人2011年11月工资4 200元,该纳税人不适用附加减除费用的规定。计算其当月应纳个人所得税税额。

【答案】 应纳税所得额=4 200-3 500=700(元)

应纳税额=700×3%-0=21(元)

【例8-2】 假定某外商投资企业中工作的美国专家(假设为非居民纳税人),2011年10月取得由该企业发放的工资收入10 400元人民币。请计算其应纳个人所得税税额。

【答案】 应纳税所得额=10 400-4 800=5 600(元)

应纳税额=5 600×20%-555=565(元)

二、个体工商户的生产、经营所得应纳税额的计算

(一)应纳税所得额的计算

对于实行查账征收的个体工商户,其生产、经营所得或应纳税所得额是每一纳税年度的收入总额,减除成本、费用以及损失后的余额。计算公式为:

应纳税所得额=年收入总额-(成本+费用+损失+准予扣除的税金)-规定的费用扣除标准

1. 收入总额

个体工商户的收入总额,是指个体工商户从事生产、经营以及与生产、经营有关的活动所取得的按照权责发生制原则确定的各项收入,包括商品(产品)销售收入、营运收入、劳务服务收入、工程价款收入、财产出租或转让收入、利息收入、其他收入和营业外收入。

2. 准予扣除的项目

在计算应纳税所得额时,准予从收入总额中扣除的项目包括成本、费用、损失和准予扣除的税金。

(1)成本、费用,是指个体工商户从事生产、经营所发生的各项直接支出和分配计入成本的间接费用以及销售费用、管理费用、财务费用。

（2）损失，是指个体工商户在生产、经营过程中发生的各项营业外支出。包括：固定资产盘亏、报废、毁损和出售的净损失、自然灾害或意外事故损失、公益救济性捐赠、赔偿金、违约金等。

（3）税金，是指个体工商户按规定缴纳的消费税、营业税、城市维护建设税、资源税、土地使用税、土地增值税、房产税、车船使用税、印花税、耕地占用税，以及教育费附加。

纳税人不能提供有关的收入、成本、费用、损失等的完整、准确的纳税资料，不能正确计算应纳税所得额的，应由主管税务机关核定其应纳税所得额。

3. 准予所得税税前扣除项目的扣除标准

个体工商户准予在所得税前扣除项目的扣除标准与企业所得税的规定基本相同，所不同的主要有几下方面：

（1）自2011年9月1日起，个体工商户业主的费用扣除标准统一确定为42 000元/年，即3 500元/月，个体工商户向其从业人员实际支付的合理的工资、薪金支出，允许在税前据实扣除。

（2）个体工商户在生产经营过程中发生的与家庭生活混用的费用，由主管税务机关核定分摊比例，据此计算确定的属于生产经营过程中发生的费用，准予扣除。

（3）个体工商户按规定缴纳的工商管理费、个体劳动者协会会费、摊位费，按实际发生数扣除。缴纳的其他规费，其扣除项目和扣除标准，由省、自治区、直辖市地方税务局根据当地实际情况确定。

（4）个体工商户研究开发新产品、新技术、新工艺所发生的开发费用，以及研究开发新产品、新技术而购置的单台价值在5万元以下的测试仪器和试验性装置的购置费，准予扣除。超出上述标准和范围的，按固定资产管理，不得在当期扣除。

（5）个体工商户将其所得通过中国境内的社会团体、国家机关向教育和其他社会公益事业以及遭受严重自然灾害地区、贫困地区的捐赠，捐赠额不超过其应纳税所得额30%的部分可以据实扣除。纳税人直接给受益人的捐赠不得扣除。

（二）应纳税额的计算

个体工商户的生产、经营所得适用五级超额累进税率，实行按年计算、分月或分季预缴、年终汇算清缴、多退少补的方法。计算公式为：

$$应纳税额 = 应纳税所得额 \times 适用税率 - 速算扣除数$$

【例8-3】 某市大华酒家系个体经营户，账证比较健全，2011年12月取得营业额为120 000元，购进菜、肉、蛋、面粉、大米等原料费为60 000元，缴纳电费、水费、房租、煤气费等为15 000元，缴纳其他税费合计为6 600元。当月支付给4名雇员工资共4 800元，业主个人月工资5 000元。1~11月累计应纳税所得额为55 600元，1~11月累计已预缴个人所得税为14 397.5元。计算该个体户12月份应缴纳的个人所得税。

【答案】 雇员的合理工资可在税前全额扣除，业主按3 500元/月扣除。

（1）12月份应纳税所得额=120 000-60 000-15 000-6 600-4 800-3 500=30 100（元）

（2）全年累计应纳税所得额=55 600+30 100=85 700（元）

（3）12月份应缴纳个人所得税=85 700×30%-9 750-14 397.5=1 562.5（元）

三、对企业事业单位的承包经营、承租经营所得应纳税额的计算

（一）应纳税所得额的计算

对企业事业单位的承包经营、承租经营所得是以每一年度的收入总额，减除必要费用后的余额，为应纳税所得额。计算公式为：

应纳税所得额＝纳税年度的承包、承租经营收入总额－每月 3 500 元

纳税年度的承包、承包经营收入总额是指纳税人按照承包经营、承租经营合同规定分得的经营利润和工资、薪金性质的所得。

（二）应纳税额的计算

对企事业单位承包经营、承租经营所得适用五级超额累进税率，以其应纳税所得额按适用税率计算应纳税额。计算公式为：

应纳税额＝应纳税所得额×适用税率－速算扣除数

【例 8－4】 范某 2012 年承包某商店，承包期限 1 年，取得承包经营所得 47 000 元。此外，范某还按月从商店领取工资 2 500 元。计算范某全年应缴纳的个人所得税。

【答案】 （1）全年应纳税所得额＝（47 000＋2 500× 12）－ 3 500×12

＝ 35 000（元）

（2）全年应缴纳个人所得税＝35 000×20％－3 750 ＝ 3 250（元）

实行承包、承租经营的纳税人，应以每一纳税年度的承包、承租经营所得计算纳税。纳税人在一个年度内分次取得承包、承租经营所得的，应在每次取得承包、承租经营所得后预缴税款，年终汇算清缴，多退少补。如果纳税人的承包、承租期在一个纳税年度内，经营不足 12 个月，应以其实际承包、承租经营的期限为一个纳税年度计算纳税。

四、劳务报酬所得应纳税额的计算

（一）应纳税所得额的计算

劳务报酬所得以个人每次取得的收入，定额或定率减除规定费用后的余额为应纳税所得额。计算公式为：

1. 每次收入≤4 000 元

应纳税所得额＝每次收入额－800 元

2. 每次收入＞4 000 元

应纳税所得额＝每次收入额×（1－20％）

劳务报酬所得属于一次性收入的，以取得该项收入为一次；属于同一项目连续收入的，以一个月内取得的收入为一次。

（二）应纳税额的计算

劳务报酬所得适用 20％的比例税率，其应纳税额的计算公式为：

应纳税额＝应纳税所得额×适用税率

如果纳税人的每次应税劳务报酬所得超过 20 000 元，应实行加成征税，其应纳税总额

应依据相应税率和速算扣除数计算。计算公式为：

$$应纳税额＝应纳税所得额×适用税率－速算扣除数$$

【例8-5】 赵某于2011年10月外出参加商业性演出,一次取得劳务报酬60 000元。计算其应缴纳的个人所得税(不考虑其他税费)。

【答案】 应纳税所得额＝60 000×(1－20％)＝48 000（元）

应纳税额＝48 000×30％－2 000＝12 400(元)

五、稿酬所得的应纳税额的计算

（一）应纳税所得额的计算

稿酬所得以个人每次取得的收入,定额或定率减除规定费用后的余额为应纳税所得额。计算公式为：

1. 每次收入≤4 000元

$$应纳税所得额＝每次收入额－800元$$

2. 每次收入＞4 000元

$$应纳税所得额＝每次收入额×(1－20％)$$

稿酬所得以每次出版、发表取得的收入为一次。具体可细分为以下几种：

（1）同一作品再版取得的所得,应视作另一次稿酬所得计征个人所得税。

（2）同一作品先在报刊上连载,然后再出版,或先出版,再在报刊上连载的,应视为两次稿酬所得征税。即连载作为一次,出版作为另一次。

（3）同一作品在报刊上连载取得收入的,以连载完成后取得的所有收入合并为一次。

（4）同一作品在出版和发表时,以预付稿酬或分次支付稿酬等形式取得的稿酬收入,应合并为一次。

（5）同一作品出版、发表后,因添加印数而追加稿酬的,应与以前出版、发表时取得的稿酬合并计算为一次。

（二）应纳税额的计算

稿酬所得适用20％的比例税率,并按规定对应纳税额减征30％。计算公式为：

$$应纳税额＝应纳税所得额×适用税率×(1－30％)$$

【例8-6】 某工程师2011年2月因其编著的教材出版,获得稿酬9 000元,2011年6月因教材加印又得到稿酬4 000元。计算该工程师稿酬应缴纳的个人所得税。

【答案】 该工程师稿酬所得按规定应属于一次收入,须合并计算应纳税额。

应纳税所得额＝(9 000＋4 000)×(1－20％)＝2 080（元）

应纳税额＝2 080×20％×(1－30％)＝1 456（元）

六、特许权使用费所得应纳税额的计算

（一）应纳税所得额的计算

特许权使用费所得以个人每次取得的收入,定额或定率减除规定费用后的余额为应纳税所得额。计算公式为：

（1）每次收入≤4 000 元

$$应纳税所得额＝每次收入额－800 元$$

（2）每次收入＞4 000 元

$$应纳税所得额＝每次收入额×（1－20\%）$$

（二）应纳税额的计算

特许权使用费所得适用 20% 的比例税率。计算公式为：

$$应纳税额＝应纳税所得额×适用税率$$

【例 8－7】 赵某系南京某高校教授于 2011 年 10 月将一项非专利技术提供扬州广陵产业园某公司，一次取得的特许权使用费 60 000 元。计算其应缴纳的个人所得税（不考虑其他税费）。

【答案】 应纳税所得额＝60 000×（1－20%）＝48 000（元）

应纳税额＝48 000×20%＝9 600（元）

七、财产租赁所得应纳税额的计算

（一）应纳税所得额的计算

财产租赁所得以个人每次取得的收入，定额或定率减除规定费用后的余额为应纳税所得额。财产租赁所得以一个月内取得的收入为一次。

在确定财产租赁的应纳税所得额时，应依次扣除以下费用：

（1）纳税人在出租财产过程中缴纳的税金和教育费附加。

（2）能够提供有效、准确凭证，证明由纳税人负担的该出租财产实际开支的修缮费用。允许扣除的修缮费用，以每次 800 元为限。一次扣除不完的，准予在下一次继续扣除，直到扣完为止。

（3）税法规定的费用扣除标准。

应纳税所得额的计算公式：

1. 每次（月）收入≤4 000 元

应纳税所得额＝每次（月）收入额－准予扣除项目－修缮费用（800 元为限）－800 元

2. 每次（月）收入＞4 000 元

应纳税所得额＝［每次（月）收入额－准予扣除项目－修缮费用（800 元为限）］×（1－20%）

（二）应纳税额的计算

财产租赁所得适用 20% 的比例税率。计算公式为：

$$应纳税额＝应纳税所得额×适用税率$$

对个人按市场价格出租的居民住房取得的所得，暂减按 10% 的税率征收个人所得税。

【例 8－8】 郑某于 2011 年 1 月将其自有的四间面积为 150 平方米的房屋出租给张某居住，租期 1 年。郑某每月取得租金收入 1 500 元，全年租金收入 18 000 元。计算郑某全年租金收入应缴纳的个人所得税。

【答案】 财产租赁收入以每月内取得的收入为一次，因此，郑某每月及全年应纳税额为：

$$每月应纳税所得额＝1\ 500－800＝700(元)$$
$$每月应纳税额＝700×10\%＝70(元)$$
$$全年应纳税额＝70×12＝840(元)$$

八、财产转让所得应纳税额的计算

(一) 应纳税所得额的计算

财产转让所得以个人每次转让取得的收入额减除财产原值和相关的税费后的余额为应纳税所得额。计算公式为：

$$应纳税所得额＝每次收入额－财产原值－合理费用$$

财产转让所得中允许减除的财产原值是指：

1. 有价证券，其原值为买入价和买入时按规定缴纳的有关费用。

2. 建筑物，其原值为建造费用或购进价格以及其他有关费用。

3. 土地使用权，其原值为取得土地使用权所支付的金额、开发土地的费用以及其他有关费用。

4. 机器设备、车船，其原值为购进价格、运输费、安装费和其他有关费用。

5. 其他财产，其原值参照以上方法确定。

纳税义务人未提供完整、准确的财产原值凭证，不能正确计算财产原值的，由主管税务机关核定其财产原值。

合理费用是指卖出财产时按规定支付的有关费用。

(二) 应纳税额的计算

财产转让所得适用20%的比例税率。计算公式为：

$$应纳税额＝应纳税所得额×适用税率$$

【例8-9】 王某2009年建房一栋，造价70 000元，支付费用4 000元。2010年7月，王某转让房屋，售价113 000元，在卖房过程中按规定支付交易费等有关费用4 700元。请计算王某财产转让所得应纳个人所得税。

【答案】 应纳税所得额＝财产转让收入－财产原值－合理费用

$$＝113\ 000－(70\ 000＋4\ 000)－4\ 700$$
$$＝34\ 300(元)$$

应纳税额＝34 300×20%＝6 860(元)

九、股息、利息、红利、偶然所得应纳税额的计算

(一) 应纳税所得额的计算

股息、利息、红利、偶然所得，以每次收入额为应纳税所得额，不扣除任何费用。计算公式为：

$$应纳税所得额＝每次收入额$$

(二) 应纳税额的计算

股息、利息、红利、偶然所得适用20%的比例税率。计算公式为：

$$应纳税额＝应纳税所得额×适用税率$$

十、应纳税额计算中的几个特殊问题

（一）个人取得全年一次性奖金

全年一次性奖金是指行政机关、企事业单位等扣缴义务人根据其全年经济效益和对雇员全年工作业绩的综合考核情况，向雇员发放的一次性奖金。一次性奖金也包括年终加薪、实行年薪制和绩效工资办法的单位根据考核情况兑现的年薪和绩效工资。

纳税人取得全年一次性奖金，单独作为一个月工资、薪金所得计算纳税，并按以下计税办法，由扣缴义务人发放时代扣代缴。

1. 先将雇员当月内取得的全年一次性奖金除以 12 个月，按其商数确定适用税率和速算扣除数。

如果在发放年终一次性奖金的当月，雇员当月工资薪金所得低于税法规定的费用扣除额，应将全年一次性奖金减除"雇员当月工资薪金所得与费用扣除额的差额"后的余额，按上述办法确定全年一次性奖金的适用税率和速算扣除数。

2. 将雇员个人当月内取得的全年一次性奖金，按上述办法确定的适用税率和速算扣除数计算征税。

（1）当月工资样薪金所得高于或等于税法规定的费用扣除额时，应纳税额计算公式为：

$$应纳税额＝雇员当月取得全年一次性奖金×适用税率－速算扣除数$$

（2）当月工资薪金所得低于税法规定的费用扣除时，应纳税计算公式为：

$$应纳税额＝（当月取得全年一次性奖金－当月工资薪金所得与费用扣除额的差额）×适用税率－速算扣除数$$

在一个纳税年度里，对每一个纳税人，该计税办法只允许采用一次。

雇员除取得除全年一次性奖金以外的其他各种名目的奖金，如半年奖、季度奖、加班奖、先进奖、考勤奖等，一律与当月工资、薪金所得合并，按税法规定缴纳个人所得税。

【例 8－10】 我国居民刘某 2012 年在我国境内 1～12 月每月的绩效工资为 5 200 元，12 月 31 日兑现绩效工资 27 000 元。请计算刘某取得该笔绩效工资应缴纳的个人所得税。

【答案】 （1）该笔奖金适用的税率和速算扣除数为：

每月奖金＝27 000÷12＝2 250（元），根据工资、薪金所得七级超额累进税率的规定，适用税率为 10％，速算扣除数为 105。

（2）应纳所得税额＝27 000×10％－105＝2 595（元）

【例 8－11】 承【例 8－10】，如果刘某 2012 年在我国境内 1～12 月每月的绩效工资为 3 000 元。请计算刘某取得该笔奖金应缴纳的个人所得税。

【答案】 （1）该笔奖金适用的税率和速算扣除数为：

每月奖金＝［27 000－（3 500－3 000）］÷12＝2 208.33（元），根据工资、薪金所得七级超额累进税率的规定，适用税率为 10％，速算扣除数为 105。

（2）应纳所得税额＝26 500×10％－105＝2 545（元）

（二）公益性捐赠

税法规定，个人将其所得对教育事业和其他公益事业捐款的部分，允许从应纳税所得额中扣除,扣除额以不超过纳税人申报应纳税所得额的 30% 为限。

捐赠,是指个人将其所得通过中国境内的社会团体、国家机关向教育和其他社会公益事业以及遭受严重自然灾害地区、贫困地区的捐赠。

捐赠扣除限额＝应纳税所得额×30%

应纳税额＝(应纳税所得额－允许扣除的捐赠限额)×适用税率－速算扣除数

【例 8－12】 王强取得咨询劳务 50 000 元,将其中 10 000 元通过民政部门捐赠给洪涝灾区、5 000 元通过著名企业捐款给贫困地区。计算该项劳务报酬应缴纳的个人所得税。

【答案】 通过著名企业捐款给贫困地区,是营利性机构,所以该笔捐款不得扣除;通过国家机关向受灾地区的捐赠,应计算扣除限额。

准予扣除捐赠限额＝50 000×(1－20%)×30%＝12 000(元),实际捐赠 10 000 元,可以全额扣除。

应纳税所得额＝50 000×(1－20%)－10 000＝30 000(元)

应纳税额＝30 000×30%－2 000＝7 000(元)

(三) 两人或两人以上的纳税人共同取得同一项所得

两人或两人以上的纳税人共同取得同一项所得的,可对每个人分得的收入分别减除费用,并计算各自应纳的税款。

【例 8－13】 某高校 5 位教师共同编写出版一本 50 万字的教材,共取得稿酬收入 21 000 元。其中主编一人得主编费 1 000 元,其余稿酬 5 人平分。计算各教师应缴纳的个人所得税。

【答案】 (1) 扣除主编费后所得＝21 000－1 000＝20 000(元)

(2) 平均每人所得＝20 000÷5＝4 000(元)

(3) 主编应纳税额＝[(1 000＋4 000)×(1－20%)]×20%×(1－30%)＝560(元)

(4) 其余四人每人应纳税额＝(4 000－800)×20%×(1－30%)＝448(元)

(四) 境外所得的税额扣除

为了避免双重征税,纳税人从我国境外取得的所得,准予其在应纳税额中扣除已在境外实际缴纳的个人所得税税额,但扣除额不得超过其境外所得依照我国税法计算的应纳税额。

税法允许扣除的境外已纳税额应是依照我国税法规定计算的应纳税额,即扣除限额。其计算公式为:

境外所得税款抵免限额＝(来源于某国家或者地区的应税所得－该项目应税所得按我国税法规定应扣除的标准费用)×适用税率

纳税义务人在中国境外一个国家或者地区实际已经缴纳的个人所得税税额,低于依照规定计算出的该国家或者地区扣除限额的,应当在中国缴纳差额部分的税款;超过该国家或者地区扣除限额的,其超过部分不得在本纳税年度的应纳税额中扣除,但是可以在以后纳税年度的该国家或者地区扣除限额的余额中补扣,补扣期限最长不得超过 5 年。

纳税义务人依照税法的规定申请扣除已在境外缴纳的个人所得税税额时,应当提供境外税务机关填发的完税凭证原件,不得以复印件申请税款扣除。

任务三　个人所得税的会计核算

一、个体工商户生产经营所得税的会计核算

实行查账征收的个体工商户,其应缴纳的个人所得税,应通过"留存利润"和"应交税费——应交个人所得税"等科目计算。计算应纳个人所得税时,借记"留存利润"科目,贷记"应交税费-应交个人所得税"科目;实际缴纳个人所得税时,借记"应交税费——应交个人所得税"科目,贷记"银行存款"科目。

二、代扣代缴个人所得税的会计核算

企业代扣代缴个人所得税款,应通过"应交税费——代扣个人所得税"明细科目进行核算。同时根据所代扣税款的具体项目,将代扣的税款冲减"应付职工薪酬"、"应付账款"、"其他应付款"等项目。

(一)工资、薪金所得代扣代缴个人所得税

企业对支付给职工的工资、薪金所得代扣个人所得税时,借记"应付职工薪酬",贷记"应交税费——代扣个人所得税"科目;实际缴纳个人所得税时,借记"应交税费——代扣个人所得税"科目,贷记"银行存款"科目。

(二)支付劳务报酬、特许权使用费、稿酬、财产租赁费代扣代缴个人所得税

企业支付给个人的劳务报酬、特许权使用费、稿费、财产租赁费代扣个人所得税时,借记"管理费用"、"无形资产"等科目,借记"应交税费——应交个人所得税"、"库存现金"等科目;实际缴纳个人所得税时,借记"应交税费——应交个人所得税"科目,贷记"银行存款"科目。

(三)向个人购买理财(财产转让)代扣代缴个人所得税

企业向个人购买财产属于购置企业固定资产或无形资产,借记"固定资产"或"无形资产"科目,贷记"应交税费——应缴个人所得税"科目;实际缴纳个人所得税时,借记"应交税费——应交个人所得税"科目,贷记"银行存款"科目。

(四)向股东支付股息、红利代扣代缴个人所得税

企业经股东大会决定宣告发放现金股息、红利时,借记"利润分配",贷记"应付股利";实际支付现金股息、红利时,借记"应付股利"科目,贷记"库存现金"、"应交税费——应交个人所得税"科目。

任务四 个人所得税申报缴纳

一、征收办法

个人所得税的征收,有代扣代缴和自行申报两种。

(一) 代扣代缴

代扣代缴,是指依照税法规定负有代扣代缴义务的单位和个人,在向个人支付应纳税所得时,应计算应纳税额,从其所得中扣除并缴入国库,同时向税务机关报送扣缴个人所得税报告表。这种方法,有利于控制税源,防止漏税和逃税。

1. 扣缴义务人

凡支付个人应纳税所得的企业(公司)、事业单位、机关、社团组织、军队、驻华机构、个体户等单位或者个人,为个人所得税的扣缴义务人。

这里所说的驻华机构,不包括外国驻华使领馆和联合国及其他依法享有外交特权和豁免的国际组织驻华机构。

这里所说的支付,包括现金支付、汇拨支付、转账支付和以有价证券、实物以及其他形式的支付。

2. 代扣代缴的范围

除个体工商户的生产、经营所得之外,纳税义务人的其他所得均为个人所得税的代扣代缴范围。

扣缴义务人向个人支付应纳税所得时不论纳税人是否属于本单位人员,都必须代扣代缴其应纳的个人所得税税款。

3. 扣缴义务人的义务及应承担的责任

(1) 扣缴义务人应指定支付应纳税所得的财务会计部门或其他有关部门的人员为办税人员,由办税人员具体办理个人所得税的代扣代缴工作。

代扣代缴义务人的有关领导要对代扣代缴工作提供便利,支持办税人员履行义务;确定办税人员或办税人员发生变动时,应将名单及时报告主管税务机关。

(2) 扣缴义务人的法人代表(或单位主要负责人)、财会部门的负责人及具体办理代扣代缴税款的有关人员,共同对依法履行代扣代缴义务负法律责任。

(3) 同一扣缴义务人的不同部门支付应纳税所得时,应报办税人员汇总。

(4) 扣缴义务人在代扣税款时,必须向纳税人开具税务机关统一印制的代扣代收税款凭证,并详细注明纳税人姓名、工作单位、家庭住址和居民身份证或护照号码(无上述证件的,可用其他能有效证明身份的证件)等个人情况。对工资、薪金所得和利息、股息、红利所得等,因纳税人数众多,不便一一开具代扣代收税款凭证的,经主管税务机关同意,可不开具代扣代收税款凭证,但应通过一定形式告知纳税人已扣缴税款。纳税人为持有完税依据而向扣缴义务人索取代扣代收税款凭证的,扣缴义务人不得拒绝。

扣缴义务人应主动向税务机关申领代扣代收税款凭证,据以向纳税人扣税。非正式扣税凭证,纳税人可以拒收。

(5)扣缴义务人对纳税人的应扣未扣的税款,其应纳税款仍然由纳税人缴纳,扣缴义务人应承担应扣未扣税款50%以上至3倍的罚款。

(6)扣缴义务人应设立代扣代缴税款账簿,正确反映个人所得税的扣缴情况,并如实填写《扣缴个人所得税报告表》及其他有关资料。

(二)自行申报

自行申报是由纳税人自行在规定的纳税期限内,向税务机关申报取得的应税所得项目和数额,如实填写《个人所得纳税申报表》并按照税法的规定计算应纳税额,据此缴纳个人所得税的一种方式。有下列情形之一的,纳税人应自行申报纳税:

1. 年所得12万元以上的。

2. 从我国境内两处或两处以上取得工资、薪金所得的。

3. 从我国境外取得所得的。

4. 取得应纳税所得,没有扣缴义务人的。

5. 国务院规定的其他情形。

其中,年所得12万元以上的纳税人,无论取得的各项所得是否已足额缴纳了个人所得税,均应当按照本办法的规定,于纳税年度终了后向主管税务机关办理纳税申报;其他情形的纳税人,均应当按照自行申报纳税管理办法的规定,于取得所得后向主管税务机关办理纳税申报。同时应注意的是,年所得12万元以上的纳税人,不包括在中国境内无住所,且在一个纳税年度中在中国境内居住不满1年的个人;从中国境外取得所得的纳税人,是指在中国境内有住所,或者无住所而在一个纳税年度中在中国境内居住满1年的个人。

二、纳税期限

1. 扣缴义务人每月扣缴的税款,应当在次月15日内缴入国库,并向主管税务机关报送有关资料。

2. 年所得12万元以上的纳税人,在纳税年度终了后3个月内向主管税务机关办理申报纳税。

3. 个体工商户和个人独资、合伙企业投资者取得的生产、经营所得应纳的税款,分月预缴的,纳税人在每月次月15日内申报预缴;分季预缴的,纳税人在每个季度终了后15日内申报预缴;纳税年度终了后,纳税人在3个月内汇算清缴,多退少补。

4. 纳税人年终一次性取得承包经营、承租经营所得的,自取得收入之日起30日内申报纳税;在1年内分次取得承包经营、承租经营所得的,应在每次取得所得后的15日内预缴税款,年终后3个月内汇算清缴,多退少补。

5. 劳务报酬、稿酬、特许权使用费、利息、股息、红利、财产租赁及转让、偶然所得等的纳税期限,实行按次计征,并在次月15日内预缴税款并报送个人所得税纳税申报表。

6. 从境外取得所得的纳税人,在纳税年度终了后的30日内,向中国主管税务机关申报纳税。

三、纳税地点

1. 个人所得税自行申报的,其申报地点一般应为收入来源地的主管税务机关。

2. 纳税人从两处或两处以上取得工资、薪金的,可选择并固定在其中一地税务机关申报纳税。

3. 从境外取得所得的,应向其境内户籍所在地或经营居住地税务机关申报纳税。

4. 扣缴义务人应向其主管税务机关进行纳税申报。

5. 纳税人要求变更申报纳税地点的,须经原主管税务机关批准。

6. 个人独资企业和合伙企业投资者个人所得税的纳税地点。

投资者应向企业实际经营管理所在地主管税务机关申报缴纳个人所得税。

投资者兴办两个或两个以上企业的,应分别向企业实际经营管理所在地主管税务机关预缴税款。

四、纳税申报

(一)代扣代缴个人所得税纳税申报

针对不同的个人所得税应税项目,地方税务机关采用不同的纳税申报表格。

(二)自行申报个人所得税纳税申报

符合纳税人自行申报情形的,纳税人必须按税法规定自行填报个人所得税纳税申报表。

◆ 项目小结

个人所得税是对个人(即自然人)取得的各项应税所得所征收的一种税。

1. 个人所得税的纳税人。我国个人所得税的纳税人根据住所和居住时间标准分为两类,即居民纳税人和非居民纳税人。

2. 个人所得税的征税对象。征税对象为个人的应税所得,包括 11 个税目。

3. 个人所得税应纳税所得额的计算。应纳税所得额是个人取得的应税收入减去税法规定的扣除费用之后的余额。针对不同的收入分别实行定额扣除、定率扣除、据实扣除和不得扣除 4 种情况。不同应税收入的扣除标准应熟练掌握。

4. 个人所得税应纳税额的计算。在掌握应纳税所得额计算的基础上,要能正确确定适用税率,同时,还应重视税额计算中的特殊规定。

5. 个人所得税应纳税额的纳税申报。个人所得税实行自行申报和代扣代缴两种缴纳方式。应熟悉自行申报的 5 种情况。

项目九　其他税种纳税实务

◆ 学习任务:了解城市维护建设税、教育费附加、资源税、土地增值税、土地使用税、房产税、契税、印花税及车船税等税种的基本规定,熟悉各税种的会计核算;掌握各税种的计算及纳税申报操作。

◆ 任务导入:某市国有企业 2009 年共申报缴纳增值税 24 万元、消费税 20 万元,经税务机关检查发现,企业隐匿消费品销售收入 100 万元,为此,税务机关责令除追缴少缴纳的税收之外,加收滞纳金 1 万元和罚款 2 万元。假设该消费品的消费税率为 10%。

请问:该企业应该缴纳的城市维护建设税和教育费附加应该是多少?

子项目一　城市维护建设税及教育费附加纳税实务

▌ 任务一　认知城市维护建设税及教育费附加 ▌

■ 一、城市维护建设税

(一)城市维护建税的概念

城市维护建设税(简称城建税),是国家对缴纳增值税、消费税、营业税(简称"三税")的单位和个人就其实际缴纳三税税额为计税依据而征收的一种税。它属于特定目的税,是国家为加强城市的维护建设,扩大和稳定城市维护建设资金的来源而采取的一项税收措施。

(二)城建税的纳税人

城建税的纳税人,是指负有缴纳增值税、消费税和营业税义务的单位和个人。包括国有企业、集体企业、私营企业、股份制企业、其他企业和行政事业单位、军事单位、社会团体、其他单位,以及个体工商户及其他个人。

自 2010 年 12 月 1 日起,对外商投资企业、外国企业及外籍个人征收城市维护建设税。

(三)城建税的税率

城建税按照纳税人所在地的不同,分别设置了三档地区差别比例税率,即:

1. 纳税人所在地为市区的,税率为 7%。

2. 纳税人所在地为县城、建制镇的,税率为 5%。

3. 纳税人所在地不在市区、县城或建制镇的,税率为 1%。

城建税的适用税率,一般规定按纳税人所在地的适用税率执行。但对下列两种情况,可按缴纳"三税"所在地的规定税率就地缴纳城建税：

（1）由受托方代扣代缴、代收代缴"三税"的单位和个人，其代扣代缴、代收代缴的城建税按受托方所在地适用税率执行。

（2）流动经营等无固定纳税地点的单位和个人，在经营地缴纳"三税"，其城建税的缴纳按经营地适用税率执行。

（四）城建税的税收优惠

城建税原则上不单独减免，但因城建税又具附加税性质，当主税发生减免时，城建税相应发生税收减免。城建税的税收减免具体有以下几种情况：

1. 城建税按减免后实际缴纳的"三税"税额计征，即随"三税"的减免而减免。

2. 对于因减免税而需进行"三税"退库的，城建税也可同时退库。

3. 海关对进口产品代征的增值税、消费税，不征收城建税。

4. 对"三税"实行先征后返、先征后退、即征即退办法的，除另有规定外，对随"三税"附征的城市维护建设税和教育费附加，一律不予退（返）还。

5. 对国家重大水利工程建设基金免征城市维护建设税。

二、教育费附加

（一）教育费附加的概念

教育费附加是对缴纳增值税、消费税、营业税（简称"三税"）的单位和个人，以其实际缴纳三税税额为计税依据计征的一种附加费。教育费附加是为加快地方教育事业，扩大地方教育经费的资金而征收的一项专用基金。

（二）教育费附加的纳税人

教育费附加的纳税人和城市维护建设税的纳税人是一致的。

（三）教育费附加计征率

现行教育费附加计征比率为3%，另外，地方税务局还征收地方教育费用附加费，各地税率不同，一般为1%～2%。

（四）教育费附加的税收优惠

对教育费附加有如下减免规定：

1. 对海关征收的进口产品的增值税、消费税，不征收教育费附加。

2. 对由于减免增值税、消费税和营业税而发生的退税，可同时退还已征收的教育费附加。但对出口产品退还增值税、消费税的，不退还已征的教育费附加。

3. 对国家重大水利工程建设基金免征教育费附加。

任务二　城市维护建设税及教育费附加应纳税额的计算

一、城市维护建设税的计算

（一）城市维护建设税的计税依据

城建税和教育费附加的计税依据为纳税人实际缴纳的"三税"税额。纳税人违反"三税"有关税法规定而被加收的滞纳金和罚款，不作为城建税的计税依据。但纳税人在被查补"三税"和被处以罚款时，应同时对其偷漏的城建税进行补税和罚款。

（二）城建税应纳税额的计算

城建税应纳税额的计算公式为：

应纳城建税＝纳税人实际缴纳的增值税、消费税、营业税税额×适用税率

二、教育费附加额的计算

教育费附加应纳额的计算公式为：

应纳教育费附加＝纳税人实际缴纳的增值税、消费税、营业税税额×教育费附加率

【例9-1】 某股份公司位于市区，2008年6月缴纳增值税50万元、消费税24万元、营业税6万元。试计算该企业应纳的城建税和教育费附加。

【答案】 应纳城市维护建设税＝(50＋24＋6)×7%＝5.6(万元)

应纳教育费附加＝(50＋24＋6)×3%＝2.4(万元)

任务三　城市维护建设税及教育费附加的会计核算

纳税人按规定计算出需要缴纳的城市维护建设税及教育费附加，借记"营业税金及附加"、"固定资产清理"等科目，贷记"应交税费——应交城市维护建设税"、"应交税费——应交教育费附加"科目；实际缴纳税款时，借记"应交税费——应交城市维护建设税"、"应交税费——应交教育费附加"科目，贷记"银行存款"等科目。

【例9-2】 某公司2005年10月应交增值税80 000元，应交消费税20 000元，应交营业税2 000元，按7%税率计算应交城市维护建设税，按3%税率计算应交教育费附加。有关会计处理如下：

【答案】 应交城市维护建设税＝(80 000＋20 000＋2 000)×7%＝7 140(元)

应交教育费附加＝(80 000＋20 000＋2 000)×3%＝3 060(元)

借：营业税金及附加　　　　　　　10 200

　　贷：应交税费——应交城市维护建设税　7 140

　　　　应交税费——应交教育费附加　　　3 060

实际缴纳税款时：

借：应交税费——应交城市维护建设税　　7 140

　　应交税费——应交教育费附加　　　　3 060

　　贷：银行存款　　　　　　　　　　　　　　　10 200

任务四　城市维护建设税及教育费附加的申报缴纳

一、纳税期限

城建税的纳税期限分别与"三税"的纳税期限一致。不能按照固定期限纳税的,可以按次纳税。

二、纳税环节

纳税人只要发生"三税"的纳税义务,就要在同样的环节,分别计算缴纳城建税和教育费附加。

三、纳税地点

1. 城建税纳税人缴纳"三税"的地点就是该纳税人缴纳城建税的地点。

2. 代扣代缴、代收代缴"三税"的单位和个人,同时也要代扣、代缴城建税,其城建税的纳税地点在代扣代收地。

3. 流动经营等无固定纳税地点的单位和个人,在经营地按适用税率缴纳"三税"。

4. 跨省开采的油田,在油井所在地缴纳增值税,同时一并缴纳城建税。

5. 对管道局输油部分的收入,由取得收入的各管道局于所在地缴纳营业税,城建税也一并缴纳。

四、纳税申报

城市维护建税和教育费附加的纳税人,在申报缴纳增值税、消费税、营业税时,应同时申报缴纳城市维护建设税和教育费附加,并填报地方各税通用申报表。

子项目二　资源税纳税实务

任务一　认知资源税

一、资源税的概念

资源税是对在我国境内开采应税矿产品及生产盐的单位和个人,因其资源条件差异所形成的级差收入征收的一种税。

二、资源税的纳税人

在中华人民共和国境内开采应税矿产品或者生产盐的单位和个人,为资源税的纳税人。

中外合作开采石油、天然气,按照现行规定,只征收矿区使用费,暂不征收资源税。因此,中外合作开采石油、天然气的企业不是资源税的纳税义务人。

《资源税暂行条例》中规定,收购未税矿产品的单位为资源税的扣缴义务人。规定扣缴义务人主要是针对那些税源小,零散、不定期开采,税务机关难以控制,容易发生漏税的情况。收购未税矿产品的单位具体包括独立矿山、联合企业和其他单位。

三、资源税的征税范围

资源税的征税范围主要包括矿产品和盐 7 大类,在 7 个税目下又设若干个子目。

1. 原油,指开采的天然原油,不包括人造石油。

2. 天然气,指专门开采或与原油同时开采的天然气。暂不包括煤矿生产的天然气。

3. 煤炭,指原煤,不包括洗煤、选煤及其他煤炭制品。

4. 其他非金属矿原矿,指除原油、天然气、煤炭和井矿盐以外的非金属矿原矿,如宝石、大理石、石膏和石棉等。

5. 黑色金属矿原矿,指纳税人开采后自用、销售的,用于直接入炉冶炼或作为主产品先入选精矿,制造人工矿,再最终入炉冶炼的金属矿石原矿,如铁矿石、锰矿石等、铬矿石。

6. 有色金属矿原矿,指黑色金属矿原矿以外的其他有色金属矿原矿,包括铜矿石、铅矿石、铝土矿石、钨矿石、锡矿石、锑矿石、钼矿石、镍矿石、黄金矿石等。

7. 盐,包括固体盐和液体盐。固体盐是指海盐原盐、湖盐原盐和井矿盐;液体盐是指卤水,即氯化钠含量达到一定浓度的溶液,是用于生产碱和其他产品的原料。

四、资源税的税率

资源税按照应税资源的地理位置开采条件、资源优劣等,实行地区差别幅度定额税率。如表 9-1 所列。

表 9-1 资源税税目税额表

税　目	税　额　幅　度
一、原油	8~30 元/吨
二、天然气	2~15 元/千立方米
三、煤炭	0.3~8 元/吨
四、其他非金属矿原矿	0.5~20 元/吨或立方米
五、黑色金属矿原矿	2~30 元/吨
六、有色金属矿原矿	0.4~30 元/吨
七、盐 　固体盐 　流体盐	 10~60 元/吨 2~10 元/吨

自 2010 年 6 月 1 日起,在新疆开采原油、天然气缴纳资源税的纳税人,原油、天然气资源税实行从价计征,税率为 5%。

纳税人在开采主矿产品的过程中伴采的其他应税矿产品。凡未单独规定适用税额的,一律按主矿产品或视同主矿产品税目征收资源税。

对税法未列举名称的其他黑色金属矿原矿和其他有色金属矿原矿,适用的税率由省、市、自治区人民政府根据纳税人资源状况,参照邻近矿山税率标准,在浮动 30% 幅度内核定。

五、资源税的税收优惠

1. 开采原油过程中用于加热、修井的原油,免税。

2. 纳税人开采或者生产应税产品过程中,因意外事故或者自然灾害等原因遭受重大损失的,由省、市、自治区人民政府酌情决定减税或者免税。

3. 国务院规定的其他减、免税项目,具体包括:

(1) 对独立矿山应纳的铁矿石资源税减征 60%,按规定税额标准的 40% 征税。

(2) 对应纳的有色金属矿资源税减征 30%,按规定税额标准的 70% 征税。

纳税人的减免税项目,应当单独核算课税数量;未单独核算或者不能准确提供课税数量的,不予减税或者免税。

任务二 资源税应纳税额的计算

一、课税数量

(一)课税数量的一般规定

1. 纳税人开采或者生产应税产品销售的,以销售数量为课税数量。

2. 纳税人开采或者生产应税产品自用的,以自用(非生产用)数量为课税数量。

(二)课税数量的特殊规定

1. 纳税人不能准确提供应税产品销售数量或移送使用数量的,以应税产品的产量或主管税务机关确定的折算比,换算成的数量为课税数量。

2. 原油中的稠油、高凝油与稀油划分不清或不易划分的,一律按原油的数量课税。

3. 对于煤炭连续加工前无法正确计算原煤移送使用量的,可按加工产品的综合回收率,将加工产品实际销量和自用量折算成原煤数量作为课税数量。

4. 对金属和非金属矿产品原矿,因无法准确掌握纳税人移送使用原矿数量的,可将其精矿按选矿比折算成原矿数量作为课税数量。

5. 纳税人以自产的液体盐加工固体盐,按固体盐税额征税,以加工的固体盐数量为课税数量。纳税人以外购的液体盐加工成固体盐,其加工固体盐所耗用液体盐的已纳税额准予抵扣。

6. 扣缴义务人代扣代缴资源税,以收购未税矿产品的数量为计税依据。

二、应纳税额的计算

1. 实行从量定额征收的,根据应税产品的课税数量和规定的单位税额计算应纳税额。具体计算公式为:

$$应纳税额＝课税数量×单位税额$$

$$代扣代缴应纳税额＝收购未税矿产品的数量×适用的单位税额$$

2. 实行从价定额征收的,自 2010 年 6 月 1 日起,在新疆开采原油、天然气缴纳资源税的纳税人。应纳税额计算公式为:

$$应纳税额＝销售额×税率$$

任务三　资源税的会计核算

一、企业销售应税产品应纳资源税的会计处理

企业计算出销售应税产品应缴纳的资源税时,借记"营业税金及附加"科目,贷记"应交税费——应交资源税",企业缴纳资源税时,借记"应交税费——应交资源税",贷记"银行存款"科目。

二、企业自产自用应税产品应纳资源税的会计处理

企业计算出自产自用应税产品应缴纳的资源税时,借记"生产成本"或"制造费用"科目,贷记"应交税费——应交资源税";企业缴纳资源税时,借记"应交税费——应交资源税",贷记"银行存款"科目。

【例 9－3】　某企业将自产的煤炭 1 000 吨用于产品生产,每吨应交资源税 5 元。根据这项经济业务,企业会计处理如下:

自产自用煤炭应缴资源税＝1 000×5＝5 000(元)

借:生产成本　　　　　　5 000

　　贷:应交税费——应交资源税　5 000

实际缴纳税款时:

借:应交税费——应交资源税　5 000

　　贷:银行存款　　　　　　　　5 000

三、企业收购未税矿产品应纳资源税的会计处理

企业收购未税矿产品代扣代缴资源税时,作为收购矿产品的成本,借记"原材料"科目,贷记"应交税费——应交资源税";企业缴纳资源税时,借记"应交税费——应交资源税",贷记"银行存款"科目。

任务四 资源税的申报缴纳

一、纳税义务发生时间

1. 纳税人销售应税产品,其纳税义务发生时间为:

(1) 纳税人采取分期收款结算方式的,其纳税义务发生时间,为销售合同规定的收款日期的当天。

(2) 纳税人采取预收货款结算方式的,其纳税义务发生时间,为发出应税产品的当天。

(3) 纳税人采取其他结算方式的,其纳税义务发生时间,为收讫销售款或者取得索取销售款凭证的当天。

2. 纳税人自产自用应税产品的纳税义务发生时间,为移送使用应税产品的当天。

3. 扣缴义务人代扣代缴税款的纳税义务发生时间,为支付首笔货款或开具应支付货款凭据的当天。

二、纳税期限

资源税暂行条例规定,资源税的纳税期限为 1 日、3 日、5 日、10 日、15 日或者 1 个月,纳税人的纳税期限由主管税务机关根据实际情况具体核定。不能按固定期限纳税的,可以按次计算纳税。

纳税人以 1 个月为一期纳税的,自期满之日起 15 日内申报纳税,以 1 日、3 日、5 日、10 日、15 日为一期纳税的,自期满之日起 15 日内预缴纳税款,于次月 1 日起 15 日内申报纳税并结清上月税款。

三、纳税地点

1. 纳税人应纳的资源税,一般应向应税产品的开采或生产所在地主管税务机关缴纳税款。

2. 纳税人在本省、市、自治区范围内开采或生产应税产品,其纳税地点需要调整的,由省、市、自治区人民政府确定。

3. 纳税人跨省开采的矿山或油(气)田(独立矿山或独立油田、气田、联合企业),其下属生产单位与核算单位不在同一省、市、自治区的,对其开采的矿产品,一律在开采地纳税,其应纳税款由独立核算、自负盈亏的单位(如独立矿山或独立油田、气田、联合企业),按照开采地的实际销售量或自用量及适用税额计算划拨。

4. 扣缴义务人代扣代缴的资源税,应当向收购地主管税务机关缴纳。

四、纳税申报

资源税纳税人应按有关规定及时办理纳税申报,并如实填写《资源税纳税申报表》。

子项目三 土地增值税纳税实务

任务一 认知土地增值税

一、土地增值税的概念

土地增值税是对转让国有土地使用权、地上建筑物及其附着物并取得收入的单位和个人,就其转让房地产所取得的增值额征收的一种税。

二、土地增值税的纳税人

土地增值税的纳税人是转让国有土地使用权、地上建筑物及其附着物并取得收入的单位和个人。

三、土地增值税的征税范围

(一)征税范围的一般规定

1. 转让国有土地使用权。国有土地使用权的转让是指土地使用者通过国有土地使用权出让等形式取得土地使用权后,将土地使用权再转让的行为,它属于土地买卖的二级市场。在此需要明确两个问题。

(1)该征税范围不包括集体所有土地。根据国家的有关规定,农村集体所有的土地,不得自行转让。对于违法将集体土地转让给其他单位和和个人的情况,应在有关部门处理、补办土地征用或出让手续变为国家所有之后,再纳入土地增值税的征税范围。

(2)该征税范围不包括国有土地使用权的出让。国有土地使用权的出让是指国家以土地所有者的身份,将土地使用权在一定年限内让与土地使用者,并由土地使用者向国家支付土地使用权出让金的行为。

2. 地上建筑物及其附着物连同国有土地使用权一并转让。

这里所说的"地上建筑物",是指建于土地上的一切建筑物,包括地上地下的各种附属设施。这里所说的"附着物",是指附着于土地上的不能移动或一经移动即遭损坏的物品。

(二)征税范围若干具体情况的判定

1. 房地产出售。以出售方式转让国有土地使用权、地上建筑物及附着物的,包括以下三种情形:一是出售国有土地使用权的,属于国有土地使用权的有偿转让,应纳入土地增值税的征税范围;二是取得国有土地使用权后进行房屋开发建造然后出售的,应纳入土地增值税的征税范围;三是存量房地产的买卖,这种情况是指已经建成并已投入使用的房地产,其房屋所有人将房产、土地使用权一并转让给其他单位和个人,应纳入土地增值税的征税范围。

2. 房地产的继承、赠予。继承、赠予方式转让房地产,因只发生房地产产权的转让,没有取得相应的收入,属于无偿转让房地产的行为,所以不能将其纳入土地增值税的征税范围,但这里的赠与仅指以下情况:

（1）房产所有人、土地使用权所有人将房屋产权、土地使用权赠予直系亲属或承担直接赡养义务人。

（2）房产所有人、土地使用权所有人通过中国境内非盈利的社会团体、国家机关将房屋产权、土地使用权赠与教育、民政和其他社会福利、公益事业。

3. 房地产的出租。出租人虽取得了收入，但没有发生房产产权、土地使用权的转让。因此，不属于土地增值税的征税范围。

4. 房地产的抵押。由于房产、土地使用权在抵押期间并没有发生权属的变更，因此对房地产在抵押期间不征收土地增值税。待抵押期满后，视该房地产是否转移占有而确定是否征收土地增值税。对于以房地产抵债而发生房地产权属转让的，应列入土地增值税的征税范围。

5. 房地产的交换。房地产交换既发生了房产产权、土地使用权的转移，交换双方又取得了实物形态的收入，因此房地产交换属于土地增值税的征税范围。但对个人之间互换自有居住用房地产的，经当地税务机关核实，可以免征土地增值税。

6. 房地产的投资。对于以房地产进行投资、联营的，投资、联营的一方以土地（房地产）作价入股进行投资或作为联营条件，将房地产转让到所投资、联营的企业中即房地产投出时，暂免征土地增值税。对投资、联营企业将上述房地产再转让的，应征收土地增值税。

投资、联营的企业属于从事房地产开发的，或者房地产开发企业以其建造的商品房进行投资和联营的，应当征收土地增值税。

7. 合作建房。是指一方出地，另一方出资金，双方合作建房，建成后按比例分房自用的行为。以合作建房，暂免征收土地增值税；建成后再转让的，应征收土地增值税。

8. 兼并转让房地产。在企业兼并中，对被兼并企业将房地产转让到兼并企业中的，暂免征收土地增值税。

9. 房地产的代建房行为。是指房地产开发公司代客户进行房地产的开发，开发完成后向客户收取代建收入的行为。对于房地产开发公司而言，虽然取得了收入，但没有发生房地产权属的转移，其收入属于劳务收入性质，故不属于土地增值税的征税范围。

10. 房地产的重新评估。主要是指国有企业在清产核资时对房地产进行重新评估而使其升值的情况。这种情况下，房地产虽然有增值，但其既没有发生房地产权属的转移，房产产权、土地使用权人也未取得收入，所以不属于土地增值税的征税范围。

四、土地增值税的税率

土地增值税采用四级超率累进税率，如表9-2所列。

表9-2 土地增值税四级超率累进税率表

级数	增值额与扣除项目金额的比率	税率	速算扣除率
1	不超过50%的部分	30%	0
2	超过50%～100%的部分	40%	5
3	超过100%～200%的部分	50%	15
4	超过200%的部分	60%	35

五、土地增值税的税收优惠

1. 对建设普通标准住宅的税收优惠

建造普通标准住宅出售,其增值额未超过扣除项目金额 20％的,予以免税。增值额超过扣除项目金额 20％的,应就其全部增值额按规定计税。

所谓"普通标准住宅",是指按所在地一般民用住宅标准建造的居住用住宅。高级公寓、别墅、度假村以及超面积、超标准豪华装修的住宅,均不属于普通标准住宅。普通标准住宅与其他住宅的具体界限,由省级人民政府规定。

2. 对国家征用收回的房地产的税收优惠

因国家建设需要而被政府征用、收回的房地产,免征土地增值税税。

3. 对个人转让房地产的税收优惠

个人因工作调动或改善居住条件而转让原自用住房,经向税务机关申报核准,凡居住满 5 年或 5 年以上的,免予征收土地增值税;居住满 3 年未满 5 年的,减半征收土地增值税;居住未满 3 年的,按规定计征土地增值税。

任务二 土地增值税应纳税额的计算

一、计税依据

土地增值税的计税依据是土地增值额。

$$土地增值额＝转让房地产取得的收入总额－扣除项目金额$$

(一)转让房地产取得的收入的确定

税法规定,纳税人转让房地产取得的应税收入,应包括转让房地产的全部价款及有关的经济收入。包括货币收入、实物收入和其他(无形资产收入或具有财产价值的权利)收入。

(二)扣除项目金额的确定

1. 转让新开发房地产的扣除项目金额

(1)取得土地使用权所支付的金额。指纳税人为取得土地使用权所支付的地价款和在取得土地使用权时按国家统一规定缴纳的有关费用。其中,有关费用指按国家统一规定缴纳的有关登记费、过户手续费、契税等。

(2)房地产开发成本。指纳税人房地产开发项目实际发生的成本(简称房地产开发成本),包括土地征用费、拆迁补偿费、前期工程费、建筑安装工程费、基础设施费、公共配套设施费和开发间接费等。

(3)房地产开发费用。指与房地产开发项目有关的销售费用、管理费用和财务费用。根据现行财务制度的规定,这三项费用作为期间费用,直接计入当期损益。但作为土地增值税扣除项目的房地产开发费用,不按纳税人房地产开发项目的实际发生的费用进行扣除,而是按税法规定扣除。具体要根据财务费用中的利息支出情况。

第一种情况：财务费用中的利息支出，凡能够按转让房地产项目计算分摊并能提供金融机构证明的，允许据实扣除，但最高不能超过按商业银行同类同期贷款利率计算的金额；其他房地产开发费用按取得土地使用权所支付的金额和房地产开发成本之和的5％以内计算扣除。

房地产开发费用＝利息＋（取得土地使用权所支付的金额＋房地产开发成本）×5％以内

第二种情况：凡不能按转让房地产项目计算分摊利息支出或不能提供金融机构证明的，房地产开发费用按取得土地使用权所支付的金额发成本之和的10％以内计算扣除。

房地产开发费用＝（取得土地使用权所支付的金额＋房地产开发成本）×10％以内

（4）与转让房地产有关的税金。指在转让房地产时缴纳的营业税、城市维护建设税、印花税及教育费附加。

需要明确的是，房地产开发企业按照有关规定，其在转让时缴纳的印花税因已列入管理费用中，故在此不允许再单独扣除印花税。

（5）其他扣除项目。对从事房地产开发的纳税人，可按取得土地使用权所支付的金额和房地产开发成本之和，加计20％计算扣除。

2. 旧房及建筑物的扣除项目金额

按评估价格扣除。旧房及建筑物的评估价格是指在转让已使用的房屋及建筑物时，由政府批准设立的房地产评估机构评定的重置成本乘以成新度折扣率后的价格。

二、土地增值税应纳税额的计算

应纳土地增值税＝土地增值额×适用税率－扣除项目金额×速算扣除率

土地增值税的计算步骤如下：

（1）计算转让房地产取得的收入。

（2）计算扣除项目金额。

（3）计算增值额。

（4）计算增值额占扣除项目金额的比率，确定适用税率

土地增值额占扣除项目金额的比率＝土地增值额÷扣除项目金额×100％

（5）纳税人应依据上述比例确定的税率和速算扣除率，按公式计算应纳土地增值税额。

【例9－4】 2011年10月，某房地产开发公司转让一幢写字楼，共取得收入5 100万元，公司按规定交纳了有关税金。该公司为取得土地使用权而支付的地价款和有关费用为510万元，投入的房地产开发成本为1 550万元；房地产开发费用中的利息支出为120万元（能按房地产项目分摊，并提供金融机构证明），比按工商银行同类同期贷款利率计算的利息多出10万元。公司所在地政府规定的其他房地产开发费用的计算扣除比例为5％，营业税率5％，城建税率7％，教育费附加税率3％，印花税率0.5‰。试计算该公司应纳土地增值税额。

【答案】 （1）收入额＝5 100（万元）

（2）扣除项目金额为：

① 取得土地使用权支付的地价款＝510（万元）

② 房地产开发成本＝1 550（万元）

③ 房地产开发费用＝（120－10）＋（510＋1 550）×5％＝213（万元）

④ 与转让房地产有关的税金＝5 100×5‰×（1＋7％＋3％）＝280.5（万元）

⑤ 加计扣除＝（510＋1 550）×20％＝412（万元）

⑥ 扣除项目金额合计＝510＋1 550＋213＋280.5＋412＝2 965.5（万元）

（3）土地增值额＝5 100－2 965.5＝2 134.5（万元）

（4）土地增值额占扣除项目比例＝2 134.5÷2 965.5×100％＝72％，适用税率为40％，速算扣除率为5％。

（5）应纳土地增值税额＝2 134.5×40％－2 965.5×5％＝705.53（万元）

任务三　土地增值税的会计核算

一、房地产开发企业土地增值税的会计处理

房地产开发企业应当由当期营业收入负担的土地增值税，计提土地增值税时，借记"营业税金及附加"科目，贷记"应交税费——应交土地增值"科目，企业缴纳时，借记"应交税费——应交土地增值"科目，贷记"银行存款"。

【例9-5】 2004年10月，某房地产开发公司转让一幢写字楼，共取得收入5 100万元，公司按规定交纳了有关税金。该公司为取得土地使用权而支付的地价款和有关费用为510万元，投入的房地产开发成本为1 550万元；房地产开发费用中的利息支出为120万元（能按房地产项目分摊，并提供金融机构证明），比按工商银行同类同期贷款利率计算的利息多出10万元。公司所在地政府规定的其他房地产开发费用的计算扣除比例为5％，营业税率5％，城建税率7％，教育费附加税率3％，印花税率0.5‰。则会计处理如下：

【答案】 计算出应交纳的土地增值税705.53万元

借：营业税金及附加　　　　　　705.53

　　贷：应交税费——应交土地增值税　　　　705.53

实际交纳时：

借：应交税费——应交土地增值税　705.53

　　贷：银行存款　　　　　　　　　705.53

二、非房地产开发企业土地增值税的会计处理

非房地产开发企业转让的国有土地使用权连同地上建筑物极其附着物一并在"固定资产清理"等科目核算，转让时应交纳的土地增值税，借记"固定资产清理"科目，贷记"应交税费——应交土地增值"科目，企业缴纳时，借记"应交税费——应交土地增值"科目，贷记"银行存款"。

任务四 土地增值税的申报缴纳

一、土地增值税的纳税申报

纳税人应自转让房地产合同签定之日起 7 日内,向房地产所在地的主管税务机关办理纳税申报,同时向税务机关提交房屋及建筑物产权、土地使用权证书、土地转让、房产买卖合同、房地产评估报告及其他与转让房地产有关的资料。纳税人因经常发生房地产转让而难以在每次转让后申报的,经税务机关审核同意后,可以定期进行纳税申报,具体期限由税务机关确定。

二、纳税地点

土地增值税的纳税人应向房地产所在地主管税务机关办理纳税申报,并在税务机关核定的期限内缴纳土地增值税。

在实际工作中,纳税地点的确定又分为以下两种情况:

1. 纳税人是法人的。当转让的房地产坐落地与其机构所在地或经营所在地一致时,则在办理税务登记的原管辖税务机关申报纳税即可;如果转让的房地产坐落地与其机构所在地或经营地不一致时,则应在房地产坐落地所管辖的税务机关申报纳税。

2. 纳税人是自然人的。当转让的房地产坐落地与其居住地一致时,则在住所所在地税务机关申报纳税;当转让的房地产坐落地与其居住所在地不一致时,在办理过户手续所在地的税务机关申报纳税。

三、纳税申报

纳税人应该按规定及时申报纳税,如实填写《土地增值税纳税申报表》。

子项目四 城镇土地使用税纳税实务

任务一 认知城镇土地使用税

一、城镇土地使用税的概念

城镇土地使用税是以国有土地为征税对象,对拥有土地使用权的单位和个人征收的一种税。

二、城镇土地使用税的纳税人

在城市、县城、建制镇、工矿区范围内使用土地的单位和个人,为城镇土地使用税的纳税人。

城镇土地使用税的纳税人通常包括以下几类：

1. 拥有土地使用权的单位和个人，以拥有人为纳税人。

2. 拥有土地使用权的单位和个人不在土地所在地的，以土地的实际使用人或代管人为纳税人。

3. 土地使用权未确定或权属纠纷未解决的，以土地的实际使用人为纳税人。

4. 土地使用权共有的，共有各方面均为纳税人，即由共有各方分别按各自使用面积纳税。

三、城镇土地使用税的征税对象

城镇土地使用税的征税对象为土地。其征税范围包在括城市、县城、建制镇和工矿区的国家和集体所有的土地。建立在城市、县城、建制镇和工矿区以外的工矿企业则不需要缴纳城镇土地使用税。

四、城镇土地使用税的税率

城镇土地使用税实行等级幅度定额税额，每平方米应税土地的年税额标准如下：

1. 大城市（指人口超过 50 万的城市）征 1.5～30 元。

2. 中等城市（指人口超过 20 至多 0 万的城市）征 1.2～24 元。

3. 小城市（指人口不超过 20 万的城市）征 0.9～18 元。

4. 县城、建制镇、工矿区征 0.6～12 元。

各省、自治区、直辖市人民政府可以在上列税额幅度内确定所辖区的适用税额。经济落后地区的适用税额标准可适当降低，但降低额不得超过法定最低税额的 30%。经济发达地区的适用税额标准可适当提高，但须报财政部批准。

五、城镇土地使用税的税收优惠

1. 下列土地免征城镇土地使用税。

（1）国家机关、人民团体、军队自用土地。

（2）由国家财政拨付事业经费的单位自用土地。

（3）宗教寺庙、公园、名胜古迹自用土地。

（4）市政街道、广场、绿化地带等公用土地。

（5）直接用于农、林、牧、渔业的生产用地。

（6）经批准开山填海整治的土地和改造的废弃土地，从使用的月份起，免缴 5～10 年。

（7）对非营利性质医疗机构、疾病控制机构和妇幼保健机构等卫生机构自用的土地，免征城镇土地使用税，对营利性医疗机构自用的土地自 2000 年起免征城镇土地使用税 3 年。

（8）企业办的学校、医院、托儿所、幼儿园其用地能与企业其他土地明确区分的，免征城镇土地使用税。

（9）免税单位无偿使用纳税单位的土地，免征城镇土地使用税。

（10）对行使国家行政管理职能的中国人民银行总行（含国家外汇管理局）所属分支机

构自用的土地,免征城镇土地使用税。

（11）为了体现国家的产业政策,支持重点产业的发展,对石油、电力煤炭等能源用地,民用港口、铁路等交通用地和水利设施用地,三线调整企业盐场、采石场、邮电等一些特殊用地,划分了征免税界限和给予政策性减免税照顾。

2. 下列土地由省、自治区、直辖市地方税务局确定减免土地使用税。

（1）个人所有的居住房屋及院落用地。

（2）房产管理部门在房租调整改革前出租的居民住房用地。

（3）免税单位职工家属的宿舍用地。

（4）民政部门举办的安置残疾人占一定比例的福利工厂用地。

（5）集体和个人办的各类学校、医院、托儿所、幼儿园用地。

任务二 城镇土地使用税应纳税额的计算

一、计税依据

城镇土地使用税以纳税人实际占用的土地面积为计税依据,土地面积计量标准为每平方米。

纳税人实际占用的土地面积,是指由省、自治区、直辖市人民政府确定的单位组织测定的土地面积。尚未组织测量,但纳税人持有政府部门核发的土地使用证书的,以证书确认的土地面积为准;尚未核发土地使用证书的,应由纳税人申报土地面积,据以纳税,待核发土地使用证以后再作调整。

二、应纳税额的计算

城镇土地使用税的应纳税额,按照纳税人实际占用的土地面积和规定的单位税额计算,其计算公式为:

全年应纳税额＝实际占用应税土地面积×适用税额

【例9-6】 某公司与政府机关共同使用一栋共有土地使用权的建筑物。该建筑物占用土地面积2 000平方米,建筑面积10 000平方米（公司与机关的占用比例为4∶1）,该公司所在市城镇土地使用税单位税额每平方米5元。计算该公司应纳城镇土地使用税。

【答案】应纳税额＝2 000×5×4÷5＝8 000（元）

任务三 城镇土地使用税的会计核算

纳税人按规定计算出需要缴纳的土地使用税,借记"管理费用"科目,贷记"应交税费——应交土地使用税"科目。实际缴纳税款时,借记"应交税费——应交土地使用税"科目,贷记"银行存款"科目。

任务四　城镇土地使用税的申报缴纳

一、纳税期限

城镇土地使用税实行按年计算,分期缴纳的征收方法,具体纳税期限由省、自治区、直辖市人民政府确定。

二、纳税地点

城镇土地使用税的纳税地点在土地所在地缴纳。纳税人使用的土地不属于同一省、自治区、直辖市管辖的,由纳税人分别向土地所在地的税务机关缴纳土地使用税;在同一省、自治区、直辖市管辖范围内,纳税人跨地区使用的土地,其纳税地点由各省、自治区、直辖市地方税务局确定。

三、纳税申报

纳税人应该按有关规定及时办理纳税申报,如实填写《城镇土地使用税纳税申报表》。

子项目五　房产税纳税实务

任务一　认知房产税

一、房产税的概念

房产税是以房屋为征税对象,按照房屋的计税余值或租金收入,向产权所有人征收的一种财产税。

二、房产税的纳税人

房产税的纳税人,是指在我国城市、县城、建制镇和工矿区内拥有房屋产权的单位和个人。其中:

1. 产权属国家所有的,由经营管理单位缴纳;产权属集体和个人所有的,由集体单位和个人纳税。

2. 产权出典的,由承典人缴纳。所谓的产权出典指产权所有人将房屋,生产资料等的产权,在一定期限内典当给其他人使用,而取得资金的一种融资业务。由于在房屋出典期间,产权所有人已无权支配房屋,因此,税法规定由对房屋具有支配权的承典人为纳税人。

3. 产权所有人、承典人不在房产所在地的,由房产代管人或者使用人缴纳。

4. 产权未确定及租典纠纷未解决的,由房产代管人或者使用人纳税。

5. 纳税单位和个人无租使用房产管理部门、免税单位及纳税单位的房产,应由使用人代为缴纳房产税。

自 2009 年 1 月 1 日起,外商投资企业、外国企业和组织以及外籍个人,依照《房产税暂行条例》的规定缴纳房产税。

三、房产税的征税范围

房产税的征税范围为城市、县城、建制镇和工矿区的房产,不包括农村的房屋。

所谓房产是以房屋形态表现的财产,是指有屋面和围护结构(有墙或两边有柱),能遮风避雨,可供人们在其中生产、工作、学习、娱乐、居住或储藏物资的场所。独立于房屋之外的建筑物,如围墙、烟囱、水塔、变电塔、油池油柜、酒窖菜窖、酒精池、糖蜜池、室外游泳池、玻璃暖房、砖瓦石灰窑以及各种油气罐等,不属于房产。

对房地产开发企业建造的商品房,在售出前,不征收房产税;但对售出前房地产开发企业已使用或出租、出借的商品房应按规定征收房产税。

四、房产税的税率

房产税采用比例税率,依据房产余值计算缴纳的,年税率为 1.2%;依据房产租金收入计算缴纳的,税率为 12%;对个人按市场价格出租住房,按 4% 的税率征收房产税。

五、房产税的税收优惠

1. 国家机关、人民团体、军队自用的房产免征房产税。
2. 由国家财政部门拨付事业经费的单位自用的房产免征房产税。
3. 宗教寺庙、公园、名胜古迹自用的房产免征房产税。但经营用的房产不免。
4. 个人所有非营业用的房产免征房产税。
5. 对行使国家行政管理职能的中国人民银行总行所属分支机构自用的房地产,免征房产税。
6. 经财政部批准免税的其他房产,包括以下内容:
(1) 老年服务机构自用的房产免税。
(2) 损坏不堪使用的房屋和危险房屋,经有关部门鉴定,在停止使用后,可免征房产税。
(3) 纳税人因房屋大修导致连续停用半年以上的,在房屋大修期间免征房产税。
(4) 在基建工地为基建工地服务的各种工棚、材料棚、休息棚和办公室、食堂、茶炉房、汽车房等临时性房屋,在施工期间,一律免征房产税。但工程结束后,施工企业将这种临时性房屋交还或估价转让给基建单位的,应从基建单位接收的次月起,照章纳税。
(5) 为鼓励地下人防设施,暂不征收房产税。
(6) 对房管部门经租的居民住房,在房租调整改革之前收取租金偏低的,可暂缓征收房产税。
(7) 对高校后勤实体免征房产税。
(8) 对非营利性的医疗机构、疾病控制机构和妇幼保健机构等卫生机构自用的房产,免征房产税。

（9）按照政府规定价格出租的公有住房和廉租住房，包括企业和自收自支的事业单位向职工出租的单位自有住房，房管部门向居民出租的私有住房等，暂免征收房产税。

（10）向居民供热并向居民收取采暖费的供热企业的生产用房，暂免征收房产税。

任务二　房产税应纳税额的计算

房产税的计税依据是房产的计税价值或房产的租金收入。按照房产计税价值征税的，称从价计征；按照房产租金收入计征的，称为从租计征。

一、从价计征的计算

从价计征是指以房产原值一次减除 10％～30％后的余值为计税依据。其具体减除比例，由省、自治区、直辖市人民政府自行确定。房产原值是指纳税人按照会计制度规定，在账簿"固定资产"科目中记载的房屋原价。对纳税人未按会计制度规定记载的，在计征房产税时，应按规定调整房产原值，对房产原值明显不合理的，应重新予以评估。

房产原值应包括与房屋不可分割的各种附属设备或一般不单独计算价值的配套设施。

纳税人对原有房屋进行改建、扩建的，要相应增加房屋的原值。

$$应纳税额＝房产原值×（1－原值减除比例）×1.2\%$$

此外，还应注意以下两个问题：

1. 对投资联营的房产，在计征房产税时应予以区别对待。对于以房产投资联营，投资者参与投资利润分红，共担风险的，按房产的余值作为计税依据计征房产税；对以房产投资，收取固定收入，不承担联营风险的，实际是以联营名义取得房产租金，应根据暂行条例的有关规定由出租方按租金收入计算缴纳房产税。

2. 对融资租赁的房产，实际上是一种变相的分期付款购买固定资产的形式，所以在计征房产税时应以房产余值计算征收。至于租赁期内房产的纳税人，由当地税务机关根据实际情况确定。

二、从租计征的计算

从租计征是指以租金收入为计税依据。租金收入包括货币收入和实物收入。对以劳务或其他形式为报酬抵付房租收入的，应根据当地同类房产的租金水平，确定一个标准租金额从租计征。

$$应纳税额＝房产租金收入×适用税率$$

【例 9-7】　某企业自有经营性房产原值 1 250 万元，该地规定允许按原值一次扣除 30％，2010 年 7 月 1 日将其房产的一半出租，月租金 12 万元；计算该企业 2010 年应纳的房产税。

【答案】　（1）2010 年上半年房产余值＝1 250×1/2×（1－30％）＝437.5（万元）

（2）2010 年下半年房产余值＝1 250×1/4×（1－30％）＝218.75（万元）

（3）房租收入＝12×6＝72（万元）

（4）2010 年应纳房产税额＝(437.5＋218.75)×1.2％＋72×12％
　　　　　　　　　　　＝16.515(万元)

任务三　房产税的会计核算

企业应在"应交税费"账户下设置"应交房产税"明细账户进行核算。在计算应缴纳的房产税时,通过"管理费用"账户进行处理。

计算房产税时：

借：管理费用

　　贷：应交税费——应交房产税

缴纳入库后：

借：应交税费——应交房产税

　　贷：银行存款

任务四　房产税的申报缴纳

一、纳税义务发生时间

1. 纳税人将原有房产用于生产经营,从生产经营之月起,缴纳房产税。

2. 纳税人自行新建房屋用于生产经营,从建成之次月起,缴纳房产税。

3. 纳税人委托施工企业建设的房屋,从办理验收手续之次月起,缴纳房产税。

4. 纳税人购置新建商品房,自房屋交付使用之次月起,缴纳房产税。

5. 纳税人购置存量房,自办理房屋权属转移、变更登记手续,房地产权属登记机关签发房屋权属证书之次月起,缴纳房产税。

6. 纳税人出租、出借房产,自交付出租、出借本企业房产之次月起,缴纳房产税。

7. 房地产开发项目自用、出租、出借本企业建造的商品房,自房屋使用或交付之次月起,缴纳房产税。

自 2009 年 1 月 1 日起,纳税人因房产的实物或权利状态发生变化而依法终止房产税纳税义务的,其应纳税款的计算应截止到房产的实物或权利状态发生变化的当月月末。

二、纳税期限

房产税实行按年计算、分期缴纳的征收方法。具体纳税期限由省、自治区、直辖市人民政府确定。

三、纳税地点

房产税在房产所在地缴纳。房产不在同一地方的纳税人,应按房产的坐落地点分别向房产所在地的税务机关缴纳。

四、纳税申报

房产税纳税人应按有关规定及时办理纳税申报，并如实填写《房产税纳税申报表》。

子项目六　契税纳税实务

任务一　认知契税

一、契税的概念

契税是以在中华人民共和国境内转移土地、房屋为征税对象，向产权承受人征收的一种财产税。

二、契税的纳税义务人

契税的纳税义务人是在我国境内转移土地、房屋权属，承受的单位和个人。

三、契税的征税对象

契税的征税对象是在我国境内转移土地、房屋权属。具体包括以下内容：

(一) 国有土地使用权出让

国有土地使用权出让，是指土地使用者向国家支付土地使用权出让费用，国家将土地使用权在一定年限内让与土地使用者的行为。

(二) 土地使用权转让

土地使用权的转让，是指土地使用者以出售、赠与、交换或者其他方式，将土地使用权转移给其他单位和个人的行为。土地使用权的转让不包括农村集体土地承包经营权的转移。

(三) 房屋买卖

即以货币为媒介，出卖者向购买者过渡房屋所有权的交易行为。以下几种特殊情况，视同房屋买卖。

1. 以房屋抵债或实物交换房屋

经当地政府和有关部门批准，以房抵债和实物交换房屋，均应视同房屋买卖，应由产权承受人，按房屋现值缴纳契税。

2. 以房产作投资或股权转让

这种交易业务属房屋产权转移，应根据国家房地产管理的有关规定，办理房屋产权交易和产权变更登记手续，视同房屋买卖，由产权承受方按投资房产价值或房产买价缴纳契税。

以自有房产作股投入本人经营企业，免纳契税。

3. 买房拆料或翻建新房,应照章征收契税

4. 房屋赠与

房屋的赠与是指房屋产权所有人将房屋无偿转让给他人所有。房屋赠与的前提必须是,产权无纠纷,赠与人和受赠人双方自愿。赠与房屋应有书面合同(契约),并办理登记过户手续,才能生效。房屋的受赠人要按规定缴纳契税。

以获奖方式取得房屋产权的,其实质是接受赠与房产,应照章缴纳契税。

5. 房屋交换

房屋交换,是指房屋所有人相互之间交换房屋的使用权或所有权的行为。交换双方应订立交换契约,办理房屋产权变更手续和契税手续。房屋产权相互交换,双方交换价值相等,免纳契税,办理免征契税手续。其价值不相等的,按超出部分由支付差价方缴纳契税。

6. 承受国有土地使用权支付的土地出让金

对承受国有土地使用权支付的土地出让金,要计征契税,不得因减免出让金而减免契税。

四、契税的税率

契税实行幅度比例税率,税率为3%～5%。各地具体的适用税率,由省、自治区、直辖市人民政府在国家规定的幅度内按照本地区的实际情况确定。

五、契税的税收优惠政策

1. 国家机关、事业单位、社会团体、军事单位承受土地、房屋,用于办公、教学、医疗、科研和军事设施的,免征契税。

2. 城镇职工按规定第一次购买公有住房,且面积在国家规定的标准以内的,免征;超过国家规定标准面积的部分,应按照规定缴纳契税。

3. 因遭受自然灾害、战争等不可抗力灭失住房而重新购买住房的,酌情减免。

4. 土地、房屋被县级以上人民政府征用、占用后,重新承受土地、房屋权属的,由省级人民政府确定是否减免。

5. 承受荒山、荒沟、荒丘、荒滩土地使用权,用于农、林、牧、渔业生产的,免征契税。

6. 依照我国有关法律规定以及我国缔结或参加的双边和多边条约或协定的规定,应当予以免税的外国驻华使馆、领事馆、联合国驻华机构及其外交代表、领事官员和其他外交人员承受土地、房屋权属的,经外交部确认,可以免征契税。

7. 财政部规定的其他减征、免征契税的项目。

任务二 契税应纳税额的计算

一、计税依据

契税的计税依据为不动产的价格。由于土地、房屋权属转移方式不同,定价方式不同,

具体的计税依据不同。

1. 国有土地使用权出让、土地使用权出售、房屋买卖,以成交价格为计税依据。

2. 土地使用权赠与、房屋赠与,由征收机关参照土地使用权出售、房屋买卖的市场价格核定。

3. 土地使用权交换、房屋交换,为所交换的土地使用权、房屋的价格差额。也就是说,交换价格相等的,免征契税;交换价格不相等的,由多交付货币、实物、无形资产或者其他经济利益的一方缴纳税款。

4. 以划拨方式取得的土地使用权,经批准转让房地产时,由房地产转让者补交契税,计税依据为补交的土地使用权出让费用或者土地收益。

成交价格明显低于市场价格并且无正当理由的,或者所交换土地使用权、房屋的价格的差额明显不合理并且无正当理由的,由征收机关参照市场价格核定。

二、应纳税额的计算

$$应纳税额＝计税依据×税率$$

【例9-8】 甲乙双方因工作需要互换房产,经评估部门评估甲的房产价值400 000元,乙的房产价值500 000元,甲付给乙100 000元的价值差额,该地区契税税率为4%,计算两人应缴纳的契税税额。

【答案】 甲应纳契税＝100 000×4%＝4 000(元)

乙不纳税。

任务三　契税的会计核算

一、会计科目的设置

为了正确核算契税的有关纳税事项,需要缴纳契税的企业,应在"应交税费"科目下设"应交契税"明细科目进行核算。

二、会计处理

1. 企业取得土地使用权,若是有偿取得的,一般应作为无形资产入账,相应地,为取得该项土地使用权而缴纳的契税,也应当计入无形资产价值。

【例9-9】 某中外合资企业1998年1月从当地政府手中取得某块土地使用权,支付土地使用权出让费1 200 000元,省政府规定契税的税率为3%。计算应纳契税时,其账务处理如下:

【答案】 应纳税额＝1 200 000×3%＝36 000(元)

计算应纳税额时:

借:无形资产——土地使用权　　36 000

　　贷:应交税费——应交契税　　　　36 000

企业在实际缴纳契税时：

借：应交税费——应交契税 36 000

　　贷：银行存款 36 000

2. 企业取得土地使用权,若该土地使用权为无偿取得,则一般不将该土地使用权作为无形资产入账,相应地,企业缴纳的契税,可作为当期费用入账。

【例9-10】 某福利工厂2010年2月16日收到当地政府无偿划入土地一块,该企业申报缴纳契税,契税征收机关参照同样土地市价,确定该土地使用权价格为600 000元,当地政府规定契税税率为4%。计算应纳契税时,其账务处理如下：

【答案】 应纳税额=600 000×4%=24 000(元)

计算应纳税额时：

借：管理费用 24 000

　　贷：应交税费——应交契税 24 000

企业在实际缴纳契税时：

借：应交税费——应交契税 24 000

　　贷：银行存款 24 000

3. 房地产企业购入的土地使用权应缴纳的契税视开发情况而定：如果土地购入后就进行开发则作为开发成本处理；如果土地购入后仅作为土地储备则作为无形资产处理。

【例9-11】 某房地产开发企业1998年4月12日购入国有土地一块,按规定缴纳土地出让费12 000 000元,用于房地产开发。企业按规定申报缴纳契税,当地政府规定契税税率为5%。计算应纳契税时,其账务处理如下：

【答案】 应纳税额=12 000 000×5%=600 000元

计算应纳税额时：

借：开发成本 600 000

　　贷：应交税费——应交契税 600 000

企业在实际缴纳契税时：

借：应交税费——应交契税 600 000

　　贷：银行存款 600 000

4. 企业承受房屋权属所应缴纳的契税,不管是有偿取得还是无偿取得,按规定都应当计入固定资产价值。

【例9-12】 甲企业将其拥有的库房10间,与乙企业拥有的一座厂房相交换,双方协议规定由甲企业补付现金1 000 000元,契税税率为4%。计算应纳契税时,其账务处理如下：

【答案】 应纳税额=1 000 000×4%=40 000(元)

计算应纳税额时：

借：固定资产 40 000

　　贷：应交税费——应交契税 40 000

企业在实际缴纳契税时：

借：应交税费——应交契税 40 000

　　贷：银行存款 40 000

任务四　契税的申报缴纳

一、纳税义务发生时间

契税的纳税义务发生时间，为纳税人签订土地、房屋权属转移合同的当日，或者纳税人取得其他具有土地房屋权属转移合同性质凭证的当日。

二、纳税期限

纳税人应当自纳税义务发生之日起 10 日内，向土地、房屋所在地的契税征收机关办理纳税申报，并在征收机关核定的期限内缴纳税款。

三、纳税地点

契税在土地、房屋所在地的征收机关缴纳。

四、纳税申报

契税纳税人应按有关规定及时办理纳税申报，并如实填写《契税申报表》。

子项目七　印花税纳税实务

任务一　认知印花税

一、印花税的概念

印花税是对经济活动和经济交往中书立、使用、领受具有法律效力的凭证的单位和个人征收的一种税。

二、印花税的纳税人

印花税的纳税人是指在中国境内书立、使用、领受印花税法所列举的凭证的单位和个人。

根据书立、领受凭证的不同，印花税纳税人具体包括以下几方面内容：

1. 立合同人。是指合同的当事人，是对应税凭证有直接权利义务关系的单位和个人，但不包括合同的担保人、证人和鉴定人。

2. 立据人。是指书立产权转移书据的单位和个人。

3. 立账簿人。是指开立并使用营业账簿的单位和个人。

4. 领受人。是指领取或接受权利许可证照，并持有该凭证的单位和个人。

5. 使用人。在国外书立、领受,但在国内使用的应税凭证,其纳税人是该凭证的使用人。

6. 各类电子应税凭证的签订人。以电子形式签订的各类应税凭证的当事人。

值得注意的是,对应税凭证,凡由两方或两方以上当事人共同书立的,其当事人各方都是印花税的纳税人,应各就其所持凭证的计税金额履行纳税义务。

三、印花税的征税范围

1. 购销合同。包括供应、预购、采购、购销结合及协作、调剂、补偿、易货等合同;还包括出版单位与发行单位(不包括订阅单位和个人)之间订立的图书、报刊、音像征订凭证。

2. 加工承揽合同。包括加工、定做、修缮、修理、印刷、广告、测绘、测试等合同。

3. 建筑工程勘察设计合同。包括勘察设计合同的总合同、分合同和转包合同。

4. 建筑安装工程承包合同。包括建筑安装工程承包合同的总包合同、分包合同和转包合同。

5. 财产租赁合同。包括租赁房屋、船舶、飞机、机动车辆、机械、器具、设备等合同。

6. 货物运输合同。包括民用航空、铁路运输、海上运输、内河运输、公路运输和联运合同。

7. 仓储保管合同。包括仓储保管合同或作为合同使用的仓单、栈单(或称入库单等)。对某些使用不规范的凭证不便计税的,可就其结算单据作为计税贴花凭证。

8. 借款合同。银行及其他金融组织与借款人(不包括银行同业拆借)所签订的合同,以及只填开借据并作为合同使用、取得银行借款的借据。银行及其他金融组织经营的融资租赁合同也属于借款合同。

9. 财产保险合同。包括财产、责任、保证、信用等保险合同。

10. 技术合同。包括技术开发、转让、咨询、服务等合同。

11. 产权转移书据。包括财产所有权、版权、商标专用权、专利权、专有技术使用权等转移书据和土地使用权出让合同、土地使用权转让合同、商品房销售合同等权力转移合同。

12. 营业账簿。指单位或个人记载生产经营活动的财务会计核算账簿。营业账簿按其反映内容的不同,可分为记载资金的账簿和其他账簿。

13. 权利、许可证照。包括政府部门发给的房屋产权证、工商营业执照、商标注册证、专利证、土地使用证。

四、印花税的税率

印花税的税率采用比例税率和定额税率。具体如表9-3所列。

表9-3 印花税税目、税率表

税 目	计税依据	税 率	纳税人
1. 购销合同	购销金额	0.3‰	立合同人
2. 加工承揽合同	加工或承揽收入	0.5‰	立合同人
3. 建设工程勘察设计合同	收取费用	0.5‰	立合同人

税 目	计税依据	税 率	纳税人
4. 建筑安装工程承包合同	承包金额	0.3‰	立合同人
5. 财产租赁合同	租赁金额	1‰	立合同人
6. 货物运输合同	运输费用	0.5‰	立合同人
7. 仓储保管合同	仓储保管费用	1‰	立合同人
8. 借款合同	借款金额	0.05‰	立合同人
9. 财产保险合同	保险费收入	1‰	立合同人
10. 技术合同	合同所载金额	0.3‰	立合同人
11. 产权转移书据	书据所载金额	0.5‰	立据人
12. 股权转让书据	股权转让金额	3‰	立据人
13. 资金账簿	实收资本和资本公积	0.5‰	立账簿人
14. 其他账簿	件	5 元	立账簿人
15. 权利、许可证照	件	5 元	领受人

五、印花税的优惠政策

1. 对已缴纳印花税的凭证的副本或抄本免税。但以副本或抄本作为正本使用的,另贴印花。

2. 对财产所有人将财产无偿赠给政府、社会福利单位、学校所书立的书据免税。

3. 对国家指定的收购部门与村民委员会、农民个人书立的农副产品收购合同免税。

4. 对无息、贴息贷款合同免税。

5. 对外国政府或者国际金融组织向我国政府及国家金融机构提供优惠贷款所书立的合同免税。

6. 对房地产管理部门与个人签订的用于生活居住的租赁合同免税。

7. 对农牧业保险合同免税。

8. 对特殊货运凭证免税。这类凭证有:军事物资运输凭证、抢险救灾物资运输凭证,以及新建铁路临管线运输凭证等特殊货运凭证。

任务二　印花税应纳税额的计算

一、计税依据

印花税的计税依据为各种应税凭证上所记载的计税金额,具体规定如下。

1. 购销合同的计税依据为合同记载的购销金额。

2. 加工承揽合同的计税依据是加工或承揽收入的金额,具体规定如下:

（1）对于由受托方提供原材料的加工、定做合同，凡在合同中分别记载加工费金额和原材料金额的，应分别按"加工承揽合同"、"购销合同"计税，两项税额相加数，即为合同应贴印花；若合同中未分别记载，则应就全部金额依照加工承揽合同计税贴花。

（2）对于由委托方提供主要材料或原料，受托方只提供辅助材料的加工合同，无论加工费和辅助材料金额是否分别记载，均以辅助材料与加工费的合计数，依照加工承揽合同计税贴花。对委托方提供的主要材料或原料金额不计税贴花。

3. 建设工程勘察设计合同的计税依据为收取的费用（即勘察、设计收入）。

4. 建筑安装工程承包合同的计税依据为承包金额。施工单位将自己承包的建设项目分包或转包给其他施工单位所签订的分包合同或转包合同，应以新的分包合同或转包合同所载金额为依据计算应纳税额。

5. 财产租赁合同的计税依据为租赁金额（即租金收入）。注意两点：税额不足1元的按照1元贴花；财产租赁合同只是规定（月）天租金而不确定租期的，先定额5元贴花，再结算时按实际补贴印花。

6. 货物运输合同的计税依据为取得的运输金额（即运费收入），不包括所运货物的金额、装卸费和保险费等。

7. 仓储保管合同的计税依据为收取的仓储保管费用。

8. 借款合同的计税依据为借款金额。

9. 财产保险合同的计税依据为支付（收取）的保险费，不包括所保财产的金额。

10. 技术合同的计税依据为合同所载的价款、报酬或使用费。为了鼓励技术研究开发，对技术开发合同，只就合同所载的报酬金额计税，研究开发经费不作为计税依据。但对合同约定按研究开发经费一定比例作为报酬的，应按一定比例的报酬金额贴花。

11. 产权转移书据的计税依据为所载金额。

12. 营业账簿税目中记载资金的账簿的计税依据为"实收资本"与"资本公积"两项的合计金额，凡"资金账簿"在次年度的实收资本和资本公积未增加的，对其不再计算贴花。其他营业账簿的计税依据为应税凭证件数，每件5元。

13. 权利、许可证照的计税依据为应税凭证件数，每件5元。

印花税票为有价证券，其票面金额以人民币为单位，分为1角、2角、5角、1元、2元、5元、10元、50元、100元9种。

二、应纳税额的计算

纳税人的应纳税额，根据应纳税凭证的性质，分别按比例税率或者定额税率计算。其计算公式化为：

$$应纳税额＝应税凭证计税金额（或应税凭证件数）×适用税率$$

【例9-13】 某企业2008年2月开业，当年发生以下有关业务：领受房屋产权证、工商营业执照、土地使用证各1件；与其他企业订立转移专用技术使用权书据1份，所载金额100万元；订立产品购销合同1份，所载金额为200万元；订立借款合同1份，所载金额为400万元；企业记载资金的账簿，"实收资本"、"资本公积"为800万元；其他营业账簿10本。试计算该企业当年应缴纳的印花税税额。

【答案】 (1) 企业领受权利、许可证照应纳税额＝3×5＝15(元)

(2) 企业订立产权转移书据应纳税额＝1 000 000×5‰＝500(元)

(3) 企业订立购销合同应纳税额＝2 000 000×3‰＝600(元)

(4) 企业订立借款合同应纳税额＝4 000 000×0.5‰＝200(元)

(5) 企业记载资金的账簿应纳税额＝8 000 000×5‰＝4 000(元)

(6) 企业其他营业账簿应纳税额＝10×5＝50(元)

(7) 当年企业应纳印花税税额＝15＋500＋600＋200＋4 000＋50＝5 365(元)

任务三 印花税的会计核算

印花税主要是由纳税人以购买并一次帖足印花税票方式缴纳税款的,不存在与税务机关结算或清算税款的问题,因此,企业缴纳的印花税不需要通过"应交税费"科目核算,于购买印花税票时,直接借记"管理费用"科目,贷记"银行存款"科目。

任务四 印花税的申报缴纳

一、纳税义务发生的时间

印花税应当在书立或领受时贴花。具体是指在合同签订时、账簿启用时和证照领受时贴花。如果合同是在国外签订,并且不便在国外贴花的,应当将合同带入境时办理贴花纳税手续。

二、纳税方法

印花税根据税额的大小、贴花次数以及税收征收管理的需要,分别采用以下三种纳税办法。

(一) 自行贴花办法

自行贴花办法,一般适用于应税凭证较少或者贴花次数较少的纳税人。

纳税人书立、领受或者使用印花税法列举的应税凭证时,应根据应纳税凭证的性质和适用的税目、税率,自行计算应纳税额、自行购买印花税票、自行一次贴足印花税票并加以注销或划销,这也就是通常所说的"三自"纳税办法。

对已贴花的凭证,修改后所载金额增加的,其增加部分应当补贴印花税票。凡多贴印花税票者,不得申请退税或者抵用。

(二) 汇贴或汇缴办法

汇贴或汇缴办法,一般适用于应纳税额较大或者贴花次数频繁的纳税人。

对于一份凭证应纳税额超过500元的,应向当地税务机关申请填写缴款书或者完税证,将其中一联粘贴在凭证上或者由税务机关在凭证上加注完税标记代替贴花,即是"汇贴"。

同一种类应纳税凭证,需频繁贴花的,为减轻贴花工作量,纳税人可以按照税务机关规定的期限汇总缴纳印花税,即是"汇缴",但最长期限不超过 1 个月。

(三)委托代征办法

这种办法主要是通过税务机关的委托,经由发放或者办理应纳税凭证的单位代为征收印花税款。

三、纳税地点

印花税一般实行就地纳税。对于全国性商品物资订货会(包括展销会、交易会等)上所签订合同应纳的印花税,由纳税人回其所在地后及时办理贴花完税手续;对地方主办、不涉及省际关系的订货会、展销会上所签合同的印花税,其纳税地点由各省、自治区、直辖市人民政府自行确定。

四、纳税申报

纳税人应按规定及时办理纳税申报,并如实填写《印花税纳税申报表》。

子项目八　车船税纳税实务

任务一　认知车船税

一、车船税的概念

车船税是指对在中国境内车船管理部门登记的车辆、船舶依法征收的一种税。

二、车船税的纳税人

车船税的纳税人,是指在中华人民共和国境内,车辆、船舶(以下简称车船)所有人或者管理人,应当依照《中华人民共和国车船税暂行条例》的规定缴纳车船税。

三、车船税的征税范围

车船税的征税范围为依法在车船管理部门登记的车船,具体可分为车辆和船舶两大类。

(一)车辆

车辆,包括机动车和非机动车两大类。机动车辆,指依靠燃油、电力等能源作为动力运行的车辆,包括载客汽车、载货汽车、三轮汽车低速货车、摩托车等;非机动车即依靠人力、畜力运行的车辆,包括人力驾驶车、畜力驾驶车等。

(二)船舶

包括机动船舶和非机动船舶两类。机动船,即依靠燃料等能源为动力运行的船舶,包括客货轮船、汽垫船拖船和机帆船等；非机动船，即依靠人力或其他力量运行的船舶，包括驳船、帆船等。

四、车船税的税率

车船税实行定额税率，即对应税车船直接规定单位固定税额，如表 9 - 4 所列。

表 9 - 4　车船税税目税额表

税　目	计税单位	每年税额（元）	备　注
载客汽车	每辆	60 至 660	包括电车
载货汽车	按自重每吨	16 至 120	包括半挂牵引车、挂车
三轮汽车低速货车	按自重每吨	24 至 120	
摩托车	每辆	36 至 180	
船舶	按净吨位每吨	3 至 6	拖船和非机动驳船分别按船舶税额的50％计算

注：专项作业车、轮式专用机械车的计税单位及每年税额由国务院财政部门、税务主管部门参照本表确定。

五、车船税的税收优惠

1. 非机动车船（不包括非机动驳船）。
2. 拖拉机拖拉机，是指在农业（农业机械）部门登记为拖拉机的车辆。
3. 捕捞、养殖渔船。
4. 军队、武警专用的车船。
5. 警用车船。
6. 按照有关规定已经缴纳船舶吨税的船舶。
7. 依照我国有关法律和我国缔结或者参加的国际条约的规定应当予以免税的外国驻华使馆、领事馆和国际组织驻华机构及其有关人员的车船。

省、自治区、直辖市人民政府可以根据当地实际情况，对城市、农村公共交通车船给予定期减税、免税。

任务二　车船税的计算

一、计税依据

车船税的计税依据，按车船的种类和性能，分别确定为辆、自重吨位和净吨位三种。

1. 载客汽车、电车、摩托车以每辆为计税依据。
2. 载货汽车、三轮汽车、低速货车按自重每吨为计税依据。
3. 船舶按净吨位每吨为计税依据。
4. 游艇以艇身长度为计税依据。

二、应纳税额的计算

车船税根据不同类型应税车船的计税依据及其适用的单位税额分别计算应纳税额。其计算公式为：

1. 载客汽车和摩托车应纳税额＝辆数×适用年税额
2. 载货汽车、三轮汽车、低速货车的应纳税额＝自重吨位数×适用年税额
3. 船舶的应纳税额＝净吨位数×适用年税额
4. 拖船和非机动驳船的应纳税额＝净吨位数×适用年税额×50％

购置的新车船，购置当年的应纳税额自纳税义务发生的当月起按月计算。

任务三 车船税的会计核算

企业按适用的税额计算应交的车船税时，借记"管理费用"科目，贷记"应交税费——应交车船税"科目；上交时，借记"应交税费——应交车船税"科目，贷记"银行存款"科目。

任务四 车船税的申报缴纳

一、纳税期限

车船税按年申报缴纳。具体申报纳税期限由省、自治区、直辖市人民政府确定。

二、纳税地点

车船税的纳税地点，由省、自治区、直辖市人民政府根据当地实际情况确定。跨省、自治区、直辖市使用的车船，纳税地点为车船的登记地。

三、纳税申报

纳税人应按规定及时办理纳税申报，并如实填写《车船税纳税申报表》。

◆ 项目小结

1. 城市维护建设税，是国家对缴纳增值税、消费税、营业税的单位和个人就其实际缴纳三税税额为计税依据而征收的一种税。

2. 教育费附加，是对缴纳增值税、消费税、营业税的单位和个人，以其实际缴纳三税税额为计税依据计征的一种附加费。

3. 资源税，是对在我国境内开采应税矿产品及生产盐的单位和个人，因其资源条件差异所形成的级差收入征收的一种税。

4. 土地增值税，是对转让国有土地使用权、地上建筑物及其附着物并取得收入的单位

和个人,就其转让房地产所取得的增值额征收的一种税。

5. 城镇土地使用税,是以国有土地为征税对象,对拥有土地使用权的单位和个人征收的一种税。

6. 房产税,是以房屋为征税对象,按照房屋的计税余值或租金收入,向产权所有人征收的一种财产税。

7. 契税,是以在中华人民共和国境内转移土地、房屋为征税对象,向产权承受人征收的一种财产税。

8. 印花税,是对经济活动和经济交往中书立、使用、领受具有法律效力的凭证的单位和个人征收的一种税。

9. 车船税,是指对在中国境内车船管理部门登记的车辆、船舶依法征收的一种税。

参考文献

[1] 全国注册税务师执业资格考试教材编写组. 税法 I[M]. 北京:中国税务出版社,2011.

[2] 全国注册税务师执业资格考试教材编写组. 税法 II[M]. 北京:中国税务出版社,2011.

[3] 中国注册会计师协会. 税法[M]. 北京:经济科学出版社,2011.

[4] 陆建军. 税收实务[M]. 北京:经济管理出版社,2010.

[5] 苏春林. 税法及纳税操作[M]. 北京:中国人民大学出版社,2004.

[6] 杨秀琴. 国家税收[M]. 北京:中央广播电视大学出版社,2004.

[7] 毛维国. 税法实务[M]. 上海:上海交通大学出版社,2007.

[8] 吴晓微,孙万良. 税法[M]. 北京:冶金工业出版社,2008.

[9] 王磊. 新编税收实务[M]. 大连:大连理工大学出版社,2008.

[10] 翟建华,丁增稳. 税法[M]. 北京:清华大学出版社,2007.

[11] 蔡昌. 税务会计点睛[M]. 北京:中国财政经济出版社,2011.

[12] 刘国强. 最新税收优惠政策运用与减免退税操作及纳税筹划案例精解实务全书[M].税务出版社,2008.

[13] 梁伟样. 税费计算与申报[M]. 北京:高等教育出版社,2011.

[14] 中财讯网. www. cctax. net.

[15] 国家税务总局网站. http://www. chinatax. gov. cn/n8136506/index. html.

[16] 财政部网站. http://www. mof. gov. cn/.